杭州电子科技大学数字社会研究中心对本系列丛书的出版给予了资助，特此致谢！

本专著为国家社会科学基金青年项目（17CTQ027）、教育部人文社科基金青年项目（23YJCZH007）、浙江省自然科学基金项目（LY21G030010）和浙江省省属高校基本科研业务费项目（GK209907299001-225）的研究成果。

数字社会与文化研究系列丛书编委会名单

数字社会与文化研究系列丛书

社交媒体视域下
老年用户数字化信息服务研究

曹园园◎著

ZHEJIANG UNIVERSITY PRESS
浙江大学出版社
·杭州·

目　录

第一章 绪 论

1.1 研究背景

人口老龄化是21世纪公认的世界性三大社会问题之一,而目前中国已成为全球老年人口最多、老龄化速度最快的国家之一。第七次全国人口普查结果显示,我国60岁及以上人口约为26402万人,占总人口的18.70%。其中,65岁及以上人口约为19064万人,占总人口的13.50%。与2010年相比,60岁及以上人口的比重上升5.44个百分点[1]。数据表明,目前我国老年人口呈现基数大、比例高、增长快等特点。人口老龄化对我国经济发展、社会建设、国家综合实力以及国际竞争力等众多方面产生了较大影响,且在未来很长一段时间,中国老龄化都会持续加深。随着人口老龄化速度的加快和老年人绝对数量的增多,特别是独居、孤寡"空巢老人"数量的不断增多,如何进一步改善老年人生活质量、丰富老年人精神文化生活已成为一个亟待解决的社会问题。关注老年人精神文化需求,提升老年人生活质量是全社会必须共同面对的问题。

随着互联网的普及,网络已成为老年人获取信息和与外界沟通的重要渠道。中国互联网络信息中心(CNNIC)第49次《中国互联网络发展状况统计报告》显示,截至2021年12月,我国60岁及以上老年网民规模达1.19亿,互联网普及率达43.2%,互联网进一步向老年群体渗透[2]。然而,在老年群体互联网普及率不断提升以及使用场景日益丰富的同时,大部分老年用户在互联网使用过程中仍面临着诸多困难。现实生活中老年人因无法出示健康码而被公交车拒载,办理医保业务不会用手机支付被拒服务,轻信网络谣言遭遇网络诈骗等新闻屡见不鲜。特别是2020年以来,在新冠疫情防控形势下,老年人原本就遭遇的"数字鸿沟"问题更为凸显。

在全国推进数字产业化的创新驱动下,网络在生活的各个方面持续渗透。全面数字化也给老年群体带来了更多挑战,需要政府、企业、社会组织一起建立一个具有包容性、能够产生多方数字信任、充分保护老年群体权益的适老化数字社会。2020年11月,国务院办公厅印发《关于切实解决老年人运用智能技术困难的实施方案》,进一步推动解决老年人在运用智能技术方面遇到的困难,坚持传统服务方式与智能化服务创新并行,部署为老年人提供更周全、更贴心、更直接的便利化服务。工信部也紧随其后印发了《互联网应用适老化及无障碍改造专项行动方案》,决定自2021年1月起,在全国范围内组织开展为期一年的互联网应用适老化及无障碍改造专项行动,旨在解决老年人等特殊群体在使用互联网等智能技术时遇到的困难。

社交媒体是老年用户数字化信息服务的重要组成部分,2016年腾云智库创新峰会发布的《互联网与社交网络赋能报告》显示,社交媒体时代老年人是被赋能最多的群体。社会化网络服务作为基于Web 2.0的全新信息服务形态,在打破时空间隔、突破老年人生理机能限制、缩小信息鸿沟、促进老年人身心健康发展等方面得到越来越多的重视。然而,目前大多数社交媒体产品更多地专注于年轻群体,前沿科技产品在不断更新换代过程中忽视了老年群体的使用需求。"不会用、找不到信息、字看不清、无法求助、不会安装升级、参与度与活跃度较低等"是目前老年群体社交媒体信息服务中普遍存在的问题。

因此,本书将具体分析老年用户社交媒体信息服务使用形成期、发展期、成熟期和衰退期四个阶段的使用行为特征,以及老年用户社交媒体信息服务需求特点,老年用户社交媒体信息服务期望及用户体验特征,构建老年群体社交媒体信息服务评价指标体系,并最终提出优化策略,以期为老年用户社交媒体信息服务质量的提升提供参考,更好地满足老年人精神文化需求,这也是智慧养老模式下提高老年群体生活质量与幸福感的重要途径。

1.2 研究目的与价值

1.2.1 研究目的

基于以上研究背景,本书提出以下主要研究目标:基于老年用户社交媒体信息服务使用行为特征和社交媒体信息服务特点,构建老年用户社交媒体信息服务使用全生命周期模型,实证检验社交媒体使用形成期、发展期、成熟期和衰退期四个不同阶段中影响老年用户社交媒体信息服务使用行为的关键因素,探讨老年用户社交媒体信息服务需求、期望、用户体验因素影响老年用户信息服务质量感知的机理,在前期实证研究和理论分析的基础上,构建老年用户社交媒体信息服务质量评价模型并进行实证检验,最终提出老年用户社交媒体信息服务质量优化策略。

具体可将研究目标分解为如下几点:

一是构建老年用户社交媒体信息服务使用行为全生命周期模型,分别从形成期、发展期、成熟期、衰退期四个阶段分析各阶段的典型行为特征。同时从主体、客体、技术和环境四个角度分析老年用户社交媒体信息服务使用行为主要构成要素。

二是探索老年用户社交媒体信息服务使用形成期内其信息服务需求的构成要素,构建老年用户社交媒体信息服务需求模型。基于使用与满足理论,剖析各需求要素在促进老年用户社交媒体信息服务采纳行为形成过程中的作用机制。

三是探索老年用户社交媒体信息服务使用发展期内其信息服务期望的构成要素,构建老年用户社交媒体信息服务期望模型。基于期望确认理论、情感依恋理论、自我决定理论,构建老年用户社交媒体信息服务持续使用模型,深入分析老年用户社交媒体使用发展期内期望确认度、满意度、情感依恋等认知和情感因素在促成老年用户社交媒体信息服务持续使用行为形成过程中的作用机制。

四是探讨老年用户社交媒体信息服务使用成熟期内其用户体验的构成要素,构建老年用户社交媒体信息服务用户体验模型。基于社会资本、情感依恋理论分析老年群体社交媒体活跃使用行为影响因素,并从依恋焦虑特质维度分析不同依恋焦虑特质的老年用户其活跃使用行为形成过程中的异质性。

五是探讨老年用户社交媒体信息服务使用衰退期内间歇性中辍行为与抵制行为这两种典型消极使用行为的形成机制,以期发现老年用户社交媒体信息服务使用衰退行为形成过程中的关键影响因素。

六是基于以上四个生命周期阶段老年用户社交媒体信息服务使用关键行为特征分析过程中所发现和提取的关键要素,以及对老年用户社交媒体信息服务质量感知影响因素的分析,构建老年用户社交媒体信息服务质量评价指标模型,并采用模糊综合评价法进行实证评价。最后基于全生命周期视角探讨老年用户社交媒体信息服务质量提升对策,为相关企事业单位、政府职能部门改革提供理论依据和实践指南。

1.2.2　研究价值

一是学术价值。①本书以老年群体为研究对象,从微观视角对社交媒体环境中老年用户的信息需求与期望、交互过程中的用户体验进行系统全面的剖析,在此基础上构建基于老年用户视角的信息服务质量评价体系,丰富了信息质量理论研究内涵,增加了信息质量理论研究的广度和深度。②本书吸收信息系统科学、社会学、认知科学、人机交互等相关领域的理论和方法,突出研究的动态性和交互性,弥补以往研究相对静止、局限于线性框架的短板。

二是应用价值。①本书所构建的评价模型中的构成维度和指标均来自实证研究结果,评价结果更接近老年用户的实际体验与感知。该评价体系将为社交媒体服务机构客观评价老年用户信息服务质量提供有效方法与工具。②本书所提出的优化策略,将为各类社交媒体信息服务生产者与服务者采取针对性的策略改善老年用户信息服务质量、优化系统设计与功能、提升老年群体信息服务满意度提供可资借鉴的路径与方法。

1.3　研究思路和技术路线

围绕以上研究目标,本书综合应用扎根理论、问卷调查、统计分析等多种研究方法,从老年用户社交媒体信息服务使用全生命周期视角,系统分析了形成期、发展期、成熟期和衰退期四个阶段中,老年用户社交媒体信息服务需求、期望、用户体验等相关认知、情感因素与采纳行为、持续使用行为、活跃使用行为、间歇性中辍行为以及抵制行为形成的内在关联机制;系统剖析了信息服务需求、期望、用户体验感知对老年用户社交媒体服务质量感知的影响机理。在前期研究的基础上,获取关键性指标,构建社交媒体环境下基于老年用户视角的信息服务质量评价模型,采用模糊综合评价法进行实证评价。最后结合老年社交媒体信息服务现状和评价结果,提出相应的优化策略。本书具体的技术路线如图1-1所示。

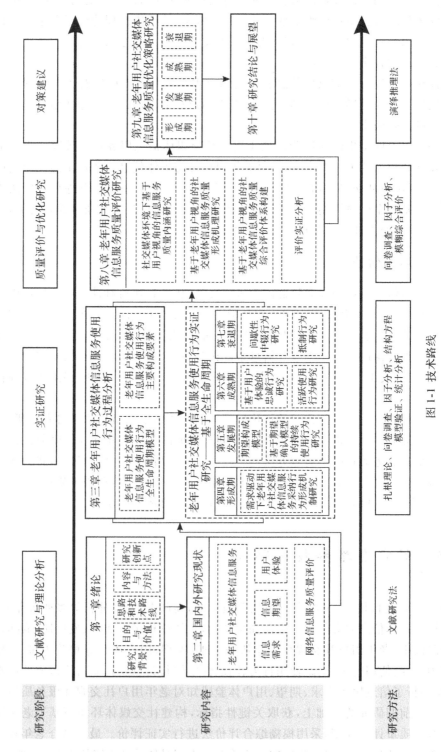

图 1-1　技术路线

1.4　研究内容与方法

1.4.1　研究内容

一是理论基础与研究进展。对近年来国内外老年用户社交媒体信息服务的相关研究进行了系统梳理,同时对信息需求、信息期望、用户体验、网络环境下信息服务质量评价等研究进行了系统综述,特别是对其中与老年用户相关的研究进行了重点分析,为后续研究的开展提供参考借鉴。

二是老年用户社交媒体信息服务使用过程理论分析。首先,从理论上分析老年用户社交媒体使用行为四个生命周期阶段的主要行为特征,构建老年用户社交媒体信息服务使用行为模型。然后,从主体、客体、技术、环境四个角度分析老年用户社交媒体信息服务使用行为的主要构成要素。

三是全生命周期视角下老年用户社交媒体信息服务使用行为研究。在第二部分理论分析的基础上,第三部分从全生命周期的视角具体分析了老年用户社交媒体信息服务使用形成期、发展期、成熟期和衰退期四个阶段的主要心理行为特征。①形成期:需求驱动下的老年用户社交媒体信息服务采纳行为形成机制研究。主要采用扎根理论、使用与满足理论、马斯洛需求层次理论,构建需求驱动下的老年用户社交媒体信息服务采纳行为形成机制模型。②发展期:基于期望的老年用户社交媒体信息服务使用行为形成机制研究。首先,采用统计分析法构建老年用户社交媒体信息服务期望构成模型。然后,基于期望确认模型分析老年用户社交媒体信息服务持续使用行为形成机制。③成熟期:老年用户社交媒体信息服务忠诚行为形成机制研究。首先,采用扎根理论构建基于用户体验的老年用户社交媒体信息服务使用忠诚行为形成的双机制模型。然后,锁定忠诚行为中的关键行为——活跃使用行为,基于社会资本与情感依恋理论,分析老年群体社交媒体活跃使用行为形成机制,并对不同依恋焦虑特质的用户进行对比分析。④衰退期:老年用户社交媒体信息服务消极使用行为形成机制研究。锁定衰退期内两类典型消极使用行为——间歇性中辍行为与抵制行为,首先,从"使能—抑能"和"评价—情绪反应—应对"双重视角实证分析老年用户移动社交媒体信息服务间歇性中辍行为的形成机制。然后,基于 SOR 模型,从感知过载的视角实证分析老年用户移动健康应用抵制行为的形成机制。

四是基于全生命周期视角对老年用户社交媒体信息服务质量进行评价。在第三部分老年用户社交媒体信息服务行为分析的基础上,发现了影响老年用户社交媒体信息服务使用的一些关键因素,第四部分研究将在此基础上构建老年用户社交媒体信息服务质量评价模型并进行实证评价。具体研究内容如下:①分析社交媒体环境下基于用户视角的信息服务质量内涵。②基于老年用户感知视角,探索社交媒体信息服务质量形成机制,具体分析老年用户信息服务需求、期望、用户体验等关键要素对老年用户信息服务质量感知的影响机制。③在前期老年用户社交媒体信息服务使用行为实证研究的基础上,从老年用户社交媒体信息服务需求、期望与信息体验和感知的内在机理关系出发,获取老年用户社交媒体信息服务质量评价指标,形成评价指标库,搭建基于老年用户视角的社交媒体信息服务质量评价指标体系。④通过层次分析法,确定评价指标体系权重,采用模糊综合评价法进行实证检验。

五是老年群体社交媒体信息服务优化策略研究。针对老年用户社交媒体信息服务形成期、发展期、成熟期和衰退期的信息服务现状与评价结果,分别从老年用户、社交媒体信息服务提供商、政府三个层面提出相应的优化策略。

1.4.2 研究方法

一是文献调研。利用中国知网、维普、Web of Science、百度学术等全文数据库,检索并收集国内外关于信息需求与期望、信息评价、用户体验、老年用户社交媒体使用行为等领域的高水平文献资料,对理论方法、研究脉络逐步梳理,形成本书研究方案、思路和理论分析框架。

二是运用访谈法和问卷法采集研究数据。①设计老年用户社交媒体信息服务需求访谈提纲、老年用户社交媒体信息服务期望访谈提纲、老年用户社交媒体信息服务用户体验访谈提纲、老年用户社交媒体信息服务质量影响因素专家访谈提纲,采用分层抽样法在北京、上海、杭州、广州、武汉等地联当地老年人信息服务部门、社区老年居民、相关领域专家学者等对目前老年用户社交媒体信息服务现状、需求、期望、用户体验等问题展开焦点小组访谈,以获得老年用户社交媒体信息服务需求、期望、用户体验的基本构成维度。②设计《老年用户社交媒体信息期望构成调查问卷》《老年用户社交媒体信息服务持续使用行为形成机制调查问卷》《老年用户社交媒体信息服务活跃使用行为形成机制调查问卷》《老年用户社交媒体信息服务间歇性中辍行为形成机制调查问卷》《老年用户社交媒体信息服务抵制行为形成机制调查问卷》《老年用户社交媒体信息服务质量评价调查问卷》。调研对象为具有使用社交媒体信息服务经验的老年用户,调研区域设定为东部地区、中部地区和西部地区等多个省区市。

三是基于扎根理论质性研究法挖掘老年群体社交媒体信息需求、信息体验维度。①按照理论饱和准则确定访谈样本量,采用半开放式访谈获取初步访谈资料。②选择2/3的访谈资料,对影响因素原始材料进行开放式编码、主轴编码、选择性编码来获取信息需求、信息体验维度指标。③采用持续比较的分析思路,使用另外1/3的访谈记录进行理论饱和度检验,直到达到理论饱和。

四是采用统计分析方法进行数据分析与处理。①基于问卷调查数据,通过 SPSS、AMOS、SmartPLS 等软件进行探索性因子分析(EFA)、验证性因子分析(CFA),对"老年用户社交媒体信息服务期望概念模型""基于期望确认理论的老年用户社交媒体信息服务持续使用行为模型""老年用户社交媒体活跃使用行为影响因素模型""老年用户移动社交媒体间歇性中辍行为模型""感知过载视角下老年用户移动健康应用抵制行为模型""老年用户社交媒体信息质量评价体系概念模型"进行信度、效度检验。②采用 AMOS、SmartPLS 等软件对以上模型进行模型假设验证、拟合优度检验,以及模型修正。③采用中介效应检验四步骤法,对"基于期望确认理论的老年用户社交媒体信息服务持续使用行为模型"进行检验,分析满意与情感依恋的多种中介效应。④对调节效应进行检验,检验依恋焦虑、代际支持等变量在相关认知变量、行为变量之间的调节作用。

五是 AHP-模糊综合评价法。利用《老年用户社交媒体信息服务质量评价调查问卷》，采用层次分析法确定老年用户社交媒体信息服务质量指标体系权重，通过模糊综合评价法进行实证评价，发现目前老年用户社交媒体信息服务中存在的问题，并提出针对性的优化策略。

1.5 研究创新点

一是研究视角创新：关注老年群体，基于老年用户体验与感知视角提升社交媒体信息服务质量。随着老龄化进程的日益加速，老年人已成为社交媒体中不可忽视的重要组成部分，而目前社交媒体信息服务相关研究多聚焦于年轻群体，对老年人关注较少。本书将老年用户社交媒体信息服务使用行为作为研究对象，开展信息质量评价与用户体验优化研究。

二是研究思路创新。已有的老年用户社交媒体信息体验研究基本停留在界面优化层面，对老年社交媒体使用行为过程缺乏动态研究，且大部分研究基于横截面数据，只能解释用户在某个静态点的状况。本书试图改变以往研究分段式、截面式的研究思路，从老年用户社交媒体信息服务使用全生命周期视角出发，识别各生命周期阶段内老年用户的认知、情感、行为的关键影响因素，分析各关键因素之间的影响机制，以弥补以往研究的不足。

三是研究观点创新。信息服务质量评价应涵盖用户信息需求与期望、用户体验感知，以及最终获取信息价值收益全过程的信息客观价值属性与用户主观价值感知，是一个由多维角度、多指标因素构成的综合体系。而目前鲜有研究将用户信息需求与期望、用户体验、用户行为考虑在内。要全面衡量信息服务质量，需要结合用户使用行为路径的实证结果来进行评价。本书在准确把握老年用户社交媒体信息服务特殊性的基础上，构建了评价体系模型。该体系模型将覆盖老年用户信息需求期望维度、用户体验感知维度、信息效用价值维度，并对其复杂的系统关系进行梳理，有助于信息服务提供者与服务者从老年用户视角出发对社交媒体信息服务质量进行全面衡量与客观评价。

第二章　国内外研究现状

2.1　老年用户社交媒体信息服务研究现状

随着使用社交媒体的老年用户不断增多,学者们开始关注老年用户社交媒体使用行为,从不同角度展开相关研究,并取得了一些有价值的研究成果。通过检索与阅读大量文献,以下将分别从老年用户使用社交媒体信息服务的益处、使用动机与障碍、使用行为形成机理以及老年用户社交媒体产品设计等几个方面对已有研究进行评述,具体如下。

一是已有研究表明社交媒体有益于老年人的身心健康。具体体现为:有利于建立社会资本,提高老年人通过网络渠道获得情感支持的意识[3]。通过社交媒体功能建立在线家谱或相册,提升家庭成员之间的关系[4,5]。多媒体化的沟通方式可以实现成本低廉且仿真式的虚拟联系,缓解因时空隔离而带来的孤独感、失落感等消极情绪反应,从而提升老年人的控制感与自我效能感[6-10]。通过论坛成员之间的相互帮助,提供情感支持[11]。社交媒体服务中集成的游戏、视频等附加功能能够满足老年人的娱乐需求,减缓老年人认知退化的速度[12,13]。

二是老年用户社交媒体信息服务使用动机研究。已有研究中有关老年用户使用社交媒体动机出现频率最高的是保持与外界的联系。社交媒体通过照片墙、语音、视频等方式突破了时间与空间的限制,帮助老人,特别是身体功能有局限的老人,方便、迅捷地与家人以及外界交流[14-19]。老年用户也通过社交媒体获取健康、生活等方面的知识,进行网上缴费,获得虚拟社区成员的帮助[14,15,19]。通过社交媒体中集成的游戏获得快乐以及满足好奇等也是老年人使用社交媒体的主要动机[18,19]。

三是老年用户社交媒体信息化服务使用障碍及适老化研究。在老年人社交媒体使用障碍研究中提及率较高的因素包括隐私问题(包括担心个人信息和财务信息的泄露)、操作问题(包括界面不一致、字号过小、软件学习过程中的障碍)、社交媒体信息质量问题(信息不相关与不真实等)、对社交媒体不信任等问题[14,15,18]。其他因素还包括缺少线上的朋友、缺乏吸引力、缺少熟悉感等[14,15]。同时,老年人视觉、听觉、运动神经能力等身体机能的衰退,注意力、回忆能力、情景记忆和程序记忆等认知能力的下降,以及设备功能的复杂性和当前模式的识别会对老年人移动设备的使用和技术接受产生影响[20,21]。还有一些学者针对老年用户使用网络信息服务中存在的"银色数字鸿沟",进行了老年用户网络信息服务适老化研究,其研究范围涉及在线教育服务、在线消费服务、在线社交服务等多个领域,其中在线社交服务是网络信息服务适老化研究的重点。比如:钱宇星等[22]以国内大型老年在线社区"银龄网"关停事件为例,通过爬取社区内有关在线社区关停公告的讨论内容,采用内容分析法,提炼出论坛式网络信息服务适老化改造过程中存在的困境以及相应的应对策略。何蔚珊[23]对老年用户在线学习 App 交互界面设计中的功能需求项进行分析和重要性排序,基于 Kano 模型从可用性、用户感受和外观表现三个方面提出了在线学习 App 适老化设计方案。

四是老年用户社交媒体信息行为形成机理研究。学者们分别基于期望确认理论(ECM)、"动机—机会—能力"理论、技术采纳与使用统一理论(UTAUT)、任务技术匹配理论(TTF)、信息生态、动机理论、社会资本、利他、情感依恋、创新扩散、使用与满足等不同理论视角研究了老年用户社交媒体信息行为的形成机理。

一些学者对老年用户社交媒体信息服务采纳行为进行了研究。如:徐婷[24]对老年用户新闻类公众号的需求和采纳行为进行了研究。丁勇和陈佳頔[25]基于技术采纳模型分析了老年用户虚拟社区采纳行为的相关影响因素。刘炜[26]基于 TTF 和 UTAUT 模型分析了老年用户社交媒体采纳行为。Sawe 等[14]分析了老年用户社交媒体采纳及使用行为的影响因素。Yang 和 Lin[27]基于使用与满足理论分析了老年用户采纳移动社交媒体服务的原因。

一些学者对老年用户社交媒体信息服务持续使用行为的形成机理进行了研究。如:左美云等[28]以 ECM 为基础,结合老年人使用互联网的特征,提出了老年用户互联网应用持续使用模型。周军杰等[29]以"动机—机会—能力"理论为基础,从环境、认知两方面研究社区内外互动对老年用户参与行为的影响。Sawe 等[14]基于 UTAUT 模型解释了老年用户使用 SNS 的原因。刘炜[26,30]在 UTAUT 和 TTF 混合分析模型中加入信任感知变量,并运用该模型分析了老年用户持续使用社会化网络服务的影响因素。研究结果表明,技术任务匹配度、行为期望、社会影响、促成因素和感知信任对老年用户使用社会化网络服务意图有显著影响,而绩效期望的影响不大。Kim 等[31-33]分别基于动机理论、社会资本理论、利他理论解释了旅游环境下老年用户持续使用社交媒体的形成机理,并指出情感依恋是持续使用行为形成的关键变量。李嘉兴等[34]从信息、信息人、信息环境和信息技术四者和谐的信息生态视角,在 UTAUT 模型基础上建立了老年用户微信使用意愿影响因素研究模型。Chang 等[35]基于动机与社会资本理论研究了社交媒体环境下老年用户知识分享意愿的形成机理,同时发现知识分享对于老年用户生活的意义感具有显著的正向作用。Kim 等[19]结合创新扩散和使用与满足理论解释了老年用户持续使用移动社交媒体的原因。Cao 等[36]基于ECM-ISC 理论、自我决定理论和老年用户的特征构建了老年用户社交媒体持续使用行为模型,该模型解释了老年用户社交媒体持续使用行为形成的认知、情感与意动过程。曹园园等[37]基于社会资本与情感依恋视角剖析了老年群体社交媒体活跃使用行为形成的影响因素,并检验了不同依恋焦虑水平对老年用户网站依恋与四种不同活跃使用行为之间关系的调节作用。

一些学者针对老年用户社交媒体信息服务消极使用行为,如抵制行为、间歇性中辍行为的形成机理进行了研究。如:左美云等[38]利用新浪微博用户简介中的标签数据和年龄数据,采用 Word2vec 和 LDA 两种方法,实现基于用户标签的社交媒体老年缄默用户的识别,从而为社交媒体适老化改造服务提供支持。王晰巍等[39]基于人—系统交互的视角分析了老年用户抵制使用移动社交媒体的相关影响因素。Cao 等[40]基于刺激—机体—反应（SOR）模型分析了感知过载因素如何通过倦怠和技术压力这两个心理感知因素影响老年用户移动医疗应用抵制行为的形成机理。同时研究发现，代际支持对于减轻老年用户移动医疗的抵制行为具有显著的作用。Cao 等[41]基于感知过载、自我决定理论从使能与抑能、自我调节框架两个视角揭示了老年用户社交媒体间歇性中辍行为的形成机制。研究发现，信息过载和系统功能过载会引发老年用户社交媒体使用倦怠从而诱发间歇性中辍行为，同时关联需求满足与能力需求满足会触发老年用户社交媒体情感依恋，从而对间歇性中辍行为产生一定的抑制作用。

五是老年用户社交媒体产品设计研究。有关老年用户社交媒体产品设计的研究较多集中于老年用户身心特征对交互界面设计的影响[42,43]。已有研究针对网页阅读过程中老年人的眼动与阅读[44,45]、视力障碍与阅读[46]、记忆与阅读流程[47]、操作行为与阅读效率[48]、在线搜索结果呈现方式[49]等方面的特点进行了研究。在针对老龄化设计的原则和方法中，简化操作是提及率较高的设计原则之一[50,51]，其他原则还包括使用易懂的语言，避免使用计算机术语，提供易懂的隐私选项，以及提供多种交互等。

2.2 信息需求相关研究

2.2.1 需求经典理论

2.2.1.1 马斯洛需求层次理论

美国心理学家亚伯拉罕·马斯洛（Abraham Maslow）提出了马斯洛需求层次理论，该理论将人类的需求从低到高依次划分为五个层次。马斯洛需求层次理论是需求理论中传播范围最广、影响力最大的理论之一，该理论揭示了人类纷繁复杂、形形色色的行为和欲望之下的共同本质。

根据马斯洛需求层次理论，人类的需求从低到高，依次可划分为生理需求、安全需求、归属与爱的需求、尊重需求、自我实现需求。五个层次的需求具体如下。

一是生理需求，位于马斯洛需求层次理论的最底层，包括衣、食、住、行等方面的基本需求。生理需求涉及人类生存最基本、最原始的需求。生理需求是推动人类行为的最强大动力，只有基本的生理需求得到满足并达到维持人类生存所必需的程度时，其他需求才能成为新的激励因素。而一旦生理需求得到满足，便不会产生持续的激励因素。

二是安全需求，可进一步划分为人身安全需求和心理安全需求。其中人身安全需求为个体对身体安全的需求，如需要保障自身安全、摆脱危险的工作环境等。心理安全需求包含对生活稳定性的需求、希望摆脱事业和财产丧失的威胁、避免接触严酷的监督等方面的需求。马斯洛认为个体是一个追求安全的机制，甚至科学和人生观都是满足安全需求的一部分。

三是归属与爱的需求，即个人希望属于一个群体，成为群体中的一员，感受到关心和照顾。爱的需求包括友爱的需求、爱情的需求，多数人希望能够同他人建立情感关系，避免孤独、无助感。相比生理、安全需求,归属和爱的需求更加细致,个体差异性也较大,常受到个体性格、过往经历、文化教育和宗教信仰等因素的影响。

四是尊重需求,指人们对自尊、尊重和认可的需求。大多数人渴望具有稳定的社会地位,自身能力和成就得到社会的承认。尊重需求分为内部尊重和外部尊重。内部尊重即人的自尊,指个体在不同的情境中有实力、能胜任、充满信心。外部尊重指个体希望有地位、有威信,得到他人的尊重、信赖和高度评价。马斯洛指出,当自尊与尊重需求被满足,能增强个体的信心,使其对社会满腔热情,体验自身的价值。

五是自我实现需求,是人类最高层次的需求,指人们追求充分发挥自己的能力或潜能并使之完善,从而实现个人理想。

马斯洛需求层次具有六大特性[52]:其一,稳定性。除少数例外,大多数人的需求基本按照马斯洛需求层次从低到高的顺序排列。其二,相对满足性。大多数人的需求状态基本处于部分满足的状态,对于处于金字塔中较高层级的需求,得到满足的人比例较小。需求的满足符合从低到高的趋势,当较低层次的需求得到满足后,会出现较高层次的需求。其三,无意识性。对普通人而言,其基本需求处于无意识状态。其四,文化普遍性和特殊性。不同社会形态和文明中的个体其深层次思想呈现相近的特征,其趋同的基本需求特征揭示了不同文化背景后的一致性特征。其五,行为的多重动机。人的行为大多数情况下并不由某个单一动机导致,而由多重需求决定。其六,动机理论以目标为中心,其需求分类基于行为目标,行为目标是动机理论的核心。

2.2.1.2　使用与满足理论

马斯洛需求层次理论解释了人类需求的具体内涵,并概括出了需求的层次模型。Katz等[53]则是在马斯洛需求层次理论的基础上,提出了"使用与满足理论"(uses and gratifications theory)。该理论提出用户与媒介接触和使用的过程是一个由个体自身需求激发,并随之在媒介使用过程中得到满足的过程。施拉姆(Schramm)将使用与满足理论比作自助餐厅,用户使用媒介的过程,类似于其在自助餐厅就餐,用户可以根据自己的偏好与口味,按照自己的需求来挑选餐食,即用户使用媒介就是为了满足其自身需求。该理论假设受众能够根据自身特定的目标,主动理性地选择媒介内容,并意识到个体的相关需求,依据动机来表达具体需求。同时比起媒介的美学或文化因素,媒介对个人的功能相对而言有更强的决定性作用。需求是使用与满足理论中的关键词,Katz等根据此假设,基于大众媒体的心理和社会功能,概括出35种需求,并进一步将这些需求归纳为五大类——认知需求、情感需求、个人综合需求、社会整合需求、缓释需求和缓释压力,并于1974年提出了使用与满足理论的基本框架。

使用与满足理论从用户的视角较好地阐释了用户媒介接触与使用的动机,并解释了需求在用户与媒介接触中所发生的作用[54]。目前使用与满足理论已被广泛地应用于媒体使用研究中。早期研究者将其应用于报纸[55]、电视[56]和电话[57]等传统媒体的用户心理需求研究中。随着通信媒体的快速更新发展,使用与满足理论被逐渐引入即时通信服务[58]和因特网[59]等领域的用户行为研究。

近年来,随着社交媒体的快速发展,该理论被广泛应用于解释社交媒体环境下用户的心理行为,如采纳行为、特定功能使用行为、持续使用行为等。其中一些学者采用使用与满足理论探索了社交媒体的具体使用行为。如:Apaolaza 等[60]基于使用与满足理论研究了用户的社交需求、信息搜寻需求和娱乐需求对 Qzone 使用的积极情绪影响。Baek 等[61]基于使用与满足理论分析了信息分享、教育、控制、提升等因素对脸书(Facebook)链接分享行为的影响。国内学者甘春梅、梁栩彬和李婷婷[62]基于使用与满足视角分析了社交媒体用户行为,并提出认知需求、个人整合需求、情感需求、社会整合需求和压力释放需求是影响社交媒体用户行为的主要因素。张敏、孟蝶和张艳[63]通过扎根理论,基于使用与满足框架分析了社交媒体用户持续使用行为形成机理,并提出社交性需求满足因素、内容性需求满足因素和过程性需求满足因素能够显著影响用户社交媒体持续使用意愿。

同时,一些学者结合特定的研究情境变量,对使用与满足理论进行了扩展。如 Curras 等[64]在使用与满足理论基础上,引入感知风险因素,研究了社交媒体用户忠诚度的影响因素。Hsu 等[65]在使用与满足理论基础上,引入感知交互因素,研究了脸书持续使用意向的影响因素。还有一些学者将其他理论和使用与满足理论加以整合,对用户的社交媒体使用行为进行了研究。如 Baek 等[66]结合使用与满足理论以及依恋理论,研究了依恋类型对社交媒体使用动机和使用结果的影响。Chang 等[67]整合了社会契约理论以及使用与满足理论,Hollenbaugh 等[68]整合了使用与满足理论和五大人格理论,分别从不同角度对脸书自我信息揭露行为的影响进行了研究。Chiang[69]基于理性行为理论、创新扩散理论,以及使用与满足理论探索了脸书持续使用意向的影响因素。Yang 和 Lin[27]基于使用与满足理论和媒体丰富理论探索了老年用户采纳移动社交媒体的需求动机。

已有研究表明,使用与满足理论为解释用户为何使用某一特定媒体以满足其内在需求等问题提供了较好的理论框架。

2.2.2 信息需求

2.2.2.1 人类总体需求与信息需求的内涵

人类与生俱来具有一系列的需求,需求是人类行为的重要驱动力,对个体的行为倾向产生影响。学者们基于不同视角提出个体心理需求理论模型。Murray[70]将个体需求分为初级和次级两大类型。社会心理学家阿尔德基于社会结构提出了三类核心需求:生存需求、交往需求和成长需求。美国心理学家马斯洛进一步提出人类的需求可以抽象概括为五个层次:生理需求、安全需求、归属与爱的需求、尊重需求、自我实现需求。信息需求是人类需求中的一种特殊类型。社会生活过程中,人类要满足自身各方面的需求,需要从事各类活动,在完成这些活动的过程中,就需要获取各类信息。由此可见,信息需求由总体需求引发,人类活动是总体需求与信息需求之间的中介[71],两者的关系如图 2-1 所示。

近年来,随着信息技术和环境的不断发展和变化,信息需求研究逐渐由信息系统技术导向的信息需求研究转向用户导向的研究。近年来,国内外一些学者基于用户视角对信息需求进行了探讨和诠释。胡昌平[72]、邓小昭[73]、刘冰[74]、Belkin[75]、Wilson[76]等在相关研究中指出,信息需求是指"人们从事各项实践活动过程中,为解决所遇到的各种问题而产生的对信息的不足感和求足感"。当个体面对任务时,由于认知结构上的不足,将产生不确定性,从而引发焦虑、心绪紊乱、沮丧和缺乏自信等不良情绪,产生信息需求,这种需求也反映了个体的心理状态。Spink 等[77]指出,用户因素是研究信息系统环境中需求行为不可忽视

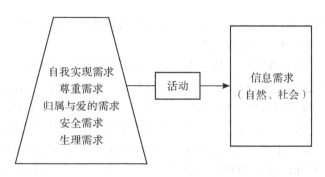

图 2-1　人类总体需求与信息需求的关系

的重要变量。Dervin[78]研究指出,需要采用动态的视角系统研究用户的信息需求,不同用户有不同的信息需求,不同时空环境也会促使用户产生不同的信息需求。Velasco 等[79]指出,当个体影响因素发生改变时,信息需求也随之改变。岳剑波提出,"用户研究是信息管理的出发点,用户的信息需要是信息系统建设和信息服务工作的根本依据"[80]。李桂华指出,"信息服务体系必须在用户需求分析基础上选择和组织信息资源"[81]。因此,在用户信息研究中,更加需要关注用户的因素,分析用户心理状态,分析信息需求产生的原因和情境。

2.2.2.2　社交媒体环境下用户信息需求的特征与规律

自 20 世纪 90 年代初至今,网络环境下用户的信息需求研究成为众多学者关注的重点,特别是随着近年来社交媒体的快速发展,国内外相关研究也日益丰富。社交媒体环境下的用户信息需求呈现出以下特点与规律。

一是信息需求的多元层次性特征。社交媒体环境下用户的信息需求具有多元层次性结构特征,具体可体现在需求内容和需求的时间序列发展等方面。从需求内容角度而言,网络环境下用户对信息服务的需求内容呈现出不同的类型层次。如刘春年等[82]研究发现,用户的数字阅读需求分为基本型、期望型、兴奋型。其中基本型需求是根基,包含经济因素、意见反馈、安全保障、消费者权益。期望型需求包含用户体验、便利条件、个人需求、内容质量。兴奋型需求包含愉悦感知、美观感受、营销策略、主观规范。宋仁君[83]将科研人员的信息需求划分为论文投稿需求、基金申请需求、学术会议信息需求、检索知识需求、专利信息需求。易明等[84]主要采用移植借鉴和逻辑分析法,发现网络知识社区中不同角色用户的需求类型呈现多元化特征,且不同角色用户的需求层次差异显著。

从需求的时间序列发展角度而言,网络环境下用户的信息需求呈现时间序列梯度发展特征。如刘春年等[82]在对数字阅读产品的网络评论及用户深度访谈内容进行分析的基础上发现付费数字阅读用户需求层次呈不断成长的演化趋势,用户的需求从基本型需求逐渐发展到期望型需求,再到兴奋型需求。

二是信息需求的个性化特征。社交媒体环境下,用户的主导性地位更为凸显,其主动性更强,信息服务需求也更具个性化特征。社交媒体提供了更加丰富、多样和广泛的信息内容、形式、来源与渠道。用户除了能够主动参与信息获取过程,也要求社交媒体能够提供定制化、个性化的信息支持,以满足个性化的工作、学习、生活信息需求。

具体而言,用户的个性化信息需求表现在要求信息的内容更具有针对性、相关性和独特性；在信息传播的来源、渠道上，不再拘泥于传统的媒体来源，希望有更加广泛的信息来源；在信息展现形式上，用户的需求也更为丰富。

三是信息需求的动态性特征。信息需求的动态性指"利用信息解决现实问题过程中用户信息需求持续变化的动态过程"[74]。用户的信息需求具有高度的时间、空间和情境依赖性。一方面，在一个较长的历史时间段内，随着时空的变化，用户对信息的需求数量和内容会发生相应的变化。另一方面，在 Web 2.0 基础上孕育而生的社交媒体技术，更注重和强调互动，这种互动既包括用户与系统之间的互动，也包括用户之间的互动，从而使得社交媒体环境下的信息需求和信息行为具有动态性特征。一些学者针对社交媒体环境中信息需求的动态性特征进行了研究。比如：曹树金和闫欣阳[85]以糖尿病为例，发现社会化问答网站"寻医问药网"中，用户有关糖尿病相关信息的需求在 10 年间呈现出"逐渐趋于集中，健康管理相关关键词数增长较快，对中医信息需求不断上升"等变化特征。李宇佳[86]分析了学术新媒体环境下用户信息需求质与量的演化规律。

此外，一些学者针对较短时期内或特殊时期中，用户信息需求的变化特征进行了研究。比如：刘冰等[87]针对女性备孕这一短暂特殊的身份转换期，对网络健康社区中女性的健康信息需求主题特征进行了分析。研究发现，女性备孕期间，其信息需求和行为呈现出复杂性和动态性特征，在此过程中，情绪是关键性驱动因素。陈静等[88]基于 2020 年初突发的公共卫生事件，分析了突发公共卫生事件的爆发期、蔓延期和衰退期三个阶段内，大学生健康信息需求稳中有变的动态化特征。

2.2.3 老年用户信息需求相关研究

老年人信息需求指老年人对信息的需要与信息寻求，包含对信息质量、信息数量、信息形式、信息内容等方面的需求，以及老年人对信息查询方式与途径的要求[89]。开展老年人信息需求相关研究，一方面有利于理解老年用户这一特殊群体的信息需求规律与机制，从而更好地为其提供信息服务，另一方面有利于进一步扩展网络环境下用户信息研究对象，丰富网络环境下的信息服务研究。

2.2.3.1 网络环境下老年用户信息需求研究

随着越来越多的老年用户开始使用网络获取信息，早期一些学者对网络环境下的老年用户信息需求展开了研究。其中比较有代表性的研究如左美云等[28]采用演绎和文献分析法，基于马斯洛需求层次理论，构建了老年用户信息需求层次模型，分析了 IT/IS 如何支持和满足老年人的信息需求，并提出了相应的对策建议。

近年来随着数字媒体、社交媒体等新媒体的发展，学者们进一步针对新媒体环境中老年用户信息需求的特征进行了研究，具体包括新媒体环境中老年用户的信息需求内容、需求满足障碍、现状等。如：徐婷[24]分析了老年人对新闻类微信公众号的需求。王湘宜和刘英杰[90]以喜马拉雅 App 为例，分析了目前移动广播 App 在满足老年用户对频道内容质量、软件操作、页面设计、互动等方面需求的不足，最后根据老年用户的需求特点提出了相应的对策建议。钱宇星等[22]通过爬取"银龄网"中关于社区关停公告的讨论内容，采用内容分析法，提取了在线社区适老化改造过程中老年群体的相关需求，具体包括系统易用性、内容存储与迁移、功能改进、内容创建、内容治理。同时研究还发现目前老年用户在线论坛社区存在的问题,如落后的服务系统难以满足不断增长的老年用户需求等。史青[91]基于使用与满足理论研究发现,自我表达需求、社交需求和信息获取需求的满足是老年用户群体使用微信的原因。赵娜和谭天[92]基于马斯洛需求层次理论,从生理需求和安全需求的角度分析了社交媒体环境下老年用户所面对的障碍。具体包括获取渠道受阻和数字红利缺失。并从归属和爱的需求,以及尊重与自我实现需求的层次分析了老年用户在社交媒体环境下所获得的机遇。苏文成、卢章平、王正兴[93]基于扎根理论构建了老年群体数字技术应用自主性概念模型,研究发现老年用户的数字技术需求主要包含自主性需求、能力需求和归属需求三大类。其中自主性需求是核心,主要包含尊严需求、自由需求、选择需求和谅解需求四大类。

随着老年用户年龄的增长、身体机能的衰退以及抵抗力的逐渐下降,老年用户各种疾病的发病率逐渐升高,老年群体对健康信息的需求远高于其他非老年群体。近年来,越来越多的老年用户开始使用网络搜寻健康信息,基于此,社交媒体环境下老年用户健康信息需求成为近年来研究关注的重点。如:钱宇星等[94]采取网络文本挖掘的方法,选取老年论坛"老年人之家"中5296条用户发布的健康相关文本作为语料库,利用 TextRank 和 TF-IDF 两种关键词抽取算法对每个文本进行关键词抽取,构造关键词共现网络,通过社会网络分析识别重要关键词和主题;并将老年在线社区用户的健康信息需求具体划分为中医养生原理与方法、生活方式调整与改变、疾病防治与应对老化、食品营养价值与功效四个类型,且不同需求类型间存在复杂的交错关系。老年用户表露的健康信息需求停留在生理健康层面,而心理健康和社会适应力是潜在的信息需求。王文韬等[95]采用半结构化访谈和扎根理论,发现微信平台老年用户健康信息接受行为的相关影响因素中,信息需求对老年用户的行为影响最大。徐孝婷、赵宇翔和朱庆华[96]采用先定性后定量的混合型研究方法,获取了包含37个老年用户健康信息的需求自由节点,并进一步通过问卷调查和因子分析获取包含使用操作、信息搜寻、自我实现等的六大类健康信息的需求树节点,以及物理、认知和情感三类主范畴,从而构建了老年用户健康信息需求模型。王昌等[97]以信息、信息主体和信息环境为生态因子构建了包含11项一级指标和28项二级指标的老年人医养结合信息服务需求指标,并综合应用 KANO 模型和 K-means 方法进行需求指标分类和重要度等级划分。赵英等[98]通过爬虫技术,采集春雨医生平台内数据,对老年与非老年用户在线医疗信息需求及满意度进行了对比分析。研究发现,老年用户与非老年用户的医疗需求具有较大差异,老年群体对骨伤科和肿瘤防治科的需求较大,而非老年群体对儿科和妇产科的需求较大。同时研究发现,相比非老年用户群体,老年用户群体的在线医疗满意度较高。

同时值得注意的是,现今由于在线健康信息尚存在较多问题,如忽略老年用户真实需求、可靠性不高、内容冗余度高、更新速度慢等,老年用户健康信息需求并未得到较好的满足。

2.2.3.2 老年用户信息需求影响因素研究

一些学者针对老年用户信息需求的影响因素进行了研究。如:Eriksson-Backa 等[99]提出,影响老年用户健康信息需求的关键因素包括教育水平、自身健康状况、健康信息查询能力、兴趣等。Khayesi 等[100]通过对肯尼亚纳库鲁地区居家老人的信息需求进行分析,发现教育、文化传统、财政资源等环境因素,以及读写能力、语言能力、记忆力、身体障碍等个人因素是影响老年用户信息需求的主要因素。Pálsdóttir[101]提出,影响老年用户使用社交媒体信息资源的主要因素包括身体机能的限制和隐私问题等。李小平等[102]研究发现,老年用户日常生活信息查询行为受到老年人的经济状况、文化程度和地理位置等因素的影响。过成芳[103]通过问卷调查发现,性别、年龄、学历和曾从事的工作等因素是影响老年用户使用公共图书馆信息服务的主要因素。娄冬和娄策群[89]基于已有研究成果,通过两轮专家调查,在确定老年人信息需求影响因素的基础上,将老年人信息需求影响因素划分为五个层级,建立了老年人信息需求影响因素解释结构模型,并对影响因素的层级关系及其对老年人信息需求的影响进行分析。其中,老年人信息需求影响因素中的表层因素为影响老年人信息需求最为直接的因素,具体包括家庭成员结构、子女同住情况、家庭经济状况、亲戚朋友情况、年龄、健康状况、现工作任务、原职业职务、文化程度、兴趣爱好等;中层因素是影响老年人信息需求较为直接的因素,具体包括社区生活环境、社区人文环境、性别、社区规模大小、社区地理位置等;深层因素是影响老年人信息需求的根本因素,具体包括区域政治环境、区域经济发展、区域科技教育、区域文化传统、区域自然条件等。

2.2.3.3 老年用户信息需求的区域研究

一些学者针对不同区域老年用户的信息需求特征进行了研究。如:李菲[104]针对城市老年人的信息需求进行了分析。范良瑛等[105]对不同地区的老年用户对各类信息的关注程度进行了对比分析,发现中部地区老年人对社会福利的关注程度超过对娱乐信息的关注程度,而西部地区的老年人更关注新闻报道。东、中、西部的老年人均对健康信息有迫切的需求,但就老年人获取健康信息的机会而言,东部地区的老年人比西部与中部地区的老年人具有更多的机会。郭颖等[106]针对武汉市城市老年人的信息需求进行了具体研究。强威[107]研究了贵州省城市家庭养老模式下老年人的信息生活需求。杨莹[108]针对农村老年人的健康信息需求进行了分析。基于以上研究结果,发现不同区域的老年人在信息需求方面存在共性特征,同时也存在区域性特点。

2.3 信息期望相关研究

期望是指用户在接触产品过程中,根据过往的经验或个体的需求,产生的"事前期待"或对产品或服务确定的内在心理目标或标准。期望是为满足需求而对未来事件做出判断的一种心理倾向。用户期望研究最初起源于管理学和服务营销等学科,后有学者借鉴"顾客期望"的相关理论,进一步研究了图书馆、信息服务领域的用户期望。在网络环境背景下,用户的信息期望指"用户基于自身的需求、经验、习惯,在信息获取和利用之前、之中对信息系统功能、服务水平以及信息产品价值属性等,所确立的一种主观判断和预期"。用户的信息期望表达了用户认为信息服务网站或系统"应该"或"将要"提供怎样的信息表达方式或获取途径。

弗鲁姆(Vroom)的期望理论指出,人们采取某项行为的动力大小取决于其对该行为结果的价值评估和实现该结果的预期估计[109]。以往研究表明,信息期望对用户的信息决策行为具有显著的影响[110],深入了解和把握用户的信息期望具有重要意义。国内外学者针对信息期望的内容构成、影响因素、信息期望与信息需求、行为之间的关系等方面问题展开了相关研究。

有关用户期望构成研究方面,学者们具体研究了不同情境下用户期望的结构层次。比如:邓君等[111]从不同角度对档案用户期望的构成进行了阐述。首先,从用户期望形成的动态性特征出发,将公共档案用户期望划分为档案用户显性期望、模糊期望和潜在期望。其次,从用户期望与体验的视角将公共档案用户期望分为感官期望、行为期望和情感期望。最后,从档案服务满足用户期望程度的视角将用户期望分为基本期望、关联期望和超值期望。徐娴英和马钦海[112]基于卡诺模型将用户期望划分为必备属性期望、一维属性期望、魅力属性期望。刘冰和宋漫莉[113]将网络环境下用户的信息期望划分为信息内容期望、信息表达与服务期望、信息获取过程期望三个层次。洪光平[114]基于本能—行为—反思层将知识付费产品中的用户期望进行了划分。其中本能层包含感官体验期望,行为层分为信息内容期望、产品性能期望、社会互动期望和服务体验期望,反思层包含情感体验期望。秦银等[115]基于诺曼的本能—行为—反思层将用户期望划分为外观感觉期望、行为期望和情感期望三个层次。陈岚[116]将公众期望划分为显性期望、隐性期望和模糊期望三个层次。

有关用户信息期望的影响因素方面,已有研究表明用户的需求、经验、信息、动机等是其信息期望的主要影响因素。沈旺[117]指出,数字图书馆服务用户期望的三个主要来源包括用户的需求、用户使用数字图书馆服务的经验和数字图书馆提供的信息。其中用户需求是用户形成期望的内在驱动力。用户过往的亲身体验是期望形成的直接依据。数字图书馆提供的信息是用户期望形成的现实依据。Liu和Xie[118]通过研究顾客期望与旅游模式之间的关系,发现同行者提供的信息会影响顾客的期望。赵晓洁[119]研究了企业信息呈现方式对顾客期望的影响。该研究归纳出四种企业信息呈现方式——信息载荷量、信息呈现技巧、信息设计特征和信息可获取性,并将顾客期望划分为可能性期望和重要性期望。实验研究发现,企业信息呈现的方式对顾客的可能性期望具有显著的影响,而对重要性期望的影响不显著。同时,认知需求在企业信息呈现方式与可能性期望之间具有显著的调节效应,在企业信息呈现方式与重要性期望之间的调节效应不显著。Mauri等[120]研究发现,宾馆服务的在线评论对顾客的服务期望和行为决策具有显著影响。Benedicktus[121]的研究同样也证实了其他顾客的评价信息对顾客期望的显著影响。

有关信息期望与用户信息需求、信息质量感知和用户满意度之间关系的研究,Wilson[122]指出,信息期望的构成和形成过程与用户的信息需求息息相关。陈岚[116]指出,政府微博管理者对公众期望的错误解读,将导致其对公众期望服务质量理解的偏差。同杨萍和高洁[123]基于公众期望需求、公众体验、公众满意度和公众持续使用构建了政府电子信息服务质量评价概念模型。刘冰和宋漫莉[113]针对网络环境下用户的信息需求、信息期望与服务质量之间的关系进行了实证研究。研究表明,信息需求是信息期望的驱动力,且其影响作用贯穿整个服务交互过程。信息需求对信息内容期望、信息表达与服务期望以及信息获取期望均具有显著的正向影响,且对信息内容的影响作用最大。信息需求通过信息期望的中介作用间接影响信息质量评价。邓君等[111]研究发现,档案用户服务需求是服务期望的充分非必要条件,档案用户服务期望与服务质量之间存在显著正向关系。

2.4　用户体验理论及其相关研究

2.4.1　用户体验内涵

用户体验(user experience,简称 UE)最初源于 IT 领域中人机交互过程的研究,随着研究的不断发展,信息管理、服务营销等多个学科逐渐开始关注用户体验。用户体验与感知是理解社交媒体环境下用户信息行为的基础,也是把握和分析用户行为的重要依据[124]。

用户体验具有普遍性及动态性等特征。Goodman 等[125]指出,用户体验无所不在,产生于用户与外界的交互过程中,并受到外界、产品和环境等多种因素的影响。目前尚未形成统一的用户体验定义,各领域学者基于不同的背景和理解,提出不同视角下的用户体验概念,具体如下。

2.4.1.1　基于经济学视角的用户体验定义

1970 年,著名的未来学家阿尔文·托夫勒(Alvin Toffler)从经济学视角提出体验是商品和服务心理化的可交换物。但是在 20 世纪 70 年代,服务经济尚未成为大多数国家国民经济增长的主要动力,体验的价值尚未被充分重视,随着后期服务经济的快速发展,体验的重要价值进一步被认识。Pine II 和 Gilmore[126]将体验定义为独特的企业经济提供物,且认为消费者以个性化的方式参与其中。随后,Pine II 和 Gilmore[127]以及 Schmitt[128]进一步对用户体验的定义进行了界定,他们认为体验作为一种经济提供物可作为企业提供产品或服务的附加物,旅游或电影等产品也可作为单独的经济提供物而存在。

2.4.1.2　基于管理学视角的用户体验定义

管理学视角下的用户体验定义最初主要集中于服务营销领域的客户满意度研究。随着研究的进一步深入,服务营销领域派生出一个主要围绕客户体验的新研究分支。Lasalle 和 Britton[129]将用户体验定义为顾客与产品、公司、公司代表之间的互动。Schwager 和 Meyer[130]将用户体验定义为顾客与公司之间直接或间接接触所产生的反应。郭红丽[131]和温韬[132]认为,用户体验是顾客与企业交互过程中内心所感受到的冲击。Nielsen-Norman Group 指出,用户体验涵盖了用户与企业产品及服务体系的各个方面,以满足用户需求为首要目标,通过简单而具有吸引力的设计,让用户感受到拥有产品或享受服务的愉悦性,良好的用户体验必须有效地结合多个学科领域。

2.4.1.3　基于心理学视角的用户体验定义

心理学视角下的用户体验定义认为,体验是个体直接或间接参与某事件过程中对某些刺激所产生的内在心理反应。Lofman[133]在前人的基础上提出用户体验是感觉、想象和情感的综合反映。根据体验的层次,可划分为感官体验和高峰体验,感官体验是高峰体验产生的基础。Csikszentmihalyi[134]所提出的流体验就属于高峰体验的范畴,指个体身心完全投入某种活动过程所产生的一种积极的体验,它使人忘却时间,获得高度兴奋感及充实感。Mohammed 等[135]指出,用户体验是用户使用产品或与网站交互过程中体验到的激励因素及其反馈感受。

学者们从不同角度对用户体验进行了定义,纵观这些定义,不难发现用户体验具有如下特征[136]:①主观性。用户体验具有较强的主观性,与用户自身的期望、经历等息息相关。②异质性。千人千面,对于同一种服务,不同的用户其体验存在差异性,很难达到一致。③互动性。用户体验源于其与产品、服务、品牌、企业之间的互动,没有亲身参与互动,体验无法发生。④感知性。感知是感觉与知觉的统称。用户体验是用户与产品、服务、企业等交互过程中产生的内在感受与反应,具有感知的特性。⑤动态性。用户体验不是一成不变的,在用户使用产品或享受服务的整个生命周期内,每一阶段、每一个时间节点其对服务的感知都具有一定的差异性。⑥整体性。产品具有多面性,同时服务也由一系列的活动关联组成,当用户使用过产品或亲身经历过服务体验后,就会对产品或服务形成一个整体的感知与印象。⑦情感性。用户在体验过程中所感受到、意识到的正面或负面的情绪状态。

2.4.2　用户体验模型

早期的用户体验研究中,学者们提出了一些经典的用户体验模型,如用户体验设计五要素模型、APEC 模型、蜂巢模型、HEART 模型等。

加瑞特在《用户体验要素:以用户为中心的产品设计》中提出了网站用户体验设计的五个层次:战略层、范围层、结构层、框架层、表现层。战略层体现了产品的战略目标,即想通过这个产品达到什么目的,该层次主要关注用户的需求和产品目标。范围层主要关注产品的特性、功能组合以及功能的优先等级。结构层主要关注功能的组织方式、信息架构和交互设计。框架层主要关注界面设计和信息设计,如控件、图片、按钮等如何达到最佳效果和效率。表现层主要关注产品与用户交互的界面,关注视觉设计。

Vyas[137] 提出了用户体验 APEC(aesthetic, practical, emotional, cognitive)模型。APEC 模型即审美、实用、情感和认知模型,其中交互是 APEC 模型的核心。该模型主要包含三个层面:首先,用户与系统之间发生交互,系统会根据用户行为产生反馈,用户与系统的交互是体验的基础与来源。其次,系统在外观、交互和功能方面的表现和性能有助于提升与用户的沟通。最后,通过审美、实用、情感和认知四个方面形成系统用户体验评价。

Morville[138] 构建了用户体验蜂巢模型。该模型由七个方面的要素组成,主要包括有用性(useful)、合意性(desirable)、可接近性(accessible)、可靠性(credible)、可寻性(findable)、可用性(usable)和价值性(valuable)。

Rodden 等[139] 提出了用于用户体验测评的 HEART 模型。HEART 模型包含五个维度和三个确定数据指标的步骤。五个维度包括愉悦度(happiness)、参与度(engagement)、接受度(adoption)、留存度(retention)和任务完成度(task success)。愉悦度指用户的满意度和推荐给他人的可能性。参与度指用户使用产品的时长、访问量等。接受度反映了产品对新用户的吸引力。留存度衡量了现有用户的重复使用情况。任务完成度衡量了用户完成任务所需要的时间和错误率。三个确定数据指标的步骤包括目标、信号和指标。目标指确定产品或功能的用户体验目标。信号指选择可以显示目标成功或失败的信号。指标指选择适当的数据指标进行追踪。

这些模型明晰了用户体验的结构和要素等问题,并在实践研究中得到了广泛的应用。

以加瑞特的用户体验要素模型和 Morville 的用户体验蜂巢模型为代表,它们从技术要素的角度,明确了系统用户体验设计的要素。APEC 模型从用户的角度分析了用户如何与系统交互。HEART 模型从用户体验测评维度和过程的角度提出测评维度和步骤,有助于信息系统服务商发现系统中存在的问题并进行针对性的优化。

随着用户体验研究的不断深入,学者们结合数字阅读、数字图书馆、社交媒体、知识付费社群、公益众筹平台等具体情境,借鉴国内外相关理论,构建了用户体验概念模型或进行了实证模型验证。这些模型结合实践情境,进一步深入细化了用户体验研究。

如陈娟和邓胜利[140]构建了社会化问答平台用户体验影响因素模型,并通过实证研究发现视觉吸引力和需求满足对社会化问答平台的用户体验具有显著影响。在此过程中,主观情感作为中介变量对视觉吸引力、内容需求、交互体验与用户体验之间的关系起到了调节作用。赵宇翔等[141]针对社会化情境和用户体验设计的特征,从动因视角出发整合相关理论,构建了社交媒体用户体验设计的动因支撑模型。同时赵宇翔和薛翔[142]从理论层、应用范畴层和功能实现层三个层面构建了移动音乐 App 用户体验设计中感知示能性概念模型框架。刘蕊等[143]基于健康素养的视角构建了移动医疗 App 用户体验影响因素模型,研究发现需求满足和视觉吸引力对用户体验存在显著的正向影响。唐泽威等[144]采用扎根理论构建了公益众筹平台的用户体验框架模型。孟猛和朱庆华[145]采用扎根理论构建了移动视觉搜索用户体验影响因素模型。李君君等[146]从用户体验的动态阶段视角出发,基于用户体验的反思、认知和感官三层维度,融入认知、情感变量,构建了移动数字阅读用户体验动态行为模型,并通过实证研究检验了用户体验决策、交互和期望三个阶段过程中,三层用户体验维度对持续采纳意愿的影响。陈曦和宫承波[147]采用问卷调查、深度访谈等方法从操作层、偏好层和原则层三个层面提取了智能音频用户体验模型要素库,并基于场景理论构建了智能音频用户体验模型。戴程[148]基于使用与满足理论、体验价值理论,构建了包含工具性价值、精神性价值、情感性价值和社交性价值四个维度的知识付费用户体验价值模型,并通过实证研究验证了四个用户体验价值维度对用户忠诚度的积极驱动效应。

Shin[149]基于沉浸式讲故事情境,开发并测试了一个融合存在、流动、移情和体现的虚拟现实体验模型。结果表明,用户的个人特征与虚拟现实中的沉浸感相关,虚拟现实中的用户体验取决于个人特征,而个人特征反过来又影响用户在虚拟现实中的沉浸感。Tcha-Tokey 等[150]提出并验证了沉浸式虚拟环境下的用户体验模型。该模型包含十个成分,即在场、参与、沉浸、流、可用性、技能、情感、体验结果、判断和技术采用。Ko 等[151]提出了一个用户体验环境模型,用于量化虚拟空间中的用户体验信息。该模型由空间模型、用户活动模型和对象模型组成。空间模型和对象模型包含用户正在使用的对象空间以及用户在使用空间时积累的有关体验信息。Yoon 等[152]采用积极用户体验的五个属性——美学、工具性、协会、自我聚焦认同,以及以关系为中心的识别,揭示了与产品相关的积极用户体验模式在产品使用生命周期中如何变化,积极体验以何种方式与人口统计因素相互作用。研究发现,积极用户体验的关键属性在很大程度上因产品使用阶段而异。然而,这些差异在性别和年龄方面并不显著,在这五个属性中,工具性在整个产品使用生命周期的积极体验中发挥了主要作用,而其他属性的重要性在首次使用后往往会降低。Huang 等[153]调查了在线游戏环境下三种类型的用户体验,即功能性、享乐性和社会性对消费者购买意愿传播口碑的影响。Lesselroth 等[154]指出,用户体验(UX)理论、模型和框架(TMF)有助于确定以用户为中心的设计活动范围,有助于选择结构和度量。但跨学科文献的碎片化以及用户体验框架的不一致使用,使得概念整合和用户体验工具的选择具有一定挑战性。同时,Lesselroth 等对医疗保健领域的文献进行了重点分析,确定了用户体验特定框架的简明列表。

2.4.3　用户体验理论

关于用户体验的理论研究可追溯到 20 世纪 70 年代。迄今,最典型的理论有体验情境说、流体验说、体验二元说、体验双因素说和战略体验模块说。这五个有代表性的用户体验理论分别从不同角度对用户体验进行了解析,具体如下。

一是体验情境说。托夫勒早在 1970 年就预言体验经济可能会成为超工业化的经济支柱之一,甚至成为服务经济之后社会经济的基础。他认为,体验是一种可交换物。现今,体验虽是作为传统服务业的附属品出售给顾客,然而,在未来社会,体验会如同物品一样,按照其自身价值进行出售。托夫勒模拟真实环境,将顾客体验划分为间接体验和直接体验。间接体验指基于模拟环境的顾客体验。在模拟环境下,顾客身临其境地参与企业预先安排好的活动,从中体验冒险、奇遇、感性刺激和其他乐趣而无损于顾客的现实生活和名声。直接体验指基于真实环境的顾客体验。在真实环境下,顾客除了有身临其境的体验外还将得到实质性的收获[155]。

二是流体验说。流体验(flow experience)这一概念最先由 Csikszentmihalyi 提出。Csikszentmihalyi[156]认为,流体验指最优体验过程,是个体完全投入某种活动的整体感觉。当个体处于流体验状态时,他完全被所做的事深深吸引,心情非常愉快并且感觉时间过得很快。Csikszentmihalyi 总结了流体验的九个要素:清晰的目标、即时反馈、个体技能与任务挑战相匹配、行动与知觉的融合、专注于所做的事情、潜在的控制感、失去自我意识、时间感的变化和自身有目的的体验。

流体验理论已逐渐被应用于许多领域,如运动游戏、虚拟社区知识分享、社交媒体使用等相关的活动。Hoffman 和 Novak[157]首先对互联网浏览流体验进行了分析,他认为该环境下的流体验具有以下四个特点:一是与计算机交互产生一系列无缝反应;二是本质上令人愉快;三是伴随自我意识的丧失;四是自我强化刺激。已有研究证明,流体验对于顾客的体验质量具有显著的作用。而流体验是营销者可以影响的变量。因此,企业可以通过流体验的优化来改变顾客购物行为,从而实现企业目标。Kwak 等[158]以大学生为研究对象,发现流体验会促使其更喜欢在脸书中进行分享。李力[159]研究发现,用户在虚拟社区知识共享过程中,流体验会对持续知识共享意愿产生积极影响。在活动中产生流体验的个体,具有重复这种活动的倾向即持续使用意愿[160]。Pelet 等[161]则发现,流体验可以直接提高用户对社交媒体平台的忠诚度。林家宝等[162]研究发现,社交媒体上的流体验对社交媒体不持续使用意愿具有显著的负向影响。Huang 等[163]研究发现,在运动游戏(exergame)这一种新型的电子游戏中,挑战与流体验对在运动中获得享受具有显著的正向关系,同时运动需求与成就感需求会增强这种正相关关系。

三是体验二元说。Holbrook 和 Hirschman[164]是最早将享乐与功利体验概念引入市场学科的两位学者。他们认为:功利体验指的是顾客对功利性产品(如一个水杯、一辆汽车等)的体验,在功利体验当中,顾客是理性的,顾客将基于产品的效用对产品或品牌进行评价。享乐体验主要来自能够唤起顾客幻想、乐趣与情感的产品。任何消费体验都是功利体验与享乐体验的混合体。顾客体验感知的差别主要取决于两者所占权重的不同。对于功利性产品而言,顾客的功利体验权重大于享乐体验,如自行车。对于享乐产品而言,顾客的享乐体验权重大于功利体验,如话剧[136]。

四是体验双因素说。Pine II 和 Gilmore[126]认为,体验是每个顾客以个性化方式参与其中的事件。他们从顾客参与程度和顾客是否主动参与两个角度对顾客体验进行了分析,并基于上述两个要素将顾客体验划分为娱乐体验、教育体验、遁世体验和审美体验四个类型。娱乐体验是顾客被动地通过感觉吸收体验,比如观看演出、听音乐和阅读娱乐文章等。与娱乐体验不同的是,教育体验包含了顾客更多的积极参与。要切实开阔一个人的视野,增加他的知识,教育体验必须创造条件和环境促使顾客积极使用其大脑和身体。遁世体验与纯娱乐体验截然相反,遁世者完全沉溺在里面,好似逃避现实之体验。在审美体验中,顾客沉浸于某一事物或环境之中,而他们自己对事物或环境极少产生影响或根本没有影响,因此环境(而不是他们自己)基本上未被改变。审美体验表现在对自然风光的流连中,对艺术杰作的鉴赏中,也表现在对流行时尚的品味中[136]。

五是战略体验模块说。体验营销之父 Schmitt[165]认为,体验是个体对一些刺激(如售前和售后的一些营销努力)做出的反应。世界上没有完全相同的两种体验。其基于神经生物学和心理学等有关体验的一些重要成果,尤其是人脑模块说,再结合公司战略的需要提出了顾客体验战略体验模块说,即把顾客体验看作具有总体特性的战略体验模块。战略体验模块包括感官上的体验(感官)、情感上的体验(情感)、创造性认知体验(思考)、身体体验和整个生活方式(行动),以及和某个群体或文化相关联的社会身份体验(关联)等五个模块。这五个模块之间有独特的结构和原理,但彼此又有一定的联系[136]。

2.4.4 用户体验评价

随着各界对用户体验重要性认识程度的不断加深,用户体验评估与量化也越来越受到广大学者的关注。用户体验评价亦称为用户体验质量评价,指对用户在使用产品或服务过程中对主观质量水平的量化评估。用户体验评价能够帮助设计师更准确及深刻地了解用户需求,客观地反馈产品或服务在不同设计阶段中存在的问题,进一步帮助企业深入理解用户,解决产品或服务使用过程中存在的各种问题,帮助企业创造优质的服务体验,从而实现商业利益的最大化。

2.4.4.1 用户体验评估要素

来自互联网产品应用、图书馆、医疗、物联网等不同领域的专家学者,结合具体研究背景和研究对象特点,对不同情境下的用户体验进行了定量或定性的评价研究,以更好地把握该领域用户体验的现状。用户体验评价首先要对用户体验维度进行划分,即探索用户体验的构成要素。由于用户体验自身概念的模糊性、主观性和综合性等特点,加之不同行业背景的差异,目前尚未形成标准化的评价指标体系。

本书对近年来国内外具有代表性的用户体验评价研究进行了归纳分析(详见表 2-1)。

基于已有研究可以发现,目前大多数研究对用户体验维度的划分虽存在较大差异,但总体来看具有以下特征:① 用户体验具有多维度、多层次特征。根据研究对象的不同,其指标层次的数量以及指标数会存在一定差异。部分学者从总体性和综合性的角度对用户体验维度进行了划分,有些学者则是侧重于用户体验的某些具体方面展开评价。这种多维度、多层次的划分方式有利于提升用户体验评价的全面性和准确性。② 就具体的用户体验维度而言,虽然不同学者的维度命名和维度划分方式不同,但不难发现在这众多的维度要素中,大多数的用户体验要素基本围绕着研究对象的功能内容、可用性、视觉效果、用户情感、服务功能等方面展开。在这些要素中,认知因素、情感因素与可用性受到较多学者的关注,在某些研究中,这类因素甚至被认为是更为重要的评价因素。

表 2-1 用户体验评价相关研究

作者	评价对象	评价方法	用户体验评价内容
王晰巍等[166]	虚拟现实阅读	层次分析法、模糊综合评价法、因子分析法	包含交互系统、交互内容、交互功能、交互界面设计、交互服务主体 5 个维度,以及交互系统响应性、交互内容全面性、虚拟场景交互性、界面布局合理、用户交互需求满足等 23 个评价指标
王娜和龙影[167]	社会化标注系统	专家和用户问卷调查、层次分析法、加权平均法	在 Whitney Quesenbery 提出的 5E 模型和 Peter Morville 提出的用户体验蜂巢模型的基础上,结合社会化标注系统自身特性和用户行为特点,设计了基于用户体验的社会化标注系统评价指标体系,包含 5 个评价准则——有用性、可用性、易用性、可靠性和吸引性,以及实用性、准确性、可寻性、可视化等 10 个评价指标
李永峰等[168]	老年人 App	灰色层次分析法(AHP),灰色关联分析法(GRA)	以移动医疗 App 为案例所构建的评价指标体系包含感知体验、行为体验和价值体验 3 个一级指标,以及界面精致、迷失度、愉快、关系等 15 个二级指标
李永锋等[169]	老年人电子产品	USE 问卷、田口损失函数、层次分析法	在 USE 量表基础上,结合老年人电子产品用户体验特点进行了扩充,包含有效性、易用性、易学性、满意度 4 个一级指标,工作效率、易使用、可迅速地学会使用、会把它推荐给朋友等 20 个二级指标
施国洪和王凤[170]	高校移动图书馆	文献分析、小组讨论和专家访谈	构建了一个包含服务证实、服务可靠、服务信任、服务响应和服务移情 5 个一级指标,以及界面设计美观、资源的可获性、能够理解用户的需求、用户使用的链接有效性和为用户提供个性化服务等 22 个二级指标的评价体系

续表

作者	评价对象	评价方法	用户体验评价内容
程慧平和程玉清[171]	个人云存储服务	层次分析法	构建了一个包含安全性、稳定性、使用体验、服务与费用、功能性和服务持续性6个一级指标,以及存储文件的安全性、系统稳定性、移动化需求、存储空间、特色功能、补偿性等18个二级指标的评价体系
张熠等[172]	移动学习App	内容分析法、德尔菲法和问卷调查法	构建了一个包含愉悦性、可靠性、可获取性、有用性和交互性5个一级指标以及28个二级指标的评价体系
金燕和杨康[173]	网络信息服务	演绎分析法	所构建的评价指标体系包含基于认知和基于情感2个一级指标,主要影响认知的内容信息评价指标、主要影响认知的交互信息评价指标、主要影响情感的内容信息评价指标、主要影响情感的交互信息评价指标4个二级指标,以及效用性、简洁性、易学性、导航性、满足感、多样表现性、美观性、个性化等24个原子指标
薛翔和赵宇翔[174]	移动音乐App	AHP-熵权法	引入用户体验设计中感知示能性框架,构建了一个包含物理、认知、情感、控制、参与5个感知示能性一级指标的移动音乐App用户体验评价指标体系,并基于此进一步细分出24个感知示能性应用范畴二级指标
刘敏[175]	搜索引擎	文献调研、实证分析法	指标体系包含3个层次,其中第一个层次包含视觉体验和逻辑规则体验,第二个层次包含推荐词、输入信息、功能界面、意图识别等9个维度,第三个层次包含语音、文本、图片、纠错等24个维度
胡飞等[176]	产品服务系统,以有轨电车为例	可拓学拓展分析法、优度评价法、用户研究中的非参与式观察法及访谈法	构建了一个包含安全性、舒适性、便携性、准时性、设备易用性、指引清晰度、美观性、人员服务8个一级指标,以及运行稳定性、噪声控制、空气质量、车厢布置等30个二级指标的评价体系
魏群义等[177]	移动图书馆	层次分析法	从感官体验、交互体验、功能体验、情感体验和社会影响五大方面,以重庆大学微信图书馆平台为例提出了用户体验评价指标体系,包含21个二级指标
郭宇等[178]	网络社群知识消费	扎根理论、BP神经网络	包含个性需求、成长需求、知识属性、社群属性4个一级指标和满足心理预期、缓解知识焦虑、抵制知识通胀、可持续输出价值等14个二级指标

续表

作者	评价对象	评价方法	用户体验评价内容
戴艳清和戴柏清[179]	中国公共数字文化资源整合服务项目平台"国家数字文化网"	实验研究法和追踪访谈法	从感官体验、内容体验、功能体验、服务体验、价值体验、情感体验6个维度出发对国家数字文化网用户体验进行评价
Shin[180]	智能手机	结构方程模型	评价指标体系的维度包括感知系统质量、感知内容质量、感知服务质量、实用性、享乐性、用户满意度
Saun 和 Grantcharov[181]	术中视频采集技术	德尔菲法和问卷调查	评价指标体系的维度包括易于安装/集成、舒适性、分散注意力、佩戴该设备的总体满意度、再次使用该设备的意愿、推荐该设备给同事的意愿
Shin[182]	物联网	启发式评估	评价指标体系的维度包括内容、服务、系统、适用性、享乐性、独特性、功能可见性、意图
Tcha-Tokey 等[183]	沉浸式虚拟环境中的整体用户体验	问卷调查	评价指标体系的维度包括在场、参与、沉浸、流、可用性、技能、情感、体验结果、判断和技术采用
Pendell 和 Bowman[184]	移动图书馆	发声思考法	采用有效性、效率和满意度3个可用性维度对波特兰州立大学(PSU)图书馆移动网站的可用性进行了测试
ChanLin 和 Hung[185]	移动图书馆	问卷调查	选取系统可学习性、可控性、内容呈现和效率4个准则，评估了图书馆移动网站的可用性
Biduski 等[186]	移动医疗	问卷调查	分为两个阶段：使用前阶段包含健康压力、享受、保证性、有用性4个维度，以及诊断时间、健康监控时间、App信息、行为时间等9个二级指标；使用后阶段包括情感、发展过程、使用有用性、视觉吸引力、可信度等11个一级指标，以及满意度、感觉、信息有用性、推荐意向、持续使用意向等12个二级指标
Kocaballi 等[187]	系统会话界面	问卷调查	评价指标体系的维度包括享乐、审美、语用维度、情感维度、游戏性、动机和挫折维度
Bernhaupt 和 Pirker[188]	交互式电视系统	问卷调查	评价指标体系的维度包括美学、情感、刺激、识别
Devy 等[189]	英语学习系统界面	问卷调查、实验研究法	评价指标体系的维度包括吸引力、清晰、效率、可靠性、刺激、新奇
Aranyi 和 Van[190]	新闻网站	问卷调查	评价指标体系的维度包括积极影响、负面影响、享乐品质、感受到的快乐、有用性、内容、务实品质

2.4.4.2　用户体验评价方法

用户体验的评价方法包含主观评价法、客观评价法和综合使用主客观评价法等，相关研究具体综述如下。

（1）主观评价法

主观评价一般是基于用户对信息交互过程的直接评价，主要采用问卷调查、一对一访谈、焦点小组访谈、心理测量等方式获取用户的感知、态度等数据。

其一，问卷调查法。问卷调查法是用户体验评价中使用频率较高的方法之一，该方法将用户体验的构成细分为若干维度，根据具体情境和研究对象设置相应的问题和评分选项[191]。该方法直接获取用户的主观感受，具有节省人力、物力、时间等优点，同时结构化的问卷调查方便数据的收集和整理。问卷调查法作为用户体验的直接评价方法，得到了较广泛的应用。问卷的内容一般包含两部分：第一部分是用户的基本信息等，如性别、年龄、身份等人口统计信息，以及用户的行为习惯等。第二部分为正式调查内容，用户根据使用体验对相关题项进行打分，大多采用李克特量表。问卷调查数据收集完毕后，采用统计分析方法进行数据分析。

具体研究中，一些学者采用已有的心理测量量表对不同研究情境下的用户体验进行评价。如用户参与度量表（UES）、认知专注量表（CAS）、系统可用性量表（SUS）、体验价值量表（EVS）、正负性情绪量表（PANAS）。还有部分学者结合具体的研究情境对已有量表进行情景化修改，再进一步对研究对象进行用户体验评价。

用户参与度量表（UES）由 O'Brien 和 Toms[192]提出，该量表主要包含美观度（aesthetic appeal）、实用性（endurability）、参与感（felt involvement）、专注力（focused attention）、新颖性（novelty）、易用性（perceived usability）六个维度。后来 O'Brien 和 Lebow[193]以文本检索系统为例，验证了 UES 具有较强的内部可靠性。庄梦蝶[194]基于 UES 对图像检索系统进行了交互式信息检索评价研究。袁红和周浩[195]进一步验证了 UES 在搜索效果评价中的适用性。

钮建伟和俞佳莉[196]利用系统可用性量表（SUS）分别对国内主流智能手机的三种不同操作系统（iOS，Android，Windows Phone）进行了可用性测试和评估，对不同智能手机操作系统环境下人机交互的优势与不足进行了分析。张洪辉等[197]采用 SUS 对糖尿病人手机 App 进行了使用体验评价。Devy 等[189]综合使用用户体验问卷（UEQ）和 SUS 对比研究了多媒体英语学习界面三种内容的用户体验，即只有文本的多媒体、没有提示的多媒体和有提示的多媒体。研究结果表明，没有提示的多媒体在用户体验和可用性方面优于有提示的多媒体和只有文本的多媒体。

Partala 和 Kallinen[198]提出了正负性情绪量表（PANAS），用于评价体验中用户的积极与消极情绪反应，两种情绪反应各有十个测量指标。后来中国学者鲍丽等[199]以中国城镇社区老年人为研究样本，验证了中国情境下，PANAS 也具有较好的信度和效度，可测量中国城镇社区老年人的正负性情绪。

除以上量表外，一些学者针对具体新兴领域的特点开发出新的测量量表。如孟猛和朱庆华[200]参照 Churchill 的范式及 Limayem 等的量表开发流程，开发了移动视觉搜索（mobile visual search，简称 MVS）用户体验影响因素量表。该量表包含准确性、完整性、快捷性、灵活性和移情性五个维度共 19 个测量题目。兰玉琪、刘松洋[201]指出,基于人工智能和大数据驱动的用户体验评价方法是未来的发展趋势,在人工智能时代,传统的用户体验评价方法难以满足新场景的需求。他们初步构建了智能辅助产品用户体验评价系统,其中高效率、感知智能、场景驱动力和个性化是人工智能对用户体验影响的四个主要特征。

问卷调查的不足之处在于其结果会受到调查方法和环境的影响,同时仅依据用户自我报告其主观感受,结果在一定程度上会有所偏差。同时问卷的设置无法覆盖所有可能出现的问题。因此,问卷调查法通常与其他方法如访谈法等结合起来使用,以补充问卷调查的不足。

其二,访谈法。访谈法是用户心理行为研究中使用率较高的研究方法之一,其在心理学研究领域的应用已有较久远的历史,几乎与内省法、观察法同时出现。根据访谈过程的标准化程度,可划分为结构型访谈与非结构型访谈。结构型访谈通常按照定向的标准程序,采用问卷或依照调查表进行;非结构型访谈则通常为不按照定向标准化程序的自由交谈。访谈法通过研究者与被调查对象之间一对一直接交谈的方式展开,也可以通过开小型座谈会的方式进行团体访谈。同时根据研究问题的性质、研究对象与目的的不同,访谈法可具有不同的形式。访谈法可以对研究对象的态度、动机等较深层次的内容进行详细了解,广泛适用于各类事实型的调查或意见咨询,便于简单而快速地收集资料,帮助工作人员发现短期内通过直接观察法不易发现的问题,具有较好的灵活性。但访谈法的有效开展需要一定的技巧,存在开展成本较高、耗费时间精力、受访谈员影响大、记录与处理结果较困难等不足。因此,实际应用过程中,常与问卷调查法、扎根理论、客观评价法等其他方法结合起来使用。

其三,扎根理论。扎根理论研究法是由哥伦比亚大学 Barney Glaser 和 Anselm Strauss 两位学者共同发展出来的一种质性研究方法。该方法采用系统化的程序,针对某一现象,通过对数据的归纳分析,引导出扎根理论。扎根理论不对研究者自己事先设定的假设进行逻辑推演,而是从资料入手进行归纳分析并生成理论,从而超脱现象层面的表层描述与解释[202]。由于扎根理论的主要宗旨是建构理论,因此它特别强调研究者对理论应保持高度的敏感。其主要分析思路是比较,在资料和资料之间、理论和理论之间不断进行对比,然后根据资料与理论之间的相关关系提炼出有关的类属(category)及其属性。扎根理论研究通常包括以下几个步骤(参见图 2-2)。

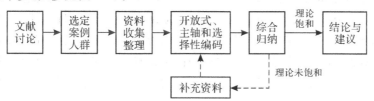

图 2-2 扎根理论研究基本流程

其四,层次分析法。层次分析法最初由美国匹兹堡大学 Saaty 教授于 1971 年提出,是一种定性与定量相结合的多目标决策分析方法。该方法的主要思想是将复杂系统逐层分解为若干层级与要素。通过两两要素重要程度的相互比较,构建比较判断矩阵。同时计算判断矩阵的最大特征值与特征向量,求得不同因素的权重值。这种逐层分解复杂决策问题的方式[203],降低了决策风险。目前层次分析法已成为各领域中常用的决策方法之一,也是评价决策中确定指标权重的重要方法。如王晰巍等[166]基于层次分析法,从交互系统、交互内容、交互功能、交互界面设计、交互服务主体五个维度构建了 VR 交互式用户体验评价指标体系。魏群义等[177]基于层次分析法构建了图书馆用户体验评价指标体系。程慧平和程玉清[171]基于层次分析法构建了个人云存储服务评价指标体系。

其五,模糊综合评价法。模糊综合评价法是一种基于模糊数学的综合评价方法,也是模糊数学中最基本的分析方法之一。模糊综合评价法基于隶属度理论将定性评价转化为定量评价,从而对多因素制约对象做出总体性评价。

由于评价因素自身的复杂性与层次性,以及评价影响因素的模糊性与不确定性,常存在"亦此亦彼"等模糊现象,导致评价过程中难以用确定的分析判断或描述客观现实,或用经典的数学模型加以统一量化,其描述也常常使用自然语言,因而具有较强的模糊性。建立在模糊集合基础上的模糊综合评价法,从多个指标对被评价事物隶属等级状况进行综合性评判,对被评判事物的变化区间做出划分。由此,一方面体现了顾客评价对象的层次性、影响因素的模糊性;另一方面评价过程又可以充分发挥人的主观能动性,从而保证了评价结果的客观性。模糊综合评价法具有结果清晰、系统性强等特点,能够较好地对一些非确定性问题、模糊且难以量化的问题进行评价。因此,目前广泛应用在各领域的评价研究中,如吴艳玲等[204]、方曦等[205]、张建新等[206]、张金福等[207]分别采用模糊综合评价法对期刊质量、新兴项目风险投资、织物光泽、地方创新策源能力进行了评价。

(2)客观评价法

由于用户体验的客观测量会涉及用户的生理和行为反应,因此目前一些研究将生理和行为数据用于用户体验评价。

其一,基于行为数据的用户体验评价。学者们利用互联网信息技术获取用户使用网页时留下的数据,用以分析用户浏览网站时的体验。这些数据包括网页浏览的搜索轨迹、停留时间、交互点击方式、交互记录、浏览过的网页、进出的频率等。这些行为数据为用户体验的分析、用户参与度、系统设计和评价提供了依据和参考。

如高馨和李晓彤[208]以"数字图书馆推广工程"微信公众号为例,依托微信后台数据统计功能,从用户关注数据、内容运营数据、功能服务数据三个维度构建了图书馆微信公众平台用户行为数据检测体系,通过对用户行为数据的监测,分析排查该微信公众号使用及服务中存在的不足。刘巧英[209]指出,解读用户行为数据为提升图书馆微服务内容及用户体验提供了基础支撑,并提出了用户行为数据与图书馆微服务融合的流程。通过获取大量的网络用户行为数据,能够客观地测量用户使用网络信息产品时的行为反应。但该方法未能体现用户体验过程中的情感、动机和目标,需要结合主观评价法,才能更加全面地对用户体验进行评价。

其二,基于生理学数据的用户体验评价。近年来,一些生理学测量方法开始作为一种辅助方法应用于信息行为研究中。该方法能够直接获取用户在体验过程中的情感状况,捕获研究者和被试无法客观观察到的生理反应数据,减少用户主观报告中的误差,其数据更加客观。目前系统交互体验中常用的用户体验评估生理学方法主要包括肌电图、脑电信号、皮肤电活动、眼动、血压、心率、呼吸等。其中皮肤电活动(electrodermal activity,简称

EDA)主要测量皮肤表面汗腺由于刺激而产生的电传导能力变化。其中皮肤电导(skin conductance,简称SC)常用于测量人机交互领域中的心理负荷和情绪状态变化[210]。比如用于测量用户的情绪唤醒度[211]、用户界面友好程度、认知努力程度等。

心电(electrocardiography,简称ECG)通过贴在四肢和胸部的成对电极,测量每次心动周期所产生的电活动变化。其中心率(heart rate,简称HR)和心率变异性(heart rate variability,简称HRV)是心电指标中比较敏感的指标。心率指单位时间内心脏搏动的次数,对被试的情绪和认知活动较敏感。Pfister 等[212]研究发现,人机交互过程中心率的升高意味着中性或偏正性的朝向反应。Ward 和 Marsden[213]通过对网站设计的实验研究发现,用户在使用设计良好的网站完成相关任务时,心率会在任务开始时下降,而使用设计糟糕的网站完成相关任务时,心率一直维持在较高的水平。Meehan 等[214]研究表明,在有压力的虚拟环境下,心率是一个有效的客观测量指标。心率变异性指心跳快慢的变化情况,可以有效反映人机交互过程中用户的心理负荷和情绪状态[215,216]。Lin 等[217]以动作智力游戏为例,测试用户参与过程中的心理负荷,结果表明心率变异性的低频成分对游戏的难度水平较敏感,且随难度的增加,其心率变异性呈上升趋势。

脑电(electroencephalography,简称EEG)通过记录头皮表皮的有效电极,反映个体的内在心理活动和唤醒程度。相比皮电和心电这两类指标,EEG 更加直观地展现了用户体验过程中的认知情绪变化,其时间分辨率更高,能够更全面地展现用户体验过程中情绪随时间的实时变化情况,比如情绪的唤醒水平、情绪的效价。其中 α,β 是比较常用的指标,主要涉及用户的情绪体验、认知符合、个体经验等方面。EEG 常用于测量人机交互过程中用户的情绪体验。如采用该指标测量用户使用软件过程中,由软件可用性所引起的情绪变化[218],以 EEG 不同频段的波幅作为软件易用性指标,探索脑电与软件易用性之间的关联。

目前生理学方法应用于用户体验评价处于刚刚起步的阶段,由于生理学方法需使用价格高昂和复杂的医学仪器设备,使得其研究应用也受到一定的限制。同时在数据解释方面缺乏成熟的理论依据,对数据所代表的实际问题的解释也存在一定困难。虽然脑电能够比较精准地反映大脑的认知加工机制,但在实际研究中需要被试佩戴电极帽,其脑电信号也较易受到周围磁场的干扰。其所表征的指标与实际产品用户体验研究之间还存在一定的距离。皮电指标虽采集较方便,在实际使用过程中较为广泛,但对情绪效价的分辨缺乏敏感性。单一的心电指标对于结果的解释存在一定的局限性,比如对情绪效价的评估存在不一致的结果,比如心率的升高既可能是由愉悦的心情引起的[212],也可能是由糟糕的心情引起的[213]。

(3)综合使用主客观评价法

针对主观评价和客观评价各自存在的问题,一些学者将主观评价法和客观评价法综合起来使用,以提高用户体验评价的客观性。

Guo 等[219]综合使用问卷调查、眼睛跟踪和生理测量法,采用多模态测量法测量不同网站对用户情绪的影响。研究结果表明,不同的用户在各种电子商务网站购物时的情感体验主要体现在主观情绪评分和眼动数据上。用户的主观感受之间存在相关性情绪评级、眼动和生理反应,以及在某种程度上用户的情绪体验可以影响他们的行为意图。

唐帮备等[220]提出眼动和脑电相结合的汽车工业设计用户体验评价方法。其通过眼动数据、脑电数据和主观评价数据之间的相关性分析,建立了基于心理和生理两相结合的多维度汽车工业设计用户体验评价模型。该模型弥补了以往汽车工业设计用户体验评价中主观性强、缺乏客观数据支撑等问题。

刘鲁川等[221]采用手指夹血氧仪和光电脉搏 PPG 测量被试的脉搏值、血氧值、脉搏波形,以及实验前后实时心率波形及心率变化,发现社交媒体环境下,高信息过载对用户焦虑情绪具有显著的影响,高复杂度操作会降低用户的系统易用性感知,使得用户焦虑情绪升高。

Zardari 等[222]等采用启发式评估、可用性测试、用户体验问卷和眼球追踪组成的补充性用户体验评估方法识别 QUEST 在线学习门户的潜在可用性问题。研究结果建议通过整合这些评估方法识别更多可用性问题,并对这些问题进行修复,以实现用户对电子学习门户网站和类似门户网站的最大接受度。

2.4.5 老年用户信息产品用户体验研究

近年来,一些学者开始关注老年用户信息产品使用体验,并开展了一系列相关研究。

侯冠华等[223]采用控制实验法,具体分析了数字图书馆导航结构和认知负荷对老年用户数字阅读情感体验和可用性的影响。实验结果表明,数字图书馆导航结构对老年用户的情感体验、感知可用性和任务绩效具有显著的影响。同时,侯冠华等[45]通过眼动实验,分析了数字阅读环境下,字号、间距等因素影响老年用户数字体验的年龄差异。研究结果表明,老年群体和年轻组对字号和间距的需求差异显著。侯冠华和李雅雯[224]基于信息系统持续使用模型,通过实证研究表明,老年用户数字阅读体验对期望确认度、感知有用性和满意度有显著的正向影响,并通过这些变量间接影响其持续使用意愿,同时数字阅读的内容质量、信息质量、系统质量和界面质量是影响老年用户阅读体验的显著因素。

郭伏等[42]以中老年健康类网站为例,从视觉体验、功能体验和情感体验三个层面衡量了老年用户网页使用体验,通过眼动实验、问卷调查、数量化 I 类及偏最小二乘法建立设计要素与用户体验的关系模型,并对网页设计进行了优化。

殷倩岚等[225]采用访谈法和问卷调查法,对老年用户移动阅读使用的痛点和期望进行分析,研究发现老年用户移动阅读的主要产品需求包括产品易用性、有用性和心理体验诉求。

陈瑜等[226]以"综合为老服务平台"为例,基于情境任务和问卷调查分析,分别对系统的响应速度、页面设计、整体布局、色彩搭配、字号大小、操作习惯和信息查找方便度等方面进行了用户体验调查,发现"综合为老服务平台"总体可用性良好,同时对平台中尚存在的一些问题,提出了改进意见。

Rogers 和 Fisk[227]从老年用户心理需求和技术产品设计特征出发,构建了老年人与技术产品成功互动的交互模型。该模型提出老年人的经验想法、交互情境、技术产品属性是成功互动的关键因素。

Leung 等[228]通过定性与实验相结合的方式,发现年龄较大的被试在理解移动设备图标方面存在更多问题,但可以通过增强图标的语义联系、熟悉性、文字标签和具体化等措施,提高其可用性。

Subasi 等[229]基于老年用户的需求,分析了老年用户铁路售票门户无障碍体验。通过对 1208 名参与者的调查、焦点小组访谈和用户反馈的定性分析,发现老年用户对互联网的态度和体验不仅因其年龄、对互联网服务的了解程度不同而不同,还因其对互联网的期望不同而不同。为了改善老年人在线系统的使用体验,Oezge 等提出有必要开发一个可普遍访问的、满足老年用户特定期望的系统。

Sayago 等[230]采用民族志法,以西班牙 400 多名老年用户为研究对象,对其信息产品使用障碍进行了分析。研究发现老年用户在理解术语、记忆操作步骤、鼠标使用上比理解图标、使用键盘更为困难。影响老年用户与信息产品互动的关键因素在于语义障碍、功能障碍和心理模型障碍。

Sáenz-De-Urturi 等[231]基于 Kinect 设备进行老年人计算机游戏设计,在开发过程中嵌入老年用户体验因素,并整合其需求,提高了游戏的可玩性,同时也提高了老年人对新技术使用的认识和参与度。该设计方法可以提高老年用户的生活质量,缩小老年人现有的数字鸿沟。

Kalimullah 等[232]提出改进移动医疗技术界面元素设计的方法。该方法有利于提升老年用户的体验,帮助老年用户克服使用障碍,增强老年用户对智能健康技术的利用。

Sutika 等[233]通过实验研究分析了智能手机的室内屏幕亮度水平对老年人智能手机使用体验的影响。实验以 30 例老年人为研究对象,采用主观测量法进行测量。结果表明,在弱光环境中,苹果 iPhone 6、索尼 Xperia Z3、三星 Galaxy Note5、华硕 Zenphone6 等智能手机的屏幕亮度自动调节功能在老年人体验质量方面与青少年相比具有显著差异。

从研究的数量来说,目前用户体验的相关研究较多集中于年轻群体,而有关老年用户信息产品用户体验的研究还相对较少。从研究的内容来说,现阶段老年用户体验的相关研究主要侧重于交互设计方面,如交互界面的字体、字号等设计元素和屏幕亮度等。而用户体验是一个宽泛的概念,不仅仅包含人机交互这一个单一环节,还包含用户的情感体验等多方面的要素,因此需要进一步拓宽老年用户体验的内容。从研究的情境来说,以往的研究较多关注医疗情境下的老年用户体验,虽然近年来,老年用户信息技术产品采纳使用率不断提高,越来越多的学者开始关注老年用户信息技术产品体验,如数字阅读、出行 App、支付终端等,但整体而言社交媒体环境下的用户体验研究较为缺乏,特别是对社交媒体产品老年用户体验的构成要素、如何评估等问题尚未明晰。因此,在当前社交媒体中老年用户与日俱增的背景下,有必要对社交媒体环境下老年用户信息服务体验等相关问题做进一步深入探索。

2.5　网络信息服务质量评价相关研究

有关信息质量内涵的理解和认知,经历了一个由表及里、由浅入深的发展历程。国内外对信息质量概念的理解大致经历了"数据视角""用户视角""数据与用户融合视角"三个发展阶段。互动是互联网的核心与关键,网络环境下,信息用户的地位和角色发生了变化,用户更为积极、主动地参与信息服务过程。基于用户视角的信息服务质量评价,是用户在信息获取和利用过程中,通过与信息系统交互的体验与感知,对信息资源的效用、价值、信息系统功能和服务所做出的总体性评价[74]。随着互联网的快速发展,网络环境下的信息服务质量评价研究引起了学术界的广泛关注。

一般来说,信息服务质量评价一般遵循确定评估对象、建立综合评价指标体系、选择评估方法、得出评价结论等基本步骤[234]。其中,构建评价指标体系是信息服务质量评价的核心。信息服务质量作为一个多维度概念,其评价指标体系大多为一个多层次、多维度、多指标构成的综合性复合体系。信息质量维度是评价指标体系的关键组成部分,组成了信息质量评价指标体系的框架,体现了信息的基本质量特征。信息质量指标是信息质量维度的进一步细化[235],反映了信息服务质量某一方面的特征。近年来,具有代表性的网络信息服务质量研究如表 2-2 所示。

表 2-2　国内外网络信息服务质量研究

作者	评价对象	评价维度	评价指标	方法
刘冰和张文珏[236]	网络健康信息	健康信息质量、健康信息系统质量、健康信息服务水平	健康信息可信性、健康信息清晰性、信息系统兼容性、检索准确性等 46 个指标	问卷调查、专家访谈
钱明辉、徐志轩、王珊[237]	在线健康平台	在 E-SERQUAL 评价模型的基础上提出以下维度:信息服务效率、信息服务易用性、隐私信息保护性、信息服务全面性、平台可接触性和平台响应性	平台是否提供医院信息搜索服务,平台是否可按照科室查找医院、医生等信息,平台是否有匿名发布功能,平台是否有合作医院信息,平台是否有智能机器人,咨询平均回复时间等 22 个指标。	问卷调查
邓胜利和赵海平[238]	网络健康信息	内容、设计	相关性、及时性、易用性、交互性等 10 个指标	实验法、半结构化访谈法
邓君和胡明乐[239]	在线医疗社区	信息内容质量、医生资源建设、检索服务、交互服务、语音服务、导航服务、界面设计、系统稳定性、系统安全性、特色服务	信息内容有用性、医生在线规模、检索途径多样性、交互友好性、语音流畅性、导航易用性、界面美观性、系统及时响应、信息安全性、服务人性化等 41 个指标	问卷调查、因子分析
沈思、王晓文、崔旭[240]	高校图书馆移动信息服务	内容、检索系统、提供服务、用户使用情况、其他方面	信息覆盖率、界面友好、并发户数、登录次数、费用、个人信息安全性等 24 个指标	模糊综合评价法
廖璠和许智敏[241]	高校移动图书馆	基于 LibQual+® 提出移动及网络环境、信息获取、服务效果 3 个维度	操作界面的视觉效果、网络数据的传输速度、用户自行查找时获取信息的难易程度、多媒体资源的数量及种类、解答用户问题时可否信赖等 32 个指标	德尔菲法

续表

作者	评价对象	评价维度	评价指标	方法
陈岚[116]	地方政府微博	有形性、便捷性、信息内容、可靠性、个性化、响应性、有效性	信息组织合理性、设计吸引力、微博导航功能、微博搜索功能、完整性、实用性、响应及时、沟通态度、需求满足程度、稳定性、效益、效率等22个指标	问卷调查、因子分析、结构方程模型
江彦和李进华[242]	老年网站	网页设计、信息形式与内容、信息组织、交流互动、监督管理	页面布局、视觉效果、导航功能,形式多样性、内容丰富性、内容真实性、内容针对性、内容易懂性,信息分类、信息检索、相关链接,交流方式、及时性、操作便捷,权限设置、隐私保护、网站监管	专家调查法、层次分析法
叶凤云、邵艳丽、张弘[243]	移动社交媒体	行为主体、行为客体、媒体形象、噪声、总体信息质量	信息发布者、信息来源、发布的原创信息、转发的信息、诱导因素、群体影响等12个一级指标,个人特征、性格个性、发布内容、发布形式、知名度、可信度、内容诱导、信息与群体的关系、新颖性、科学性等36个二级指标	结构方程模型
沈旺等[244]	社会化问答社区	信源可信度、信息结构和内容可信度、媒介可信度	机构类型、机构声誉地位、机构URL、作者身份、作者声誉地位、作者所属单位、作者动机、专业知识、信息格式、逻辑性、写作风格、信息长度、准确性、客观性、时效性、及时性、完整性、影响力、相关性、创新性、覆盖范围、易理解性、合理性、交互性、权威性、介质透明	扎根理论
聂进和郭章根[245]	网络金融信息服务	操作使用、信息质量、个性化信息服务	网站导航、站内检索、安全性、移动端、交易功能、信息全面性、信息专业性、信息时效性、个性化板块、个性化信息推荐、个性化增值服务	演绎分析
刘春年和陈通[246]	应急网站信息服务	外部特征、内部特征、信息组织性能、技术特征、服务性能	设计、美观性、导航性、内容质量、关联性、完整性、准确性、链接、检索、速度、服务质量、公众参与等15项二级指标	问卷调查、聚类分析

续表

作者	评价对象	评价维度	评价指标	方法
刘冰和张耀辉[247]	网络信息服务	信息特征、帮助支持、感观心理、过程服务、基本功能、用户个性素养	信息清晰性、信息可靠性、帮助简易性、界面合理性、服务便捷性、使用易学性、用户信息素养、用户偏好等72个要素指标	问卷调查、因子分析
Kim，Wang和Roh[248]	O2O移动应用商店	信息质量、服务质量	内部质量、外部质量、方便的服务质量、无障碍的服务质量	因子分析
Kang和Namkung[249]	食品O2O移动商店	信息质量	内部质量、语境质量、代表性质量、易用性	因子分析
Demoulin和Coussement[250]	文本挖掘系统	上下文输出质量、内在输出质量、代表性输出质量、可访问性输入质量	相关性、新颖性、准确性、完整性、可解释性、可访问量	因子分析
Kim等[251]	新浪微博	内容线索、非内容线索	附加值、相关性、时效性、完整性、趣味性、信息数量、网页设计	因子分析
Ahn和Sura[252]	社交媒体	信息质量	完整性、易理解性、准确性、及时性、个性化	因子分析
Yuhana，Raharjo和Rochimah[253]	学术信息系统	分别从开发者、访问者和机构3个层次开发了量表。其中开发者包含可复用性等3个维度，访问者包含内容、安全性、功能等6个维度，机构包含可信度等3个维度	开发者视角的评价体系包含可分析性、稳定性、可测试性、兼容性等11个二级指标，访问者视角包含访问速度、可理解性、可操作性等15个二级指标，机构视角的评价指标体系包含赢利能力等3个二级指标	演绎分析

　　纵观国内外相关研究，由于研究者对信息服务质量的理解不同，以及研究对象行业背景不同，所构建的信息服务质量评价指标体系也表现出较大的差异。

　　通过以上网络信息服务质量评价体系研究发现，在研究方法层面，目前所采用的主要研究方法包括问卷调查法、模糊综合评价、扎根理论、演绎分析、因子分析、访谈法等。

　　在评价指标体系要素层面，目前国内外研究者主要从以下几个角度选取评价指标要素：第一，基于信息本体论的角度，主要从信息的深度、广度、数量等方面构建质量评价指标体系，该角度重点考察数据的质量。第二，基于信息流程的角度，对整个信息流程全过程，以及其中的各环节进行信息服务质量的评价研究。第三，从用户的视角，基于用户需求、期望、满意、体验感知等角度选取评价指标要素。

　　在研究对象层面，目前网络信息服务质量研究关注的研究对象分布较广，如政府网站、图书馆、社交网站、移动医疗平台、银行、电商平台、学术信息管理系统等。但专门针对老年用户网络信息服务质量评价的研究较为缺乏，一方面，可能是由于虽然目前网络环境中的老年用户总体数量在不断上升,但相比中青年用户,其数量仍然较少,因此在一定程度上,关注该群体的研究者尚少;另一方面,受老年群体教育水平、理解能力等方面因素的影响,在实际问卷调查和访谈过程中,需要研究者施加更多的引导与协助,研究成本更高,研究过程存在较多的困难。

　　因此,本书聚焦于老年群体,力图构建社交媒体环境下老年用户信息服务质量评价指标体系,一方面有助于进一步丰富网络环境下的信息服务质量研究,另一方面也为衡量老年用户社交媒体信息服务质量提供了参考。

第三章 老年用户社交媒体信息服务使用行为过程分析

梳理与分析老年用户社交媒体信息服务使用行为过程具有重要的意义,对老年用户社交媒体使用全生命周期各阶段主要行为特征的分析,有助于明晰老年用户社交媒体使用全生命周期内其使用行为的动态演变机制,从而为信息行为关键影响要素的提取,构建覆盖老年用户社交媒体产品使用全生命周期的信息服务质量评价指标体系,以及信息服务质量优化策略的提出提供理论支持。

3.1 老年用户社交媒体信息服务使用全生命周期模型理论基础

生命周期理论最初源于生物学领域,描述了生物体从婴幼儿期、少年期、青壮年期、衰退期,最后到垂暮期,出生、成长、兴盛、衰退最后到死亡的整个生命过程。生命周期理论化繁为简,抽象概括出物质的自然发展规律,是一种具有普遍意义的世界观和方法论。

生命周期的核心观点认为,任何事物都具有一个萌芽、成长、成熟和衰退的生命周期。如今该理论不断衍生开来,被广泛应用于产品管理、企业管理、金融理财、信息资源管理等多个领域。如在产品管理领域,Rink 与 Swan[254] 提出根据产品在市场中的演化过程,可将产品生命周期分为推广、成长、成熟和衰亡四个阶段。任建勋等[255] 将产品生命周期的覆盖范围进一步从市场阶段延伸至研制阶段,提出覆盖产品工程设计、制造、包装运输、销售、售后服务直至产品报废全过程的产品全生命周期。在安全管理领域,吕雯婷等[256] 根据安全时间发生的演化时间过程,将安全管理生命周期细分为事前、事中、事后安全管理三个阶段,并从逻辑角度细分为安全预测、安全决策、安全执行、安全反馈四个阶段,从而从时间和逻辑两个维度构建起安全管理全生命周期框架。在学生管理领域,曲帅锋[257] 结合大量的学困生访谈案例,基于学困生的学业水平表现形态,将学生学习困难生命周期划分为萌芽期、生长期、稳定期和衰亡期四个阶段,并提出各阶段学困生的典型特征和相应的帮扶策略。在信息资源管理领域,美国信息资源管理学家 Marchand 和 Horton[258] 认为,与产品生产管理的逻辑类似,信息管理也存在相互关联的若干阶段,并提出了"信息生命周期管理"这一概念。马费成和夏永红[259] 认为,信息生命周期是网络信息从产生到价值消亡的整个阶段。蓝娅萍[260] 基于生命周期理论将移动社交媒体用户行为画像模型划分为进入期、成长期、成熟期和衰退期四个阶段,并对该模型进行了详细的解释和实证分析。

生命周期模型的结构形态通常包括环形、矩阵形、螺旋形和波浪形[261]。其中环形结构标志着生命周期具有循环特征,当前生命周期的结束也意味着新一轮生命周期的开始。矩阵形结构通常表现为横向的生命周期阶段与纵向判定指标构成的纵横交错模型。螺旋形结构通常适用于属性明确但各阶段边界模糊的研究对象,其中一个鲜明的特征是在同一个阶段中同时呈现开始和终结的现象,比如软件开发。波浪形结构中各生命周期阶段具有明显的边界划分,该结构也是以上四种形态中适用范围最广的一种类型。

社交媒体信息服务使用行为同样具有生命周期特征。老年用户社交媒体信息服务产品使用从产生、发展再到衰退和结束可以被视为一个完整的生命周期,且各阶段具有明显的边界特征,因此本书采用波浪形结构来描述老年用户社交媒体信息服务生命周期的模型形态。社交媒体信息服务提供者可根据老年用户所处的生命周期阶段共性特征,制定适合的应对策略,从而提升老年用户社交媒体信息服务的质量和效率。

3.2　老年用户社交媒体信息服务使用行为全生命周期模型

老年用户社交媒体信息使用行为具有动态性特征。具体表现为老年用户社交媒体信息服务使用行为在内外部驱动力的影响下不断发展变化。根据老年用户社交媒体使用时间的推移,其行为过程可大致分为从最初产生使用意愿形成采纳行为,到持续使用,接着对社交媒体产生倦怠,减少使用或放弃使用直至退出,这一过程也符合生命周期理论"进入期—成长期—成熟期—衰退期"的发展周期,描述了老年用户从最初使用社交媒体产品到最终退出的完整过程。根据生命周期的阶段划分,本书将老年用户社交媒体使用行为阶段划分为形成期、发展期、成熟期、衰退期四个阶段。

老年用户社交媒体信息服务使用行为同时具有复杂性的特征,具体指在老年用户社交媒体信息服务使用过程中会受到内部和外部多种因素的共同影响,从而在四个生命周期阶段内呈现出不同的社交媒体信息服务使用行为。形成期内,老年用户主要是在内在需求的驱动作用下,产生社交媒体信息服务使用意愿及采纳行为。发展期内,在期望确认度、感知有用性和需求满足度的作用下,老年用户会进一步决定是否持续使用社交媒体信息服务。若老年用户的相关期望得到满足,则形成持续使用行为。成熟期是在发展期的基础上,当老年用户对所使用的社交媒体产品形成正向体验,会进一步与社交媒体产品建立起情感上的关联与依恋,从而产生忠诚甚至活跃的使用行为。衰退期指老年用户在使用社交媒体产品过程中会在压力的作用下产生使用倦怠,逐渐形成消极使用行为,如间歇性中辍行为、抵制行为,甚至最终放弃使用社交媒体信息服务。

下文将具体分析老年用户社交媒体信息服务使用全生命周期四个阶段的主要行为特征,从而为后续老年用户社交媒体信息服务使用行为实证研究以及信息服务质量影响因素的提取提供依据。

3.2.1　形成期

形成期是老年用户社交媒体信息服务使用的起点。老年用户在自身需求的推动和外在因素的驱动下,产生社交媒体信息服务使用意愿,并形成社交媒体信息服务的采纳行为,具体表现为开始下载社交媒体软件、注册账户等。该阶段的主要特征表现为探索社交媒体产品功能,从众参与等。此阶段老年用户刚进入社交媒体,较关注产品是否能够满足自身需求。需求的满足是促使老年用户采纳以及进一步使用的关键起点。

心理需求是用户行为的重要驱动力[262],为个体在特定环境下的行为模式提供了潜能和储备[263]。因此,个体内在需求满足状况为其丰富的外在行为表现提供了底层解释。使用与满足理论指出,人们接触和使用媒体的目的是满足自身的需求,这些需求与个体内在心理因素和外在社会因素有关。个体接触与使用媒体应具备两个条件。首先,要具有接触媒介的可能性;其次,个体在过去媒介使用经验基础上所形成的媒介需求满足评价符合相应的媒介印象。个体初期接触使用某特定媒介后其结果大致存在两种情况:一种是需求满足,另一种是需求未满足。需求的满足与否将影响未来的选择及使用。同时,个体将根据满足情况来进一步修正已有的媒介印象,并在不同程度上改变对媒介的期待。根据使用与满足理论,在老年用户社交媒体使用行为形成阶段,老年用户的内在需求诱发其初次尝试性使用之后,老年用户将在需求是否满足的自我评价基础上,采取相应的信息行为。需求满足将引发老年用户社交媒体服务采纳行为,需求未满足将导致老年用户社交媒体信息服务的抵制或放弃行为。

根据使用与满足理论,需求是影响老年用户社交媒体使用行为的关键因素。因此,本书将在第四章进一步探索需求驱动下的老年用户社交媒体采纳行为形成机制。

3.2.2 发展期

老年用户社交媒体信息服务使用行为的第二阶段是发展期,具体表现为老年用户从最初的社交媒体信息服务采纳行为发展为持续使用行为。发展阶段属于持续使用行为的初期阶段,该阶段老年用户逐渐熟悉社交媒体产品,并开始掌握其中一些基本功能,使用强度逐渐上升,好友数量不断增加,对社交媒体信息服务的满意度逐渐提高。

与形成期的发展驱动力不同,发展期的主要驱动力源于老年用户上一阶段使用移动社交媒体过程中形成的正向感知、情感与期望确认度。老年用户在使用社交媒体信息服务过程中,会对社交媒体信息服务形成一定的感知,包括对社交媒体信息服务的感知有用性与感知易用性。感知有用性指老年用户认为使用社交媒体信息服务能够帮助他们实现目标的程度。感知易用性指老年用户对自身使用技术轻松程度的感知。社交媒体服务使用过程中,老年用户会将实际感知与预期进行对比,形成期望确认度。当实际感知如感知有用性与感知易用性超过老年用户的预期时,老年用户会形成正向的期望确认度。老年用户的正向感知和期望确认度越高,对社交媒体的满意度就越高,老年用户持续使用社交媒体的意愿就越强。这一过程也反映了老年用户社交媒体信息服务持续使用意愿形成的认知情感路径。

本书将在第五章对老年用户社交媒体信息服务持续使用行为机制进行分析——分析老年用户社交媒体信息服务期望的构成,并基于扩展的 ECM-ISC 模型,验证老年用户持续使用意愿形成的认知情感路径。

3.2.3　成熟期

成熟期是发展期的进一步延续。该阶段老年用户会深入使用社交媒体信息服务产品，熟练掌握更多的功能，从而形成更为全面的社交媒体产品体验。当体验满意度维持在一个较高的水平时，老年用户会与社交媒体产品之间形成较稳定的情感关联，其使用行为维持在一个较为稳定的状态，并表现出一系列的忠诚行为或活跃使用行为。

处于成熟期的老年用户其主要行为特征之一是忠诚行为，如深度的持续使用行为、口碑行为等。成熟期的发展驱动力主要来自老年用户社交媒体使用过程中所感知到的正向认知与情感体验因素。正向的认知因素包括良好的感官体验、系统设计体验、信息体验、互动体验、认知价值等。正向的情感体验因素指老年用户在使用社交媒体过程中所感知到的喜悦、依恋、沉浸感等。根据"认知—情感—意动"理论，正向的认知体验会触发老年用户正向的情感体验，并进一步促成老年用户的社交媒体使用忠诚行为。同时，在老年用户使用社交媒体信息服务的过程中，会不可避免地体验到一些负面因素，如社交媒体信息服务的过载等。同样根据"认知—情感—意动"理论，这些负面因素会诱发老年用户的负面情感体验，如倦怠感、压力等，并进一步抑制老年用户社交媒体信息服务忠诚行为的发生或降低其忠诚度。以上两条路径描述了老年用户忠诚使用行为形成的使能与抑能路径。

同时，忠诚行为中非常重要的行为表现之一是活跃使用行为。老年用户社交媒体信息服务活跃使用行为决定着社交媒体在老年市场的生存与发展，具有重要的意义，活跃使用行为也是成熟期内非常重要的行为类型之一。

基于以上分析，本书将在第六章基于用户体验的视角具体分析老年用户社交媒体信息服务忠诚行为形成的使能与抑能机制，并对活跃使用行为形成的机理进行实证检验。

3.2.4　衰退期

使用社交媒体信息服务过程中，老年用户会不可避免地受到一些消极因素的影响。来自内在与外在的压力因素成为诱导老年用户社交媒体消极使用行为的关键。老年用户在使用社交媒体过程中会源源不断地接收到朋友圈、订阅号等输出的大量数据。这些数据存在量大、质量良莠不齐等特征，需要老年用户花费一定精力分辨与吸收。同时社交媒体最大的特色功能是进行沟通与社交，随着老年用户使用社交媒体时间的增长，其好友数量不断增加，可能会经常收到好友的社会支持请求，过度的沟通会超出老年用户的认知能力。除此之外，随着技术的不断进步，社交媒体信息服务功能会不断更新、调整优化。虽然社交媒体的每一次更新对社交媒体信息服务自身而言都是一种功能上的提升，但是频繁的功能更新与变化会给老年用户带来学习负担，特别是对信息技术能力普遍偏低的老年用户而言，快速理解并掌握新功能还存在一定困难。当这些过载的信息、社交媒体请求和系统功能超出老年用户自身的认知极限，加之老年用户身体机能衰退的影响，以及自身信息素养、使用技术能力不足等，将进一步加剧这些负面因素的影响，从而导致老年用户产生心理压力与消极感知，如倦怠、失去兴趣、焦虑等，并引发老年用户社交媒体信息服务的消极使用行为，如间歇性使用行为、抵制行为、退出行为等。这些消极使用行为是老年用户衰退期的主要行为特征，不利于老年用户持续地从社交媒体信息服务中获益。

基于老年用户社交媒体信息服务衰退期的主要行为特征与行为机理,本书的第七章将从过载的视角具体分析老年用户间歇性中辍行为、抵制行为的形成机制。同时也将进一步分析社交媒体信息服务消极使用行为的抑制因素,从而为更好地减缓或消除老年用户社交媒体信息服务消极使用行为提供借鉴与思路。

基于以上分析,老年用户社交媒体信息服务全生命周期阶段划分以及各阶段的行为特征如图 3-1 所示。

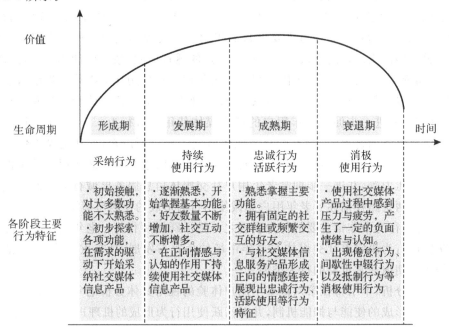

图 3-1　老年用户社交媒体信息服务使用行为生命周期划分及主要行为特征

3.3　老年用户社交媒体信息服务使用行为主要构成要素

上一节从时间纵向发展的角度,对老年用户社交媒体信息服务四个生命周期阶段的关键行为特征进行了分析。本节将从横向角度对老年用户社交媒体信息服务使用过程中的主体、客体、技术和环境要素进行分析。

3.3.1　主体要素

老年用户社交媒体信息服务使用行为的主体主要指老年用户。老年用户通过社交媒体信息服务技术的使用,与外界进行交互,完成社交媒体信息服务的使用。老年用户作为核心主体要素,在整个社交媒体信息服务使用过程中处于核心地位,并在此过程中扮演着信息的需求者、生产者、传递者和消费者等不同角色,这些角色并不固定,在不同场合和阶段,会相互转化。

老年用户作为社交媒体信息服务使用行为的主体要素,由于身体机能的衰退,其使用行为呈现出该群体所独有的特征。比如,在生理方面,老年群体感知系统敏感度下降,手指关节和肌肉活动能力降低、触觉不敏感等,导致该群体使用社交媒体信息产品过程中呈现出动作迟缓、频率低、幅度小、精确率低、误操作频繁等特征。在心理方面,老年群体一般对信息技术产品的接受度较低,更倾向于以往长期生活所养成的习惯,不容易接受新事物,容易对新的信息产品产生抵触心理。加之认知与记忆力的衰退,导致学习过程困难,常伴随着紧张和焦虑感,情绪低落,易出现挫败感,并抵制相关产品的学习与使用。因此,基于老年群体的特殊性,有必要聚焦于该群体,具体分析其社交媒体信息服务的使用特点,从而实现有针对性的合理引导。

3.3.2　客体要素

老年用户社交媒体信息服务使用行为的客体指社交媒体信息服务资源。社交媒体信息服务资源是社交媒体信息使用行为开展的前提与基础,是社交媒体信息服务生态系统存在与运行的基本要素,也是老年用户社交媒体信息服务使用行为的对象。

社交媒体环境下的信息服务资源存在形式主要包括文字、图像、声音、视频等,如图 3-2 所示。

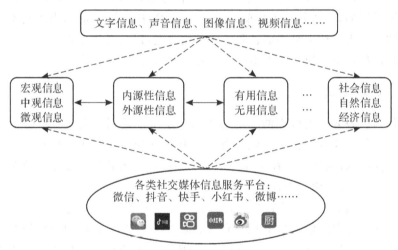

图 3-2　社交媒体平台与老年用户信息交互的客体要素

文字信息是老年用户社交媒体信息服务使用行为客体要素的主要组成部分。文字信息也是社交媒体提供服务的最常见的表达形式。在不同的社交媒体平台,其文字信息的表现形式具有一定的差异性,如长文本、短文本等。图像信息也是社交媒体信息服务使用行为客体要素的主要组成部分之一,其存在形式较多,常见的如微博、微信中分享传播的动态或静态图片。声音信息主要指通过各种声音的形式进行传播的信息,相比静态的文字信息,声音信息具有现实感强、能够增加信息交互亲和感等优势,其存在形式如微信语音消息、语音通话功能,以及喜马拉雅 App 中的音频节目等。视频信息由于其生动形象的信息展现方式,近几年来广受老年用户欢迎,越来越多的老年用户开始使用短视频社交媒体平台,如抖音、小红书等。据《传媒蓝皮书:中国传媒产业发展报告(2021)》[264],数字化时代的中老年用户逐步成为短视频重度用户,老年群体在短视频端主要热衷新闻热点、健康养生及生活服务类的视频内容。同时,一些优质的中老年创作者不断在短视频平台上涌现,有些老年创作者的粉丝量已经达到头部级别。随着信息技术的不断发展,未来将呈现出更多、更丰富的信息服务资源载体。

3.3.3　技术要素

技术要素是老年用户使用社交媒体信息服务实现信息资源的使用、传播、交互等行为的必要条件。技术要素包括老年用户使用社交媒体信息服务过程中管理、处理各类信息的工具和技术。社交媒体信息服务的技术载体如智能手机、平板电脑、笔记本电脑等。老年用户通过智能手机、平板电脑等接入社交媒体服务,实现信息的检索、订阅、分享等。除此之外,老年用户进行信息交互过程中的新媒体信息交互技术,如短视频技术、网络直播技术、5G技术、交互及信息行为分析技术等,更好地支撑了老年用户在社交媒体环境下的信息交互行为。

技术的发展是老年用户更好地享受社交媒体信息服务红利的关键支撑要素。同时值得注意的是,近几年,数字信息技术的发展一方面为老年用户带来了更为便捷和优质的社交媒体信息服务,另一方面由于受到老年群体其自身信息素养、信息技术能力的制约,以及身体机能衰退的影响,大部分老人仍受困于信息技术,社交媒体信息服务技术的使用成为难以跨越的数字鸿沟。社交媒体信息服务适老化改造,以及老年用户信息技术能力的提升已成为社交媒体信息服务快速发展不可忽视的关键问题。

3.3.4　环境要素

社交媒体信息服务使用行为的环境要素指老年用户使用社交媒体服务过程中与主体要素、客体要素、技术要素相关的系统内部要素和外部社会要素等。根据作用范围大小和影响程度的不同,可将老年用户社交媒体信息服务使用行为的环境要素划分为内部环境要素与外部环境要素,或者称为小环境和大环境。

内部环境要素是对主体要素产生直接影响的环境因素集合,通常指空间上离主体较近的一些因素。如社交媒体信息服务信息资源、技术要素,以及老年用户使用社交媒体信息服务过程中的互动环境、家庭环境等。外部环境要素主要指社会环境中可以对老年用户社交媒体信息服务使用行为产生影响的环境要素,相对内部环境要素而言,外部环境要素通常在空间上离主体要素较远,是对主体要素产生间接影响的环境因素集合,如国家的政治、经济、文化、科技、历史、信息制度、信息伦理等各种宏观因素。

基于以上分析,老年用户社交媒体信息服务使用行为的主体为老年用户自身,老年用户在使用过程中扮演信息需求者、生产者、传递者、消费者、监督者等多个角色。客体要素是社交媒体为老年用户提供的各类信息服务资源,信息服务内容可表现出不同的形态,如文字、图像、声音、视频等。技术要素是老年用户社交媒体信息服务使用行为的实现手段,包括计算机技术、通信技术、人工智能等。环境要素包含内部环境与外部环境。以上四个要素构成了老年用户社交媒体信息服务生态系统,四个要素在老年用户社交媒体信息服务全生命周期各阶段内相互关联、相互影响,实现了四个生命周期的动态发展。只有四个要素之间和谐共存、相互促进才能保证整个信息交互过程实现平衡与可持续发展。基于以上分析，本书所构建的社交媒体老年用户使用行为组成要素模型，如图 3-3 所示。

老年用户作为社交媒体信息
服务使用行为的主体要素，
在此过程中承担着信息需求
者、信息生产者、信息传递
者、信息消费者等多种角色

信息技术、新媒体技术、
计算机技术、网络通信技
术、人工智能、虚拟现实
等技术

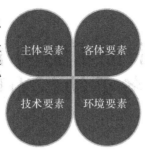

文字信息、图片（图像）
信息、声音信息、视频
信息等多种信息形态

外部环境要素：政治、经济、历
史文化、社会、信息伦理等宏观
环境。
内部环境要素：家庭、经济、互
动、信息素养、文化状态等

图 3-3　老年用户社交媒体信息服务使用行为构成要素模型

第四章 形成期:需求驱动下的老年用户 社交媒体信息服务采纳行为形成机制研究

在第三章对老年用户社交媒体使用全生命周期行为过程与特征梳理的基础上,本章将针对老年用户社交媒体使用行为的初始阶段,即形成期的使用行为特征做进一步研究。目前,市场上专门针对老年用户的社交媒体信息产品相对较少,大多数产品的设计主要针对年轻群体,缺乏对老年用户需求的识别,未能基于老年用户的实际需求进行设计,导致大多数社交媒体信息服务产品的适老化程度不足,老年用户信息服务质量不高,老年用户社交媒体信息服务目前仍处于被动局面。设计老年用户社交媒体产品时,首先要把握老年用户的需求,才能进一步激发其使用意愿。因此,如何更好地把握老年用户的需求以实现社交媒体老年用户信息服务质量的提升,已成为老龄化背景下社交媒体信息服务快速健康发展亟待突破的重要问题。为此,本章将基于扎根理论,具体分析老年用户社交媒体信息服务需求构成,以及需求驱动下的老年用户社交媒体信息服务采纳行为的形成路径。

4.1 研究方法选取与设计

4.1.1 研究方法

本部分研究将采用扎根理论,从老年用户日常社交媒体软件使用的真实经历入手,基于自上而下的访谈资料分析,抽取老年用户社交媒体信息服务需求范畴,构建需求驱动下的老年用户社交媒体信息服务采纳行为模型,为进一步的研究打下基础。

扎根理论特别强调从资料中提炼理论,认为只有通过对资料的深入分析,才能逐步形成理论框架。由于扎根理论的科学性和操作过程的完整规范性,如今其已在多个领域得到了广泛应用,尤其是因素识别类的研究更加适合使用扎根理论[265]。在对老年用户进行实地访谈和分析大量相关资料的基础上进行质性分析,可以使那些易被忽视但又更加贴近实际的问题逐渐浮出水面,从而更有效地识别老年用户社交媒体信息服务质量需求因素。

4.1.2 样 本

根据不同国家经济发展水平,世界卫生组织(WHO)对老年人年龄的界定划分为两类:将发达国家 65 周岁及以上的人群界定为老年人,而将发展中国家(特别是亚太地区国家)60 周岁及以上的人群划为老年人。结合《中华人民共和国老年人权益保障法》对老年人年龄的定义,本研究将老年用户定义为 60 周岁及以上的用户。

为了进一步明晰老年用户对社交媒体信息服务的具体需求,访谈开始前,课题组对老年用户社交媒体信息服务需求的相关文献进行了初步的搜索整理分析以及归纳总结,编制了初步的访谈提纲。

2019 年 1 月,本研究首先邀请 10 名社交媒体信息服务老年用户开展了半结构式预访谈,对初始访谈提纲中老年用户不理解、针对性不强等不适宜问题进行了修改和删除,并补充了部分遗漏问题,在此基础上完善和确定了最终的访谈提纲。2019 年 2 月至 3 月,开展正式访谈,受访者需要满足以下基本条件:年龄在 60 周岁及以上,使用社交媒体产品超过半年,无语言沟通障碍。通过滚雪球的方式选取浙江、湖北、上海、广东、河南等地共 87 名社交媒体信息服务老年用户,进行了半结构式访谈。访谈对象基本信息见表 4-1。

表 4-1 访谈对象基本信息

变量	类别	人数
性别	男	49
	女	38
年龄	60—65 周岁	37
	66—70 周岁	34
	71—75 周岁	11
	76 周岁及以上	5
受教育程度	小学及以下	29
	初中	23
	高中	16
	中专	14
	大学及以上	5

4.1.3 数据收集与分析

在访谈之前首先对访谈的目的进行介绍,承诺不公开个人信息。在消除受访老年用户的疑虑和戒备心理并使其乐于沟通的基础上,询问其年龄、教育层次、家庭结构、社交媒体产品使用经历等基础信息。访谈过程采取一对一面对面聊天的形式,每位受访者的访谈时间大概为一小时。整个访谈过程围绕老年用户社交媒体信息服务需求展开,核心问题包括:①个人基本信息,包括年龄、健康状况、职业状况等。②您了解什么是社交媒体信息服务吗?您主要使用哪些社交媒体信息产品?使用多长时间了?③您平时使用这些产品的主要用途是什么?④使用这些产品能满足您哪些生活方面的需求?⑤您在使用这些产品时,存在哪些困难?⑥您认为这些产品还存在哪些地方未能满足您的需求,如何改进优化?

在得到受访者的同意后,对访谈过程进行录音,以便后期整理。录音文本转码后共获得 87 份文本资料作为扎根理论分析的最终样本,将其命名为 S01—S87。

为提高编码的效率,避免主观误差,本研究借助质性分析软件 NVivo11 对文本进行归纳分析,通过开放式编码、主轴编码和选择性编码三个主要步骤,逐步抽取老年用户社交媒体信息服务需求要素,构建需求模型。先将 60 份文档导入 NVivo11 中,分别由 A、B 两位研究员对 S01—S30 文档和 S31—S60 文档进行资料编码,挖掘范畴,识别范畴的性质以及范畴之间的相互关系。待编码结束后,对比两组编码的结果,合并相似要素,对有歧义的概念进行小组讨论,从而确定最终的需求要素,剩下的 S61—S87 用于饱和度检验。

4.2 范畴编码与模型构建

4.2.1 开放式编码

开放式编码是对上一步所获得的原始访谈资料进行分解,根据概念的属性逐步缩编萃取,实现资料的概念与范畴化。本研究将文档资料导入 NVivo11 后,采用自顶向下和自底向上两种编码方式,对每条信息进行分析。通过对每个语句贴标签及反复的分析整理,最终从原始资料中抽取出初始概念,并在此基础上进一步对相关初始概念进行“聚拢”,以减少初始概念之间的重复交叉,实现初始概念的范畴化。为保证开放式编码的效果,在实际概念范畴化过程中,对于出现不足三次的初始概念予以删除。通过对访谈资料的反复整理分析,最终提炼概括为 38 个初始范畴。表 4-2 为初始概念和范畴的示例,每个初始概念仅展示具有代表性的原始语句。

表 4-2 开放式编码范畴化

范畴	原始资料语句(初始概念)
视觉适老化设计	看屏幕时间长了,眼睛火辣辣地疼,发雾,发花,头晕,如果能让眼睛轻松点就好了(减缓眼睛疲劳) 文字看不清,看不下去(视觉模糊)
听觉适老化设计	有些新闻如果能听的话,就能减少眼睛的疲劳(用听代替看) 希望声音不刺耳,清晰,带点音乐(音频质量,设计适老化)
触觉适老化设计	手指僵硬,手有时候颤抖,不像年轻人反应快,手指点得慢,然后就黑屏了,反反复复好多遍(手指触碰等操作不灵活)
易操作	我使用微信只是想收小孩的信息、视频、语音。微信的很多功能我不想用,微信应该为老年人考虑定做一款功能单一、简单的版本(功能简易)
易学习	我感觉简单点、容易学的还行,像有些软件学也学不会,干脆不学了,需要的时候,让孩子帮着弄一下(容易学习)
易理解	比如今日头条里面,希望用很普通的话说,不要深奥,就像过去说的“白话文”(容易理解)
易记忆	前面弄一道,后面就忘记了,记不清(容易遗忘)

范畴	原始资料语句(初始概念)
流畅性	我原以为微信用起来十分流畅方便,但实际用后很失望,使用微信时我的手机非常卡,操作一点也不流畅(系统易卡顿)
容错性	像输入这些,我们老年人有时候手写和拼音没那么准确,但是八九不离十的情况下,错一点没关系,它还是能知道你想输入什么,把你想要的显示出来,这就挺好,我就希望有更多像这样的功能(智能容错)
有效帮助	我感觉很多帮助没有太大用,对我们老年人来说,提供的帮助要好找、直接点,一两步就解决就行了,不要搞得那么麻烦(帮助功能实用)
工具性需求	像有些软件比如微信就挺好,我能用它干很多事情,里面有一些蛮实用的小工具,像孩子们发给我的一些东西,我能把它们收藏起来,以后好找(提供好用的工具)
高效	有微信这个软件,方便多了,以前啊,交个电话费,要跑到营业厅,自己跑不了,就要麻烦孩子,现在我一点就行了(节省时间,提高效率)
存储空间占用率低	微信软件占用的空间太大,经常要删除很多照片、视频(软件占用存储空间)
节省	抖音必须在智能手机上使用,我不能在老年机上使用,而且用起来比较耗费流量(耗费流量) 我家中没有无线网络,只能用移动的流量,现在用这些软件每月的话费开销提高了不少(增加开销)
免费	现在和孩子们聊天大都用微信,不用交话费(免费)
隐私保护	现在诈骗的太多了,搞不清楚哪些是真哪些是假,一注册个啥就老是要登记姓名、电话、住址啥的,不敢弄啊(担心隐私信息泄露)
信任	以前一些同事他们总给我推荐一些新的软件,我不敢安,我用微信习惯了,感觉比较安全,其他的我也不想安装(信任)
代际交流	有些对孩子有利的知识,我就会将它们收藏保存下来,有时间就去看,然后还转发给孩子,让他们也注意一点(传递对孩子的关心)
社会交互	以前的老同事搬家了,好久没见面了,现在通过微信联系上了,说说话,叙叙旧(联系老友)
分享表达	我现在在我女儿这儿带外孙女,我经常把我们出去玩的视频发到朋友圈里,这样我老家的老姐妹们也可以看到(分享)
愉悦放松	好多人看了我孙女帮我录的这个视频,他们觉得很神奇,尤其是一帮老朋友一直问这是啥,怎么回事,太有趣了(愉快)
休闲娱乐	现在退休了,在家里也没啥事,刷刷抖音,消磨下时间(休闲) 有时候下雨天,去老年活动中心不方便,我女儿给我下了个下围棋的软件,自己玩一玩,还能和别人聊天(娱乐)
归属感	我手机里有很多群,有跳广场舞的,有亲戚的,还有我们老年大学的,挺好的啊,大家有事就在群里说一声,过年过节发些祝福,虽然有些老朋友不能见面,但感觉就跟在身边一样(归属)

续表

范畴	原始资料语句(初始概念)
情感共鸣	看到有些新闻,有些说得对的,做得对的,我也点赞(情感认同)
情感互动	微信里有蛮多好玩、好看的图片,过年过节的,大家都相互在微信上发个祝福,感觉蛮好(情感互动)
认同感与尊重	我上次啊,发了一幅自己写的字在朋友圈里,大家都给我点赞,感觉大家都挺喜欢的,见面的时候好多老同事都在夸,后面我感觉写得不错的,我都会发在网上(自豪,认同)
信息内容需求	现在网上啊,很多假文章,我上次看到有篇有关心脑血管的文章发给我儿子,我儿子看了说假的(信息内容真实) 我希望多写一些和我们老年人相关的文章(信息相关性)
信息形式需求	我喜欢看视频的那种,看字时间长了,累(信息形式需求) 有些文章挺好的,旁边有个小喇叭的图标,你点一下,它们可以自己播放,在家里没事或拖地的时候听听挺好的(信息传递形式需求)
信息质量需求	有些记者捕风捉影地写,不真(信息真实性)
成就感	我现在没事就刷朋友圈,看我发的视频有没有朋友点赞,看到有些点赞挺多的,还有评论的,就感觉自己发的有价值(自我价值感) 我是我们身边老同事里最早用微信的,用得比较多,就熟悉啦,后面我一些老同事一起玩儿的,搞不清楚的,还来问我(成就感)
自我提升	我自身有这方面的病嘛,就想看看心血管毛病这方面的防治,要吃什么药和什么药不能吃(获取信息,增长知识) 运动类的信息我也会运用到实际生活中,头部、腰部运动怎么做合理(运用所学,使身体健康) 看今日头条,有政策性的东西,能知道点国家的政策(了解国家政策)
财富提升	我关注了一些关于投资理财的公众号,它们会经常给我推送一些理财的文章,我想对自己理财也有好处(理财,投资)
身体机能衰退	现在老了,看这些手机上的东西,眼睛受不了,干脆不用了,有事的时候就联系一下,没事也不看(身体机能衰退,影响使用)
习惯	还是用老年机省事,用惯了,我也懒得去学了,不想去费那个神了(旧有习惯)
负面信息体验	之前孩子们给我装了几个新闻的软件,我感觉里面的信息乱七八糟的,有的也不知道是真是假,还不如不看了(负面信息干扰) 我看腾讯视频的时候,中途经常让你下载什么云空间,还有什么抖音啥的,一下又来个广告,说你手机满了(无关信息干扰)
负面功能体验	学不会,孩子们教了我几遍,老是忘记,太复杂了,我现在也不想学了,那个智能手机搁那也不用了(功能过载,操作困难)
社交媒体信息服务使用意愿	如果有用,简单的话,我想我还是愿意用的(使用意愿)
社交媒体信息服务使用行为	我日常联系家人的主要就用微信,方便,也好找人(使用行为)

4.2.2　主轴编码

主轴编码的主要目的是通过类聚分析发现开放式编码过程中生成的各范畴之间的关系,将各自分离的范畴联系在一起,从而从语义层面发现范畴之间的内在逻辑关系,提取主范畴。通过对其中 36 个初始范畴的内在逻辑与关系分析,最终形成 12 个主范畴,如表 4-3 所示。

表 4-3　主轴编码形成的主范畴

关系类别	主范畴	范畴	范畴内涵
基本型需求	生理性需求	视觉适老化设计	老年用户使用社交媒体软件时,对界面设计、布局导航、色彩搭配等方面内容的要求,具体包括文字、图形、色彩、布局等元素
		听觉适老化设计	老年用户使用社交媒体软件时,对语音输入和输出、语音信息质量、听取方式等方面的需求
		触觉适老化设计	老年用户对社交媒体软件中页面元素间的距离、按键面积、手写输入、操作手势、易操作性等方面的要求
	交互需求	易用性	老年用户通过简单的动作和步骤就能操作社交媒体软件
		易学习	系统应简单易学,且界面上应有使用说明,可以随时提供指导以辅助老年用户操作,快速解决问题
		易理解	老年用户通过简单的思考或观察,就能够明白界面按钮元素的作用
		易记忆	希望社交媒体操作步骤简易,与老年用户已有的信息产品操作经验尽量大致相仿,保持操作的熟悉感,以防遗忘
		流畅性	系统操作流畅、响应迅速、无卡顿
		容错性	系统设计包容性强,人性化,使用过程中出现错误能够及时恢复,相关设计能降低老年用户的出错概率
		存储空间占用率低	系统使用过程中,下载的文件和软件、运行的软件等所占用的系统空间较少,且不影响设备的运行速度
		有效帮助	使用不熟悉的社交媒体产品时,害怕出错,希望能够得到鼓励与指导,增强使用信心。当遇到操作问题时,系统应能够提供帮助或提示
	实用需求	工具性	具备多种实用性功能,如生活缴费、收藏文件等
		高效性	快速搜索信息,处理事情省时、省力
	实惠需求	节省	使用社交媒体软件能够节省联系他人的费用,便宜,省钱
		免费	软件本身免费,且使用社交软件可以不花钱办理一些事情,获取一些信息
	安全需求	隐私保护	希望能够确保个人信息、财务信息等安全,防止被骗
		信任	希望社交媒体应用能够确保陌生社交中他人的可靠性

续表

关系类别	主范畴	范畴	范畴内涵
期望型需求	社交需求	代际交流	能够随时方便地与子女联系、交流
		社会互动	作为社会的一员再次融入社会，参与社会活动
		分享表达	在社交群转发或分享自己创作的、有趣的内容
	享乐需求	愉悦放松	使用过程是轻松愉快的，既包含使用某一瞬间所感到的愉悦感，也包含整体使用体验的愉悦感受
		休闲娱乐	使用社交媒体中的一些娱乐、游戏功能
	认知需求	信息内容需求	老年用户希望社交媒体软件提供的信息内容与其兴趣相符合，有效填补信息空缺
		信息形式需求	为方便老年用户理解，除了基本的文字、图像外，还希望能有语音、视频等信息形态
		信息质量需求	老年用户对信息内容的准确性、可信度、及时性、价值效用等方面的需求
兴奋型需求	情感需求	归属感	希望能找到志同道合、兴趣相仿的人，感到自己属于某个特定群体
		情感共鸣	使用社交软件过程中，能产生情感上的共鸣，带来美好的回忆
		情感互动	使用社交软件能够带来情感上的互动，减轻老年用户的情感孤独
		认同感与尊重	他人对自己的认可与尊重
	自我实现需求	成就感	感觉自己能够使用新潮的软件，比周围人厉害
		自我提升	通过社交软件中的信息服务，实现自我学习与提升
		财富提升	使用一些社交软件中的投资功能更好地管理自己的财富
转化障碍	个体因素	身体机能衰退	老年用户在感官、认知等方面能力的下降
		习惯	经过长期培养渐渐形成的、难以发生改变的行为或倾向
	环境因素	负面信息体验	老年用户在信息质量、信息相关性、信息形式等方面不良的体验
		负面功能体验	老年用户在信息技术产品功能设计等方面不良的体验

4.2.3 选择性编码

选择性编码也称核心编码，主要是在主轴编码所提取的范畴基础上，通过系统的分析选择一个"核心类属"。核心类属具有统领性，能够将大多数的研究结果涵盖在一个较宽泛的理论范围之中，形成一条能够统领范畴的故事线[266]。

在对老年用户社交媒体信息服务需求构成的研究中，发现可以形成统领整个范畴的故事线。老年用户社交媒体信息服务采纳阶段影响其使用意愿的因素是多维度且具有层次感的,具体可划分为基本型需求、期望型需求和兴奋型需求三个层次。这三个层次需求的满足会增强老年用户产生社交媒体信息服务使用意愿并进一步促使老年用户产生采纳行为。这一故事线描述了主范畴的典型关系、关系结构及关系结构的内涵,具体如表 4-4 所示。

表 4-4　主范畴的典型关系结构

典型关系	关系结构	关系结构的内涵
兴奋型需求—使用意愿—采纳行为	中介关系	自我实现需求、情感需求等兴奋型需求通过老年用户社交媒体信息服务使用意愿间接影响其社交媒体信息服务采纳行为
期望型需求—使用意愿—采纳行为	中介关系	社交需求、享乐需求、认知需求等期望型需求通过老年用户社交媒体信息服务使用意愿间接影响其社交媒体信息服务采纳行为
基本型需求—使用意愿—采纳行为	中介关系	安全需求、实惠需求、实用需求、交互需求、生理性需求等基本型需求通过老年用户社交媒体信息服务使用意愿间接影响其社交媒体信息服务采纳行为
使用意愿—转换障碍—采纳行为	调节关系	老年用户社交媒体信息服务使用意愿对社交媒体信息服务采纳行为的影响受到个体因素、环境因素等转化障碍的干扰

同时,卡茨的使用与满足理论认为,受众是具有特定需求的个体,受众接触媒体会根据自己特定的使用动机满足自我需求,并提出了"使用与满足"基本过程模式。该理论已被广泛应用于社交媒体用户行为,如 Kim 等[19]与 Yang 和 Lin[27]基于使用与满足理论研究了老年用户使用移动社交服务的原因,张敏等[63]基于使用与满足理论分析了用户持续使用社交媒体的机理。鉴于使用与满足理论在社交媒体环境下用户行为研究的适用性,本书也将采用该理论构建理论模型。

根据使用与满足理论,老年用户的内在需求将诱发其初次尝试性使用,之后老年用户将根据需求满足程度,触发相应的信息行为。在需求满足的情况下,老年用户实质性的社交媒体服务采纳行为将会发生。基于以上分析,本研究提出了"需求驱动下的老年用户社交媒体信息服务采纳行为形成机制模型",如图 4-1 所示。

4.2.4　饱和度检验

为进一步检验所构建的老年用户社交媒体信息服务需求模型是否达到理论饱和,将剩下的 17 份访谈记录按照同样的方法进行编码,分析结果并未生成新的范畴。根据扎根理论,如果新的访谈分析没有改变之前的主题与假设,则研究是全面的。因此最终所构建的"需求驱动下的老年用户社交媒体信息服务采纳行为形成机制模型"已经达到理论饱和。

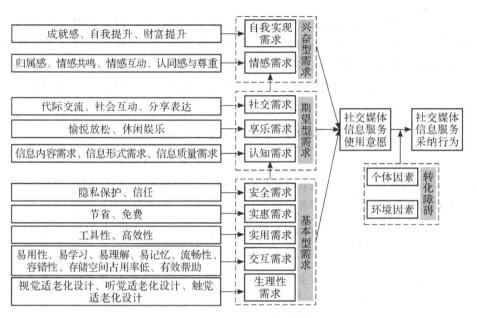

图 4-1 需求驱动下的老年用户社交媒体信息服务采纳行为形成机制模型

4.3 需求驱动下的老年用户社交媒体信息服务采纳行为形成机制分析

4.3.1 基本型需求维度

基本型需求是老年用户社交媒体信息服务"必须具备"的属性和功能,满足基本型需求是老年用户社交媒体信息服务产品发展的根基和原动力。但是,仅满足基本型需求无法形成核心竞争力,当满足老年用户基本型需求时,老年用户无所谓满意不满意,这类需求的满足仅能维持现有的客户规模。通过对老年用户访谈资料的分析,本研究发现老年用户对社交媒体信息服务的生理性需求、交互需求、实用需求、实惠需求和安全需求是老年用户社交媒体信息服务需求中的最底层需求,即基本型需求。

第一,生理性需求在本研究情境中具体指社交媒体信息服务产品的视觉适老化设计、听觉适老化设计和触觉适老化设计需求,这一层面的需求是最初级的,体现了老年用户使用社交媒体信息服务时的感官需求。老年用户身体机能的退化会影响他们对社交媒体信息产品的使用。在访谈中,绝大多数老年用户表示自己在使用社交媒体信息产品时会出于"看不清、听不清、点不动"等原因而感到烦恼,甚至产生抵触情绪。视觉、听觉和触觉层面的适老化设计是帮助老年用户克服操作障碍的第一步,帮助老年用户解决此类障碍,有利于老年用户进一步采纳社交媒体信息服务。

第二,交互需求指老年用户操作社交媒体信息产品时对系统交互功能的需求,具体体现在系统易用性、易学习、易理解、易记忆、流畅性、容错性、存储空间占用率低和有效帮助这几个方面的需求。对老年用户而言，除了第一点中提到的感知系统衰退带来的需求，老年用户在记忆力和认知能力方面都在不同程度上出现衰退。因此，老年用户希望社交媒体信息服务功能能够尽量精简、易学、易用，并且能够随时提供帮助以辅助其操作。访谈中，绝大多数老年用户表示在操作社交媒体信息软件时，或多或少存在一定困难，比如注册/登录、订阅公众号、输入信息、搜索、使用在线帮助等。这些障碍的存在主要是由于老年用户的认知能力和信息素养不足，尤其是网络操作技能不足[267]。已有研究表明，老年用户虽然渴望使用互联网信息技术以满足日常生活所需，但在信息产品使用中存在较多障碍而备感焦虑和压力[268]。满足老年用户系统操作层面的交互需求，有利于帮助老年用户克服操作层面的障碍，促进其社交媒体信息服务的顺利使用。

第三，实用需求指老年用户通过社交媒体信息服务可以简单快捷地实现某些功能，完成某些任务。实用需求的本质是与产品带来的便利和有效性相关联的。实用需求具体包括工具性需求和高效性需求。这在社交媒体信息服务软件中主要体现为所提供服务的集成性、丰富性和高效性，以及对应性能的支持。比如访谈中，一些老年用户表示微信能够集成缴纳话费、生活缴费、订票、购买商品等多种服务业务，有助于老年用户足不出户、方便高效地完成生活中的一些事情，特别是对于一些腿脚不便的老年用户，极大地增强了其生活自理能力。工具性和高效性需求的满足对于吸引老年用户，增加其转移成本具有一定的作用。

第四，实惠需求具体指使用社交媒体信息服务的性价比，以及能够带来实际的好处等方面的需求，即老年用户希望使用社交媒体软件能够节省费用，满足便宜甚至是免费等方面的需求。比如访谈中发现，一些老年用户认为使用微信在网上缴费能够减少交通费用的支出，能够节省电话费，但同时又担心使用微信增加了自己的流量费用等，说明老年用户对于使用社交媒体信息服务是否能够节省开支较为重视。目前中国软件市场上大多数的App能提供免费下载服务，老年用户极少使用视听内容的付费项目，他们更加倾向于使用免费的社交媒体信息服务内容。勤俭节约是中华民族的传统美德，特别是对于经历了艰苦生活磨砺的老一辈，年老后其收入减少，因此其对产品的实惠需求不容忽视。

第五，安全需求指老年用户对使用社交媒体信息服务过程中人身和财产保障的需求，以及对个人隐私保护的需求，具体包括隐私保护和信任的需求。老年用户在使用社交媒体信息服务时，比较关注网络服务的安全性，特别是对于个人财务信息，老年用户比较担忧。访谈中发现，一些老年用户对将自己身份证信息上传或者捆绑自己的银行卡号这些操作，显露出比其他操作更为显著的担忧。比如，受访者提到"需要捆绑银行卡时或者提示支付时，就会立即终止操作，担心自己卡里的钱被扣掉"。此外，本研究将信任也加入安全需求，老年用户对社交媒体信息服务软件的信任感主要源于子女和身边朋友的推荐。当身边人基本在使用某 App 服务时，老年用户会认为比较有安全保障。老年用户对社交媒体信息服务的信任感也是其安全需求的特征之一。

4.3.2　期望型需求维度

期望型需求被满足时，老年用户的满意度会高涨，但当这类型需求没有被满足时，老年用户就会产生不满意的感觉。本研究中，期望型需求包括认知需求、享乐需求和社交需求。

第一，认知需求指老年用户对社交媒体信息服务中信息内容的针对性、丰富性、信息表现形式、信息可靠性等方面的需求，概括起来具体可体现在对信息内容、信息形式和信息质量三个方面的需求。近年来，社交媒体中的信息数据总量呈爆炸性增长，信息服务作为社交媒体中的核心服务内容，只有提供丰富、有针对性和高质量的内容才能吸引老年用户。访谈中一些老年用户表示，社交媒体中提供的信息五花八门，很难找到适合自己的信息，不同网站中提供的健康建议存在分歧，老年用户很难判断信息的真伪，特别是社交媒体中的信息过多导致过载，过度的信息阅读增加了其身体负担。作为社交媒体服务中的核心内容，信息服务的内容、形式和质量是老年用户比较关注的重点问题。

第二，享乐需求指老年用户希望通过使用社交媒体中的休闲娱乐项目或者浏览阅读信息获得轻松愉悦的精神享受。在本研究中，享乐需求具体包括休闲娱乐和愉悦放松两个维度。社交媒体信息系统属于享乐型信息系统，相对于工具型信息系统，该类型的信息系统更多用于维护和拓展社交关系、休闲娱乐[269]。目前一些社交媒体应用集合了游戏、社交、信息服务等多种功能，这些功能能够为老年用户带来愉悦、兴奋、快乐等精神享受。比如访谈中发现，像短视频如抖音、快手等，以及小游戏手游如天天象棋、欢乐斗地主、开心消消乐等社交媒体娱乐应用得到了广大老年用户的青睐，特别是在新冠疫情的催化下，一些老年用户将休闲娱乐的场所转移到线上。"银发族"对社交媒体娱乐游戏服务的接受度与需求正在逐步提高。

第三，社交需求指老年用户希望通过社交媒体信息服务与他人进行交互、分享表达并得到他人的认可。在本研究中，该需求具体包括代际交流、社会互动和分享表达三个维度。随着年龄的增长，特别是对于退休后的大多数老年人，其生活方式逐渐从工作型转向休闲型。在生活节奏上，由紧张的快节奏生活逐渐过渡到松弛的慢节奏生活。在知识技能上，由工作技能主导型转向兴趣爱好主导型。在这种生活方式转变的背后，蕴藏着庞大的文娱社交需求。访谈中发现，一些社交媒体应用如微信，已成为老年用户联系子女、远方的朋友、亲戚的主要工具，极大扩展了老年用户的生活社交圈。使用微信聊天、在微信朋友圈上分享趣事、转发公众号内容等都是老年人利用微信社交的固有模式。同时值得注意的是，目前，老年人的社交模式不再局限于微信，已向多个平台发散，如抖音、快手等短视频平台。未来的社交媒体老年用户市场的竞争将进一步加剧，只有设计出符合老年用户社交需求的产品，才能在激烈的竞争中胜出。

4.3.3 兴奋型需求维度

兴奋型需求是潜在需求，指出乎老年用户意料并会给其带来惊喜的服务。当这类型需求没有被满足时，用户不会产生明显的不满情绪；但是当兴奋型需求被满足时，即使表现不佳，也会给用户带来极高的满意度或满意度的急剧提升。兴奋型需求包含自我实现需求与情感需求两个维度。

自我实现需求指老年用户希望通过使用社交媒体信息服务对自我认知有所提升，提高财务管理能力，并在使用过程中获得成就感，具体体现在自我提升、财富提升和成就感三个维度。首先，自我提升指老年用户可以通过社交媒体获得生活、健康等方面的信息和知识，开阔视野。访谈中，一些老年用户表示他们会请子女帮忙订阅一些有关健康的公众号，或

收藏一些感兴趣的网站,方便其查阅信息。一些老年用户希望通过一些投资理财类的 App
和社交论坛来帮助自己更好地管理财富。这些财务知识的积累也有助于老年用户增强对
生活的掌控力,获得成就感。同时,一些老年用户虽然出于退休或随子女迁徙的原因,与外
界的交互减弱,但他们仍希望能够发挥自身的能力和潜力去创造价值。一些年长者热衷于
在社交媒体上贡献自己的知识,帮助他人解决问题,分享和评论有用的信息。他们渴望老
有所为,获得成就感。

情感需求指老年用户希望在使用社交媒体信息服务过程中获得鼓励、赢得他人的尊
重、找到志同道合的朋友等。情感需求具体包括情感共鸣、情感互动、归属感、认同感与尊
重几个维度。随着年龄的增长、身体机能的衰退,老年用户的生活社交圈逐渐缩小,其心理
往往更加孤独[96],希望自身被关注。访谈中一些老年用户表示,社交媒体上的一些怀旧文
章往往能够勾起他们年轻时的回忆,使他们产生情感上的共鸣。访谈中,一些老年用户提
到经常使用一些简易的软件如小年糕制作音乐相册,发到朋友圈里,记录与朋友的聚会。
同时,还有一些老年用户通过社交媒体找到了志同道合的朋友,比如加入广场舞、棋牌、旅
游社群等,极大地丰富了老年人的生活,增强了他们的归属感。尤其是一些老年用户对于
自己在社交媒体上发的文章、照片等得到了其他人的称赞,会感到非常兴奋。这些都说明
老年用户在社交过程中,希望展现自己的知识、能力,获得他人的尊重。

情感需求与自我实现需求满足是社交媒体信息服务区别于其他传统网络信息服务的
最大特征,也是老年用户使用社交媒体信息的核心动力。

4.3.4　老年用户社交媒体信息服务需求演化方向

老年用户的社交媒体信息服务需求会随着自身的状态、信息素养水平、使用目的以及
所处的内外部环境而发生一定的变化,呈现不断发展的趋势。首先,本研究将生理性需求、
交互需求、实用需求、实惠需求和安全需求整合为基本型需求,体现了老年用户使用社交媒
体的根基,而这也是期望型需求和兴奋型需求的基础。这一部分的需求主要体现了老年用
户对社交媒体产品质量和基本功能的标准需求,与马斯洛需求层次理论中的第一、第二层
次,即与生理需求和安全需求相对应。其次,本研究将认知需求、享乐需求和社交需求整合
为期望型需求。随着老年用户使用经验的积累,对产品和内容的要求也由模糊变清晰,其
使用目的由初级转变为更高级。本层次的需求与马斯洛的第三需求层次,即归属与爱的需
求相呼应。最后,本研究将自我实现需求与情感需求整合为兴奋型需求,该层次需求是最
高层次的需求形式,呼应马斯洛的第四、第五需求层次,即尊重需求、自我实现需求。该层次
是老年用户社交媒体信息服务的最高层次,也是吸引老年用户使用相关信息服务的最高境界。

4.3.5　老年用户社交媒体信息服务需求与使用行为的转化障碍

德国心理学家库尔特·卢因(Kurt Lewin)提出人类行为的著名公式:B=F(P,E)。该
公式指出,人类行为(B)是人(P)与环境(E)的函数,即人的行为受到个体与环境的综合作
用。对应于本书的研究情境,老年用户社交媒体信息服务使用行为是把信息需求转化为信
息行为的过程,该过程受到老年用户主体因素与外界环境因素的影响。

老年用户个体因素是制约行为转化的内因,即矛盾的主要方面。具体表现在身体机能

衰退和习惯对使用行为转化的障碍。如前所述,老年用户的感官机能与认知机能会呈现不同程度的衰退,这对他们学习操作新的信息技术产品造成了较大的障碍。而一般来说,了解和熟悉一项新技术服务或产品不可避免地需要用户花费额外的时间和精力去学习。老年用户信息素养水平普遍不高,运用信息产品工具的能力不足,处理和获取信息的能力不强。这些因素导致老年用户学习新的信息技能将比一般群体花费更多的时间和精力。因此,一些老年用户宁愿选择保持他们已建立的使用习惯。他们通常认为学习新技能是一个巨大的挑战,已经习惯了旧的东西[270]而不愿尝试新的服务或产品。一些老年用户可能早已习惯于使用手机或固定电话提供的语音或短信息服务与他人进行交流,因此并不打算采用移动社交服务,因为他们不想改变,他们对陌生的技术感到焦虑[271]。

环境因素是制约行为转化的外因。一些负面的环境因素,如负面的信息体验与功能体验等,会阻碍老年用户的社交媒体使用意愿转化为实际的使用行为。首先是负面的信息体验,如信息过多、信息质量不高、信息不相关、信息矛盾等。信息服务是社交媒体服务内容的核心和关键,当老年用户初次接触社交媒体服务并产生负面的信息体验后,进一步使用的意愿将降低。其次是负面的功能体验,如复杂、烦琐的功能,对老年用户不友好的操作设计等。现有的社交媒体产品的主要关注对象为年轻群体,其功能设计也主要适应年轻用户的习惯。虽然一些产品也逐渐关注到老年用户并进行了一些适老化改造,但在一定程度上还不能完全满足老年用户对产品的操作需求,复杂的功能对本已不堪重负的老年信息用户来说,会进一步加重其技术焦虑,成为老年用户社交媒体采纳行为的障碍。

4.4 研究结果与讨论

本研究基于扎根理论和使用与满足理论,构建了需求驱动下的老年用户社交媒体信息服务采纳行为形成机制模型。该模型解释了老年用户社交媒体信息服务需求构成,需求与采纳行为之间的驱动关系,以及需求驱动下所产生的行为意愿在向实际行为转化过程中所遇到的障碍。基于访谈资料的编码分析发现,老年用户社交媒体信息服务需求可以划分为基本型需求、期望型需求和兴奋型需求三大维度。其中,基本型需求包含安全需求、实惠需求、实用需求、交互需求和生理性需求;期望型需求包含社交需求、享乐需求和认知需求;兴奋型需求包含情感需求和自我实现需求。随着老年用户对社交媒体信息服务产品认知的不断加深,其需求的层次结构具有不断成长的演化趋势。老年用户在使用社交媒体服务过程中,以上需求的不断满足有利于其社交媒体信息服务使用意愿的形成,并进一步形成实际的使用行为。但意愿到实际行为的转化过程并不是一帆风顺的,仍会受到来自老年用户个体和环境中一些负面因素的阻碍。这些障碍因素也是实践过程中需要实践者注意引导和排除的。本研究为老年用户社交媒体信息服务产品的设计与优化提供了一定的启示,也为未来的相关研究提供了一定的理论基础。

该部分研究的不足之处在于:第一,通过质性分析对老年用户社交媒体信息服务需求进行识别容易受到调查对象个体感知因素的影响。第二,所构建的理论模型未经过实证检验,未来的研究可以通过定量分析进一步验证。

第五章 发展期:基于期望的老年用户社交媒体信息服务使用行为研究

本章将针对老年用户社交媒体信息服务使用发展期的行为特征,分析其使用行为的形成机理。老年用户社交媒体信息服务使用发展期内促进其行为发展的动力主要源于形成期内所感知到的正面认知与情感因素,正向期望确认度是促使其持续使用社交媒体信息产品的关键因素。因此,本章将首先分析老年用户社交媒体信息服务期望构成模型。然后基于 ECM-ISC 模型,具体分析感知有用性、期望确认度等认知因素,满意与依恋等情感因素,以及老年用户自身的特征,促成老年用户社交媒体信息服务持续使用行为形成过程中的"认知—情感—意动"路径。

5.1 老年用户社交媒体信息服务期望模型实证研究

5.1.1 老年用户社交媒体信息服务期望

5.1.1.1 老年用户社交媒体信息服务期望的内涵

期望指"人们为满足自身需求而对未来事件做出预期判断的一种心理倾向"[272]。期望源自人性,当用户参与某项活动或使用某产品之前,总是会基于自身的需求,或根据过往经验和身边人的口碑,形成一个预期结果。根据 Vroom[273] 的期望理论,用户对某项活动的结果价值评估和预期达成该结果的可能性,在某种程度上会成为实施该项行为的动力。

根据本书的研究情境,老年用户社交媒体信息服务期望指老年用户在接触和使用社交媒体信息产品之前或者过程中,根据自身过往经验和自我需求,形成的社交媒体产品"事前期待",或内心确定的标准及目标。

5.1.1.2 老年用户社交媒体信息服务期望的构成

社交媒体环境下用户期望具有层次性和动态性特征,在借鉴和吸收期望管理和服务营销相关理论的基础上,可从以下几个角度来分析老年用户社交媒体信息服务期望的构成。

首先,从老年用户对社交媒体信息服务期望表达的清晰程度角度划分,可分为显性期望、模糊期望和潜在期望。显性期望是老年用户主动、有意识表达出来并认为应该能够实现的期望,如老年用户对社交媒体产品操作简易性、安全性等方面的期望。该层次的期望是信息期望的最基本构成,该部分期望会直接影响用户的满意度。模糊期望指老年用户使用社交媒体信息产品过程中,具有一定意识但没能清晰表述出来的期望,如老年用户对社交媒体信息产品的针对性、信息表达方式多样性的期望。该层次期望虽然老年用户不能非常清晰地表达出来,但是仍会影响其满意度。潜在期望指老年用户没有意识到,超出其预期但确实存在的一类期望,如使用社交媒体信息服务给老年用户带来的成就感等。此类期望的满足将极大提升老年用户的满意度。

其次,从老年用户心理层次角度,可将期望划分为感官期望、行为期望和情感期望。其中感官期望侧重于老年用户对产品功能的表达效果,是最基础层面的期望,如老年用户对社交媒体产品适老化程度的期望。行为期望则侧重于老年用户对交互过程、使用方式等行为和过程因素的期望,属于中间层次,如老年用户使用社交媒体信息产品时对其交互效果、系统性能的期望。情感期望则侧重于使用社交媒体给老年用户带来的价值期望,属于最高层次的期望。

再次,从老年用户社交媒体产品信息期望内容构成的角度,可将其信息期望划分为基本期望、关联期望和超值期望。基本期望是老年用户认为社交媒体产品最少应具备的特征,即理应满足的特性。关联期望是与老年用户付出的努力呈正相关关系的期望,老年用户付出的努力越多,则其期望值越高。超值期望即超出老年用户意料的期望,这是社交媒体信息服务的使用能为老年用户带来额外惊喜或收获的期望。

5.1.1.3 老年用户社交媒体信息服务需求与信息服务期望的关系

老年用户社交媒体信息服务需求是促使信息期望产生的原始驱动力。老年用户社交媒体信息服务需求源自实践活动中为解决实际问题而产生的信息不足感,而信息期望则是老年用户信息需求取向的一种外在表现。具体表现为在社交媒体环境下,老年用户信息获取和交互过程中对系统功能、服务水平和信息内容的一种主观判断与预期。老年用户在实际信息获取和利用过程中,其信息需求会首先转化为信息期望。老年用户的信息需求越强烈,其信息期望就越强烈。因此,老年用户社交媒体信息需求是信息期望的前因变量,信息需求的变化会直接影响信息期望。

老年用户社交媒体信息服务需求是信息期望的充分非必要条件。影响老年用户社交媒体信息服务期望的因素具有多样性,老年用户信息需求只是影响其信息期望的因素之一,除信息需求外,老年用户的信息素养、情绪、使用习惯、偏好等因素也会在不同程度上对老年用户社交媒体信息服务期望产生影响。因此,老年用户社交媒体信息需求是信息期望产生的充分非必要条件,即在社交媒体环境下,老年用户有信息需求则一定会促使其产生信息期望,而老年用户信息期望的产生并不完全由信息需求引起。

社交媒体环境下,信息需求与信息期望对老年用户行为的影响路径存在一定差异。信息需求反映的是老年用户内在的缺乏状态,主要通过对"内在缺乏"状态的感知触发其外在的信息行为。而信息期望反映的是老年用户对信息服务的预期,侧重于通过"外在目标"的实现来激发用户产生围绕目标的相关信息行为。因此,信息需求与信息期望对老年用户信息行为的触发路径存在一定差异,但殊途同归,两者一内一外,相互关联,共同对老年用户的信息行为产生影响。

5.1.1.4 社交媒体信息服务期望动态变化特征

社交媒体环境下老年用户的期望并非一成不变,而是一个动态变化的过程,具体表现在信息期望内容和期望程度的变化上。首先,用户期望的内容呈动态发展趋势。在整个信息交互过程中,老年用户的信息期望会随着交互与体验程度的加深而不断发生变化。如老年用户接触社交媒体信息产品之前,往往会依靠自身经验形成模糊期望,随着产品使用经验的积累,会逐渐对社交媒体信息产品形成一个相对具体的认知,其期望的类型会更加具体,其隐形期望会逐渐显现,模糊期望也更为清晰。特别是随着产品新功能的不断增加,其期望的变化也会不断循环往复发展,呈现有意识或无意识的动态演变过程。其次,随着老年用户使用社交媒体产品次数的不断增加,其期望的程度也会呈现高低起伏变化。一方面,老年用户会在原有期望的基础上,增加新的期望,如增加新功能或简化原有功能。另一方面,老年用户可能会在原有期望的基础上提高期望值,或发现一些产品远远无法达到原有期望时就可能降低期望值。总之,期望程度的变化过程总是在不断高低起伏变化中。

5.1.2 研究方法

目前有关老年用户社交媒体环境下的信息服务期望维度构成研究较少,可借鉴的资料不多。基于上文的分析,老年用户社交媒体信息需求是信息期望产生的驱动因素和充分非必要条件,且随着老年用户使用社交媒体信息服务经验的积累,其信息期望也会随之发生动态变化。因此,本研究将采用半结构化访谈的方式,进一步提取老年用户社交媒体信息服务期望构成因素,开发测量量表进行实证研究,以丰富老年用户社交媒体信息服务期望理论,为老年用户信息服务质量优化提供借鉴。

5.1.2.1 编制初始测量量表

首先,随机抽取 83 名社交媒体信息服务老年用户,采用半结构化访谈的方式,请老年用户描述他们对社交媒体信息服务使用不同阶段内的期望,并在访谈过程中给予适当的启发,以充分挖掘老年用户的社交媒体信息服务期望因素。访谈结束后,整理访谈记录,抽取出具有普遍性和代表性的项目,编制初始量表。然后,邀请网络信息服务相关领域的专家进行座谈,对初始量表项目进行逐条分析,对表达模糊、意思相近的项目进行删除或合并,从而形成老年用户社交媒体信息服务期望的初始测量量表。

初始量表的题项采用随机排列的方式,变量测量均采用李克特 5 级量表进行量化计分,1="完全不符合",2="不符合",3="无法确定",4="符合",5="完全符合"。

5.1.2.2 预调查与初始量表修订

随机抽取 100 名社交媒体信息服务老年用户作为调查样本,剔除无效问卷后,对 89 份有效问卷进行信度和效度分析。首先进行 KMO 检验,KMO=0.846>0.6,数据结果表明预测试数据适合因子分析。然后采用 SPSS 20.0,利用主成分分析法和正交旋转因素分析法抽取公因子,共聚合出 7 个公因子,累积解释总方差为 57.53%。为了进一步提高各维度的聚集度,替换了高相关度题项,以减少横跨两个因子的题项。对语意表达不清、老年用户难以理解、晦涩的题项进行了修改。

5.1.3 正式调查与数据分析

5.1.3.1 样本选择与数据采集

根据调查目的,正式调研采用线上和线下两种方式发放问卷。线下采用现场发放纸质问卷并回答完成后现场回收的形式。在老年用户填写问卷之前,先由工作人员解释本次调查的目的和填写方法。线上使用问卷星调查平台发放。调查时间从 2020 年 1 月持续到 2020 年 3 月底,采样范围包括浙江、上海、湖北、广东等全国 13 个省区市。本次共发放 600 份问卷,剔除回答不完整等无效问卷,共回收有效问卷 412 份,有效率为 68.7%。本次被调查者的基本情况如表 5-1 所示。

表 5-1　被调查者统计信息

变量	类别	人数
性别	男	234
	女	178
年龄	60—65 周岁	238
	66—70 周岁	143
	71 周岁及以上	31
受教育程度	小学及以下	35
	初中	124
	高中	159
	中专	76
	大学及以上	18

5.1.3.2 探索性因子分析

采用 SPSS 对数据进行探索性因子分析,删除因子负荷小于 0.5 和横跨两个因子的题项,以特征值大于 1 为评估标准,最后共保留 7 个因子(详见表 5-2)。7 个因子累积解释总方差为 65.73%。选取因子负荷量较大的题项作为观察变量,并结合相关理论基础和研究,对各因子进行命名。第一个因子包含舒适性、无障碍、清晰性、感知可控、简洁性五个项目,这些都是老年用户接触社交媒体服务系统时对其感官因素的期望,因此将第一个因子命名为感官体验期望。第二个因子包含简易性、安全性、防遗忘、符合日常操作习惯、流畅性、经济实惠性六个项目,这六个项目是老年用户使用社交媒体信息服务系统时对产品功能的期望,因此将第二个因子命名为产品功能期望。第三个因子包含信息表达多样性、内容针对性、内容丰富性、内容真实可靠、内容可理解性、内容适用性和信息适度性七个项目,这七个项目都是围绕老年用户对社交媒体信息质量的期望,因此将第三个因子命名为信息质量期望。第四个因子包括社交互动有效性和社交互动便利性两个项目,这两个项目主要描述老年用户使用社交媒体信息服务进行社交活动时的期望,因此将第四个因子命名为社交互动期望。第五个因子包含帮助简易性、帮助有效性、帮助醒目性、帮助针对性四个项目,这四个项目主要描述了老年用户使用社交媒体服务功能时的期望,因此将第五个因子命名为服务期望。第六个因子包括愉悦放松、归属感、情感共鸣、认同与尊重四个项目,这四个项目都是老年用户在使用社交媒体信息服务过程中对其情感体验的期望,因此将第六个因子命名为情感期望。第七个因子包含有助于自我提升和有助于获得成就感两个项目,这两个项目描述了老年用户使用社交媒体信息服务过程中对价值感获得的期望,因此将第七个因子命名为价值期望。

表 5-2　各测量变量的探索性因子分析结果

因子	题项代码	负荷量	Cronbach's alpha	因子	题项代码	负荷量	Cronbach's alpha
感官体验期望	SS	0.807	0.815	社会互动期望	JLYX	0.864	0.812
	WZA	0.823			JLBL	0.845	
	QX	0.862		服务期望	BZJY	0.824	0.845
	KK	0.849			BZYX	0.842	
	JJ	0.802			BZXM	0.878	
产品功能期望	JY	0.706	0.809		BZZD	0.871	
	AQ	0.754		情感期望	YYFS	0.898	0.823
	FYW	0.804			GS	0.869	
	XG	0.796			QGGM	0.824	
	LC	0.797			RTZZ	0.868	
	SH	0.836		价值期望	ZWTS	0.807	0.857
信息质量期望	BDDY	0.856	0.895		HDCJ	0.797	
	NRZD	0.809					
	NRFF	0.908					
	NRZS	0.802					
	NRKLJ	0.846					
	NRSY	0.861					
	XXSD	0.799					

5.1.3.3　验证性因子分析

对构建的老年用户社交媒体信息服务期望七因子结构方程模型进行适配度检验。本研究采用 AMOS 20.0 进行验证性因子分析。数据结果显示:$\chi^2/df=1.7830$,小于标准3;RMSEA$=0.034$,小于 0.08 的标准值;GFI$=0.954$,AGFI$=0.901$,CFI$=0.903$,NFI$=0.907$,IFI$=0.971$,均大于标准值 0.9。总体来看,验证性因子分析模型与数据的拟合度较好。

同时,由于感官体验期望、产品功能期望 2 个因子之间存在显著的相关关系,信息质量期望、社交互动期望、服务期望 3 个因子两两之间存在显著的相关关系,情感期望和价值期望 2 个因子之间存在显著的相关关系,说明存在高阶因子的可能性。因此,根据各因子聚合的意义,分别提取 3 个高阶因子。将感官体验期望、产品功能期望 2 个因子作为必备型期望的观测变量,将信息质量期望、社交互动期望、服务期望 3 个因子作为重要型期望的观测变量,将情感期望和价值期望两个因子作为魅力型期望的观测变量。

运用 AMOS 20.0,基于固定负荷法对二阶验证性因子模型进行验证,结果如表 5-3 所示。从一阶因子对二阶因子的标准化负荷上看,7 个一阶因子对二阶因子的标准化负荷均超过 0.07 的理想值,因此 7 个一阶因子可以作为二阶因子的观测变量。然后,对概念模型中的 3 个潜变量进行验证性因子分析,结果表明:$\chi^2/df = 1.873$,小于标准 3;RMSEA = 0.034,小于 0.08 的标准值;GFI = 0.832,AGFI = 0.903,CFI = 0.923,NFI = 0.931,IFI = 0.903,均大于或接近标准值 0.9。总体来看,验证性因子分析模型与数据的拟合度较好。

表 5-3　老年用户社交媒体信息服务期望二阶验证性因子分析模型参数估计

二阶因子	一阶因子	标准化因子负荷	项目信度	建构信度	AVE
必备型期望	感官体验期望	0.731	0.608	0.8907	0.6198
	产品功能期望	0.723	0.636	—	—
重要型期望	信息质量期望	0.788	0.621	0.847	0.6488
	社交互动期望	0.845	0.714	—	—
	服务期望	0.782	0.612	—	—
魅力型期望	情感期望	0.884	0.781	0.8757	0.7018
	价值期望	0.826	0.682	—	—

5.1.3.4　信度和效度分析

从 7 个一阶因子对二阶因子的标准化因子负荷上看,7 个一阶因子对二阶因子的标准化因子负荷均超过 0.7 的理想值。从建构信度上看,3 个二阶因子的建构信度系数分别为 0.8907,0.847,0.8757,均超过 0.5 的建议值。因此,二阶因子模型信度水平可接受。

各潜变量的平均方差提取量 AVE 值分别为 0.6198,0.6488,0.7018,均超出 0.5 的可接受水平,二阶因子模型具有足够的聚合效度。且本研究所运用的量表都是在多次实际访谈,以及专家讨论、预测修正基础上确定而成的,其内容效度较好。因此,二阶因子模型效度水平可接受。

5.1.4　结果与讨论

基于以上分析,本研究最终所构建的老年用户社交媒体信息服务期望模型由 3 个二阶因子、7 个一阶因子、30 项指标构成,如表 5-4 所示。

表 5-4 老年用户社交媒体信息服务期望构成模型

二阶因子	一阶因子	指标名称	指标的具体内涵
必备型期望	感官体验期望	舒适性	老年用户使用社交媒体信息产品时对页面设计、音质和视频等带来的视觉和听觉上的舒适感的期望
		清晰性	对页面文字、板块资源布局分类、图标、按钮等清晰可辨识的期望
		感知可控	对页面各类操作(如跳转、返回、点击、输入等)容易掌握、轻松控制的期望
		无障碍	对页面视、听、触碰等感官通道无障碍获取信息服务的期望
		简洁性	对整体信息服务页面设计的整洁性、简单性的期望
	产品功能期望	简易性	对社交媒体信息产品功能精简、易学的期望
		安全性	对社交媒体信息产品中涉及老年人个人隐私、财务等信息安全性的期望
		防遗忘	对社交媒体信息产品操作步骤简易、具备记忆及提醒功能的期望
		符合日常操作习惯	对社交媒体信息产品简单易上手、符合老年人常规操作习惯的期望
		流畅性	对社交媒体信息产品系统无卡顿、稳定的期望
		经济实惠性	对社交媒体信息服务优惠、便宜、经济性等方面的期望
重要型期望	信息质量期望	信息表达多样性	对信息多渠道沟通和信息表达形式多样性的期望
		内容针对性	对所获取的信息内容与老年用户自身需求相关性、需求联系紧密程度的期望
		内容丰富性	对所获取的信息内容主题广度、完整度、覆盖范围的期望
		内容真实可靠	对所获取的信息内容真实、可信赖程度的期望
		内容可理解性	对所获取的信息易于理解程度的期望
		内容适用性	对所获取信息内容能帮助老年用户解决问题程度的期望
		信息适度性	对有效信息数量适量适度的期望
	社交互动期望	社交互动有效性	对社交媒体信息服务系统提供的社交互动功能实用程度的期望
		社交互动便利性	对社交媒体信息服务系统提供的社交互动功能使用简易、方便程度的期望
	服务期望	帮助简易性	对社交媒体信息服务提供的各类帮助功能和方法的使用简易、便捷程度的期望
		帮助有效性	对社交媒体信息服务提供的各类帮助功能有效程度的期望

续表

二阶因子	一阶因子	指标名称	指标的具体内涵
重要型期望	服务期望	帮助醒目性	对社交媒体信息服务系统提供的各类帮助工具设置醒目、清晰程度的期望
		帮助针对性	对社交媒体信息服务提供的内容是否适合老年用户、是否与其需求契合，以及具体化、个性化程度的期望
魅力型期望	情感期望	愉悦放松	对使用社交媒体信息服务各项功能给老年用户带来精神上的愉悦、快乐、放松等方面的期望
		归属感	对使用社交媒体信息服务各项功能给老年用户带来自我被别人或被团体认可与接纳的期望
		情感共鸣	对使用社交媒体信息服务各项功能为老年用户带来情感或情绪上相同或相似反应的期望
		认同与尊重	对通过使用社交媒体信息服务获得自我价值、他人尊重等的期望
	价值期望	有助于自我提升	对使用社交媒体信息服务获得知识增长、能力提升等方面的期望
		有助于获得成就感	对通过使用社交媒体信息服务获得愉快或成功感觉的期望

本研究所构建的老年用户社交媒体信息服务期望模型如图 5-1 所示，其特征具体解释如下。

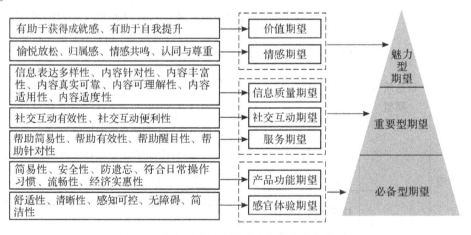

图 5-1　老年用户社交媒体信息服务期望模型

首先，老年用户社交媒体信息服务期望模型是一个多维度、多层次的综合体系。通过本节第一部分的理论分析发现，老年用户社交媒体信息服务期望贯穿于信息服务使用的始末，既包含最初使用社交媒体信息服务过程中对产品视觉、听觉、触觉等感官体验的期望，也包含使用信息产品过程中对系统交互性能、信息质量、服务质量、互动效果等的期望。

同时，该期望模型作为一个多层次模型，三个层次彼此联系、相互交错、层层递进。最基本层次的期望包含感官体验期望和产品功能期望,描述了老年用户使用社交媒体过程中最低层次的诉求,主要体现在产品的初始操作层面上。第二层次的期望包含信息质量期望、社交互动期望和服务期望,描述了产品的重要属性。该层次包含社交媒体信息服务的两大核心内容:信息供给和社交。同时,对于老年用户这一特殊群体,在使用过程中,帮助服务是否到位在很大程度上影响着他们的使用,因此服务期望被划分到重要型期望中。第三层次的期望包含情感期望和价值期望,属于魅力型期望,该层次期望的达成能够给老年用户带来惊喜和更高的满意度。

其次,老年用户社交媒体信息服务期望模型体现了老年群体的特点,反映了老年用户的切实需求。通过5.1节的理论分析发现,社交媒体信息需求是社交媒体信息期望的充分条件,老年用户的需求必然会触发相关期望。由于老年用户身心等方面的特殊性,该群体与年轻用户群体在社交媒体信息服务诉求上存在显著的差异,比如期望模型中对感官舒适性、无障碍性、简洁性的期望,对产品功能简易性、防遗忘和经济实惠性等方面的期望,这些期望维度充分体现了老年用户的特点。同时社交媒体信息服务期望模型的具体维度也体现为可感知、可评价的显性指标,这也体现了期望更多以"外在目标"的方式存在。

虽然上文所构建的期望模型具有以上特点,但在实际应用中尚存在以下问题需要注意。

首先,用户期望属于用户的个人心理行为,主观性和个性化程度较高,因此,也带来了许多不确定性和难以统一的因素。特别是其中一些个性化的因素很难完整地把握和揭露。此模型是基于大样本的调查分析形成的,刻画了老年群体中普遍具有的共性期望维度和指标,但若再详细到某类具体的或特殊的老年群体,需进一步提取更具有针对性的指标。

其次,通过上述分析发现,用户期望具有动态性特征,随着老年用户社交媒体信息服务使用经验的积累,以及社交媒体信息服务产品适老化程度的不断提升,其期望类型和层次属性会发生相应的变化。因此,未来的相关研究还需结合具体情境和特定的产品类型提出相应的期望构成模型。

5.2 基于期望确认模型的老年用户社交媒体信息服务持续使用行为形成机制研究

上节通过实证研究构建了老年用户社交媒体信息服务期望模型,明晰了社交媒体环境下老年用户社交媒体信息服务期望的构成和特征。本节将基于期望确认模型进一步深入探索社交媒体使用发展期内老年用户持续使用行为形成机制。

5.2.1 引言及问题的提出

中国已成为老龄化速度最快的国家之一。据国家统计局数据估计,2050年,中国60周岁及以上老年人口将达到4.87亿,占总人口的34.9%[274]。人口结构的变化将对移动互联网的用户结构产生重大影响。2012年至2017年,中国移动互联网用户数量增长了79%。值得注意的是,老年用户的增长率是移动互联网整体用户增长率的1.6倍[275]。在社交媒体用户增长缓慢的背景下[276]，老年用户已经成为社交网站保持持续竞争力不可忽视的新增长点。特别是随着老龄化进程的加快，这一趋势将日益加深。面对潜力巨大的老年用户市场，一些互联网公司为老年人设计了专门的软件。例如，阿里巴巴高薪聘请60周岁及以上的淘宝老年用户研究员，目的是从老年用户的视角深入体验产品，发现问题，帮助产品顺利进入老年用户市场。

虽然越来越多的老年人开始使用社交媒体服务，但目前仍存在许多问题，阻碍老年人继续使用，如界面不一致、语言不清晰、信息不正确等[14,18]。其中一些问题，如缺乏个人相关性或在线好友，则可能会导致老年用户放弃使用移动社交媒体[15]。对于社交媒体管理者来说，若想保持竞争优势，就需要扩大用户基础和留住用户[276]。对于服务提供商来说，仅获得用户是不够的，因为各种社交媒体产品之间存在着激烈的竞争。越来越多针对老年用户的社交媒体产品不断涌现，如糖豆、老友直播等。老年用户可以轻松地从一个社交媒体产品切换到另一个社交媒体产品，且切换成本较低。根据 Reichheld 和 Schefter[277]的研究，开发新客户的成本是留住老客户的五倍。社交媒体提供商投入了大量资金和资源进入老年市场。如果老年用户在初次使用后放弃，则将遭受巨大损失。因此，有必要探讨影响老年用户持续使用社交媒体的因素。

现有大多数社交媒体使用行为研究主要针对年轻人[278-280]，少数信息系统研究人员从动机理论[15,16,18,281]、社会资本理论[35]、社会情感选择理论[282]、UTAUT[14]、创新扩散理论、使用与满足理论以及媒体丰富性理论[19,27]和依恋理论[31-33]对老年用户社交媒体使用行为进行了研究。但已有的研究大多集中于采纳阶段，主要解释了老年人使用社交媒体的动机，很少有研究关注采纳后阶段，探讨老年用户持续使用行为形成的"认知—情感"过程。此外，有关哪些认知和情感因素对老年用户的社交媒体持续使用行为有较强或较弱的关联尚不明晰。这些研究空白可能会妨碍我们全面理解老年用户的社交媒体持续使用行为。人类行为的意愿受认知和情感的双重影响，已有研究表明，消费者的 IT 服务持续使用意愿是由认知与情感因素共同决定的[283]。因此，本研究将进一步探索老年人持续使用社交媒体意向形成的"认知—情感"路径。

鉴于社交媒体的信息系统特性，本研究采用 Bhattacherjee[284]提出的信息系统持续使用期望确认模型（expectation-confirmation model of information system continuance，简称ECM-ISC）作为参考框架。选择 ECM-ISC 的原因如下：该模型专门用来解释和预测技术的持续性，ECM-ISC 通过包含使用后变量（如满意度、期望确认度等）来解释采纳后使用中断的异常现象。大量研究表明，ECM-ISC 具有很强的鲁棒性，能够解释用户在各种环境下的持续使用行为，如即时通信、智能手机银行、移动购物应用、媒体系统、移动支付服务等[285-289]。我们选择 ECM-ISC 解释老年用户社交媒体持续使用行为的另一个原因是它揭示了信息系统（IS）持续使用的"认知—情感"过程[283]。因此，ECM-ISC 模型与我们的研究目的具有很强的理论契合性，有助于探索老年用户社交媒体持续使用意向的"认知—情感"过程。

尽管许多高水平的研究证明 ECM-ISC 对解释信息系统持续使用行为具有很强的鲁棒性[290]，但该模型仍存在一定局限性。为了提高 ECM-ISC 在特定研究背景下的预测能力，应进一步扩展和修改[291,292]。因此，基于老年用户使用社交媒体的特点，除了 ECM-ISC 中的原有变量外,本研究将加入感知易用性和情感依恋以扩展模型中的认知与情感因素。同时,还将解释感知易用性的影响因素和情感依恋的形成路径。

总之,本研究旨在回答以下问题:①感知有用性、预期确认度、感知易用性这些认知因素,以及满意度、依恋这些情感因素是如何共同影响持续使用意向的?认知因素和情感因素之间的内在关系是什么?②哪些认知和情感因素与老年用户社交媒体持续使用意向有更强的相关性?③对于满意度和情感依恋这两个不同的情感变量,它们之间有什么关系?它们的形成路径有什么区别?

5.2.2 相关研究回顾及理论基础

5.2.2.1 老年用户社交媒体使用行为研究

随着社交媒体老年用户的快速增长,越来越多的信息系统学者开始关注这一现象。动机理论在现有研究中被广泛作为理论基础。Gu 等[15]研究了老年人采纳社交媒体服务的动机和障碍。其中动机主要包括沟通便利和社会联系。障碍主要包括负面社会影响、技术使用的生理和心理障碍。Jung 等[16]调查了老年人使用脸书的主要动机以及他们如何参与特定活动。Jung 等[18]对老年人使用和不使用脸书的主要原因进行了深入访谈。Kim 等[281]研究发现,内在和外在动机会影响流体验,进而影响老年人的主观幸福感和旅行产品购买意愿。此外,该研究还运用社会资本理论和社会情感选择理论对老年人使用 MSN 的心理和行为特征进行了分析。Chang 等[35]基于社会资本理论,发现共享愿景、社区认同和社会互动关系是影响老年人知识共享的重要因素。其发现知识分享对老年人生活意义具有积极影响。Rui 等[282]利用社会情感选择理论分析了中国情境下,如何采用老年用户微信使用特征预测该群体的心理幸福感和主观幸福感。

此外,UTAUT、创新扩散理论、使用与满足理论也被用于解释老年用户对社交媒体的采纳和持续使用行为。例如,Sawe 等[14]采用 UTAUT 来解释老年人对社交媒体产品的接受和采纳行为,主要影响因素包括感知隐私、安全和信任、提供和获取信息的倾向、社交媒体的内容。Yang 和 Lin[27]综合了使用与满足理论以及媒体丰富性理论来检验为什么老年人采纳无处不在的移动社交服务。Kim 等[19]综合了创新扩散理论以及使用与满足理论,解释了为什么老年人继续使用社交媒体。

已有研究采用依恋理论来解释老年人对社交媒体的持续使用行为。Kim 等[31]研究了外在动机(有用性)、内在动机(享受性)和易用性对依恋的影响,这些因素会进一步影响老年人为旅游使用移动设备的意愿。Kim 等[32]结合社会资本理论和依恋理论来考察老年人对社交网站的忠诚度。Kim 等[33]指出社会资本和利他主义影响老年人对社交网站的依恋,进而影响他们的重访意愿。从这些研究中,我们可以推断依恋是影响老年人行为的一个重要因素。

以上研究表明,信息系统学者从多个角度研究了老年人的社交媒体使用行为,例如动机理论、社会资本理论、社会情感选择理论、创新扩散理论、使用与满足理论、媒体丰富性理论以及依恋理论。然而,现有研究很少考察认知因素和情感因素对老年人社交媒体持续使用行为的共同影响。换句话说,老年人社交媒体持续使用行为形成的"认知—情感"过程仍然是一个"黑匣子"。

因此,本研究将在已有研究的基础上,做以下扩展:首先,不同于以往研究将关注的重点集中于采纳阶段[14,15,18,27],本研究将采用 ECM-ISC 将现有研究扩展至采纳后阶段。ECM-ISC 提供了一个有用的理论框架,能够进一步解释老年人持续使用行为形成的"认知—情感"过程。其次,基于 Kim 等[31-33]的研究,我们发现依恋是老年人持续使用社交媒体的重要影响因素。因此,本研究也将采用依恋理论作为理论基础。同时,本研究也进一步扩展了 Kim 等的研究[31-33]。一方面,通过整合 ECM-ISC 与依恋理论,我们可以更好地比较哪些认知和情感因素的影响更大。另一方面,我们从需求满足而非动机的角度解释了情感依恋的形成,以及满意度和依恋之间的关系。

5.2.2.2 信息系统持续使用期望确认模型

Bhattacherjee 在"期望—确认"理论的基础上提出了信息系统持续使用期望确认模型(ECM-ISC),旨在考察信息系统持续使用行为形成的认知与情感因素[284]。Bhattacherjee[284]认为 ECM-ISC 包含采纳后变量(如满意度、期望确认度等),故而能比技术接受模型(technology acceptance model,简称 TAM)更好地预测持续使用行为。TAM 则主要关注用户采纳信息产品的动机。然而,初始的采纳只是信息系统成功的开始,最终还要取决于信息系统的持续使用。ECM-ISC 提出满意度和感知有用性是用户持续使用意愿的显著正向预测因子。反过来,用户的满意度主要与信息系统使用后的期望确认度有关,其次与他们的感知有用性有关。用户的期望确认度正向影响用户的感知有用性。

自 ECM-ISC 模型提出后,各类基于 ECM-ISC 的信息系统持续使用研究不断涌现。同时,由于 ECM-ISC 是一个基础理论框架,为了增强 ECM-ISC 的解释力,学者们结合具体研究背景对模型进行了相应的扩展。如 Oghuma 等[285]在 ECM-ISC 的基础上扩充了感知服务质量和感知可用性两个变量来考察采纳后阶段影响用户持续使用即时通信服务的意愿。Susanto 等[286]在 ECM-ISC 的基础上整合了感知安全、隐私、信任和自我效能等变量,检验了用户持续使用智能手机银行的意愿。Carillo 等[289]在 ECM-ISC 的基础上加入个体媒体依赖变量来预测泛在媒体系统的持续使用意向。Sarkar 和 Khare[287]在 ECM-ISC 的基础上加入网络外部性、流量、口碑等变量来检验移动购物应用程序的持续使用意愿。Lim 等[288]将感知安全性和知识变量加入 ECM-ISC 中以检验用户的移动金融支付服务持续使用意向。

基于本书的研究背景,对 ECM-ISC 做进一步扩展,加入感知易用性、依恋、老年用户特征等变量,从而提高 ECM-ISC 对老年用户社交媒体持续使用行为的解释能力。

5.2.2.3 情感依恋理论

情感依恋是一个心理学概念,起源于英国心理学家鲍尔比对亲子关系的研究。在不同的人际关系情境中,如恋人[293]、友谊[294]和血缘[294]中都存在依恋关系。情感依恋是一个基于关系的概念,这一理论后被扩展至人际关系之外,例如,对占有物的依恋[295]、品牌依恋[296,297]、"消费者—零售商"依恋[298]、场所依恋[299]等。

近年来,信息系统依恋受到了研究者的关注。例如,Read 等[300]构建了基于技术接受模型和情感依恋理论的整合模型,对电子阅读器的采纳行为进行了研究。Choi[301]提出信息系统依恋影响用户的社区参与意愿。Kim 等[32]指出社会资本和群体依恋影响老年人对社交网站的忠诚度。

情感依恋具有强大的行为驱动力。信息系统产品依恋是口碑、社区参与和信息共享[301,302]等在线使用行为的关键驱动力。换句话说，如果一个用户依恋于某信息产品，他会投入更多的资源（例如时间和精力）来维持这种关系。

5.2.2.4　自我决定理论

自我决定理论(self-determination theory,简称 SDT)由美国心理学家 Deci 和 Ryan 提出[303]，其核心观点认为自主(autonomy)、关联(relatedness)、能力(competence)三类基本心理需求是人类固有并普遍存在的需求。自主、关联、能力需求的满足对个体的幸福、健康非常重要，是支持个体健康成长和发挥功能的营养。自主需求指个体可以按照自我意愿决定个体行为的需求；关联需求指个体需要来自周围环境或他人的关爱、支持等，希望获得归属感；能力需求指个体相信自己的学习能力或活动等能够达到某个水平，胜任某项活动。

自我决定理论认为自主需求、关联需求和能力需求是个体内部动机的重要组成部分，当这三种基本需求得到满足后，能够促进个体保持积极的心态，更为长久地完成各项功能，健康发展，产生积极的行为结果。反之，若这三类基础需求得不到满足，会降低个体的自主动机、工作绩效和幸福感，导致个体呈现出不健康或不理想的状态[304,305]。

已有研究表明，自我决定理论在解释自我需求满足对促进个体行为等领域具有较强的理论解释能力[306]。比如杨珊和蒋晓丽[307]基于自我决定理论，采用深度访谈和扎根理论发现传统媒体中的用户生成内容主要受到内部动机和外化动机的影响，同时也受兴趣、自我发展和实现动机的影响。李宇佳等[308]基于社会学习理论和自我决定理论构建了学术新媒体用户社会化阅读行为形成机理模型，分析了自主、关联、能力三种需求如何共同驱动知识社交行为的产生。Chiu[309]提出，通过发展混合学习环境下的数字支持行为以满足学生的自主、关联、能力需求有助于促进学生参与行为的发生。Botnaru 等[310]运用自我决定理论分析学习动机和课程学习行为，发现自主需求预测了更高水平的学习时间和最终课程成绩，以及更低水平的感知课程难度。

同时不同领域的研究表明，当自主、关联和能力需求得到满足时，将积极改善用户的行为结果，如对品牌、名人、综合度假村的依恋等。例如，Thomson[311]提出，如果一个品牌能够满足个人对自主性、关联性和能力的需求，就会促成强烈的品牌依恋。Jillapalli 和 Wilcox[312]表明，当教授能够满足学生的能力和关系需求时，学生会对教授形成更强的依恋。同时，这种依恋会影响学生的信任和满意度，并进一步影响学生对教授进行口碑宣传的意愿。Proksch 等[313]以及 Loroze 和 Braig[314]的两项研究都发现，能力需求满足是品牌依恋形成的重要预测因素。Ahn 和 Back[315]发现度假体验越能满足顾客的自主、关联和能力需求，顾客就越可能对其产生依恋。

本研究将基于自我决定理论具体研究老年用户在移动社交媒体环境下所形成的自主、关联、能力需求与移动社交媒体依恋形成的路径关系。

5.2.2.5　"认知—情感—意动"模型

"认知—情感—意动"(CAC)模型已被广泛用于解释态度的形成[316,317]。认知因素是指人们对态度对象的信念。认知的形成通常是基于对客体特征的客观评价和理解，情感因素

是在认知基础上形成的情感反应,而意动因素是在认知和情感因素基础上形成的一种行为
倾向。

在以往的研究中,CAC 模型被广泛应用于探索用户信息系统使用态度的相关研究中。
例如,基于 CAC 模型,Huang 等[318]探讨了中年人健康应用程序的使用态度。Fang 等[319]
在 CAC 模型的框架下,从交易和关系角度建立了一个完整的电子零售消费者忠诚度模型。
Lin 等[283]利用 CAC 模型来检验 IT 产品忠诚度的奉献与约束因素。

先前的研究表明,信息系统产品的持续使用意向会受到认知和情感因素的双重影
响[320-322]。因此,CAC 模型提供了一个理想的理论框架,本研究将应用 CAC 模型来探讨老
年人社交媒体持续使用意愿的形成路径。

5.2.3　研究模型及假设

5.2.3.1　老年用户移动社交媒体持续使用行为的"认知—情感—意动"模型

在"认知—情感—意动"模型框架下,我们将感知易用性、情感依恋和相关解释变量整
合到 ECM-ISC 中,并提出了研究模型。基于该整合模型,本研究将为老年用户社交媒体持
续使用意愿形成的"认知—情感"过程提供更加令人信服的解释,整合模型的构造过程
如下。

首先将感知易用性整合到认知因素中,感知易用性源于 Davis 建立的 TAM。在采纳后
阶段,提高操作熟练性对老年用户来说是一件不易的事情,一些老年人花了很多精力去学
习如何使用社交媒体,但很快他们就忘记了操作方法,老年用户在采纳后阶段仍会遇到许
多操作困难。如果老年用户觉得社交媒体易于使用,这将增强他们继续使用社交媒体的意
愿。因此,感知易用性是老年用户持续使用社交媒体的重要影响因素。由于在一些非正式
检验中,感知易用性与满意度的关系呈现出不一致的结果,因此 Bhattacherjee 在 ECM-ISC
中排除了感知易用性,但一些后续信息系统研究仍然表明感知易用性与满意度正相
关[289,323,324]。对于不同类别的用户,感知易用性与信息系统使用意图之间的关系是不同
的[325]。因此,本研究将感知易用性纳入整合模型中。

计算机焦虑和身体机能下降是老年用户的两个显著特征,这两类因素会影响用户对易
用性的感知。大多数老年人在中年甚至老年阶段时开始接触互联网。计算机焦虑是老年
人使用社交媒体产品时常见的心理障碍。而随着年龄的增长,老年人的记忆力、视力和身
体灵活性都会下降。身体机能的下降是老年用户和年轻用户之间的一个重要区别,这将影
响老年人的社交媒体使用。因此,本研究将分析计算机焦虑和身体功能下降对感知易用性
的影响。

满意度是 ECM-ISC 中唯一的情感变量,它与先前使用体验过程感知到的短暂情感相
关[326]。对于一些老年用户来说,社交媒体不仅是一个工具,更是一个情感沟通的渠道。一
些持续使用社交媒体的老年用户不仅活跃度较高,且黏性较高,社交媒体已成为他们生活
中不可或缺的一部分。而满意度不足以解释这一现象背后长期稳定的情感关联机制。

情感依恋理论作为解释亲密关系的最佳框架对于解释持久和稳定的情感关系具有较
高解释力[326],强烈的情感依恋常常会促使用户花费更多的时间和精力[297]。因此,情感依
恋将作为一个更持久、更稳定的情感变量被整合到模型的情感因素中,以弥补 ECM-ISC 中

的满意度解释力不足的缺陷。同时,本研究还将基于自我决定理论进一步分析情感依恋的形成路径。

本研究所构建的概念模型如图 5-2 所示。其中,认知因素包括期望确认度、感知有用性和感知易用性。情感因素包括满意度和情感依恋。意动因素可以用持续使用意向来解释。

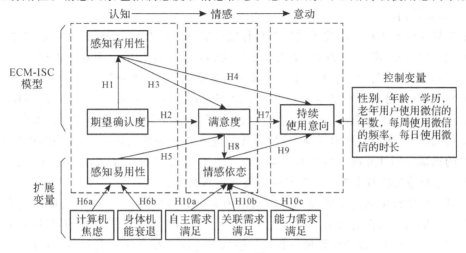

图 5-2　研究模型

5.2.3.2　认知阶段

(1)期望确认度

期望确认度指用户使用信息系统的预期与实际使用感受之间符合程度的感知[284]。根据认知失调理论,如果老年人在实际使用过程中,其采纳前的产品有用性期望未能得到确认,他们可能会产生心理紧张或认知的不和谐。用户会调整他们的有用性感知来弥补认知上的不一致。对于老年用户来说,他们在使用之前可能并没有清晰的有用性感知,当他们对社交媒体的好处和有用性不确定时,其期望可能会较低。后期随着使用体验的增加,当老年用户逐渐感知到社交媒体的好处时,其有用性感知会增强。一些研究指出,期望确认度与用户的感知有用性正相关,而期望不一致将会削弱用户的感知有用性[290]。

期望确认度指使用社交媒体的预期有用性或益处的实现程度,而预期不确认表示未能实现最初的预期。根据期望确认理论,期望确认度形成于实际使用过程,并与用户满意度正相关。大量研究表明,期望确认度是用户满意度重要且显著的决定因素[290,327]。因此,本研究假设:

H1:老年用户对社交媒体的期望确认度与他们对社交媒体的感知有用性正相关。

H2:老年用户对社交媒体的期望确认度与他们对社交媒体的满意度正相关。

(2)感知有用性

感知有用性是指系统可以帮助用户实现其目标的程度[328]。当老年用户发现信息系统有助于实现其目标时,会形成有用性感知并持续使用。社交媒体有助于老年用户的信息搜索和关系培养。如一些研究表明,老年用户使用社交媒体进行旅游信息的查询、口碑的传播以及健康知识的搜寻[32,329]。使用社交媒体对于独居或远离孩子居住的老年人来说,减少了地理空间障碍,提高了生活的独立性。已有研究表明,用户对社交媒体的满意度受到感

知有用性的积极影响[330]。在线服务网站的感知有用性与用户的持续使用意向正相关[319]。因此,本研究假设:

H3:老年用户对社交媒体的感知有用性与他们对社交媒体的满意度正相关。

H4:老年用户对社交媒体的感知有用性与他们的社交媒体持续使用意向正相关。

(3)感知易用性

感知易用性指用户对新技术使用难易程度的感知。已有研究表明,感知易用性与满意度正相关。如 Liao 等[323]发现,网络大学系统的感知易用性与用户满意度正相关。刘勃勃等[324]指出,感知易用性与用户使用互联网的满意度正相关。Carillo 等[289]发现,泛在媒体系统环境下,感知易用性水平与满意度水平之间存在正相关关系。现如今,大多数社交媒体的设计都忽略了老年人的需求和使用体验[331],如网页中使用的较小字或艺术字、不易辨识功能的按钮、层次不清晰的导航、难以操作的输入法和系统功能[20]。这些困难会影响老年用户的感知易用性并进一步影响其满意度。因此,根据已有研究,提出假设如下:

H5:感知易用性与老年用户社交媒体满意度正相关。

计算机焦虑被定义为个体使用计算机时的恐惧和不安感[332]。大量实证研究表明,计算机焦虑与感知易用性之间呈负相关关系[333,334]。计算机硬件与软件操作步骤复杂、缺乏计算机相关知识经验,以及计算机自我效能感低下等因素都会导致老年用户在操作计算机和使用相关软件时产生焦虑感。这种焦虑感会进一步影响老年人对社交媒体信息产品易用性的感知。因此,计算机焦虑已成为老年用户采纳和持续使用信息产品的主要障碍[334]。因此,本研究提出假设如下:

H6a:老年用户的计算机焦虑与社交媒体感知易用性负相关。

身体机能衰退指身体状况变差后导致的后果,表现为活动受限、日常活动需要更大的努力等。老年人身体状况变差会使他们感到不方便或不安,甚至无法使用新的信息产品[335]。如视力退化会影响老年人阅读网页上的文本内容或图像,肌肉退化和缓慢的神经传导速度导致他们较难灵活地操作鼠标,记忆力下降导致他们难以记清操作顺序。一般来说,老年用户身体机能的下降会为信息技术产品的使用带来更多的困难,这将降低老年用户对社交媒体使用易用性的感知。因此,本研究提出假设如下:

H6b:老年用户身体机能衰退与社交媒体感知易用性负相关。

5.2.3.3 情感阶段

(1)满意度

满意度是指用户在对产品或服务的"期望—确认"判断基础上产生的总体情绪状态。Ding 和 Chai[336]研究表明,积极情绪与持续使用意向正相关。满意是一种积极的情绪,与用户先前的期望相关。如果社交媒体的功能达到或超过他们之前的预期,老年人将感到满意。满意度对用户持续使用意向的积极影响已在不同的研究情境下得到了验证,如即时通信、博客、照片共享等应用[337-341]。满意的用户会更加忠诚,其产品使用率也会高于不满意的老年用户。因此,本研究提出假设如下:

H7:老年用户社交媒体满意度与持续使用意向正相关。

满意是一种直接、短暂的情感,情感依恋是一种稳定、持久的情感,二者相互依存。例如,在营销环境中,如果一开始品牌未能达到或超过用户满意度,用户使用品牌的意愿就会降低,用户与品牌之间建立更深层次关系的可能性也将降低。因此,满意度是品牌依恋形成的基石。同理,老年用户满意度越高,他们依恋社交媒体的可能性就越大。因此,本研究提出假设如下:

H8:老年用户社交媒体满意度与其对社交媒体的情感依恋正相关。

(2)情感依恋

情感依恋最重要的特征是强烈的动机和行为取向[342]。大量心理学研究已经证实了情感依恋与各种社会行为之间的关系[343]。在母婴依恋领域,已经发现了四种与情感依恋相关的独特行为:接近寻求,安全基本行为,避风港与分离痛苦。在市场营销领域,已有研究表明,对产品产生情感依恋的消费者,他们更有可能投入更多的时间和精力,形成更高层次的忠诚行为,如口碑传播、溢价购买等[297,344]。在信息系统环境中,一些研究人员发现用户对大型在线社区网站的情感依恋程度越高,其网站的保留率和参与率就会越高[345,346]。因此,本研究假设,老年用户对社交媒体的依恋会正向影响其持续使用意向:

H9:老年用户对社交媒体的情感依恋与其社交媒体持续使用意向正相关。

(3)需求满足与情感依恋

来自社交媒体的自主需求满足是指在使用社交媒体时,有权自主选择、自主管理的满足情绪状态。通过社交媒体可以在以下方面满足自主需求:作为 Web 2.0 的典型应用,社交媒体提供了多种功能,允许参与者自由选择和交流[5]。一方面,可以从社交媒体访问内容,而不受时间和空间的限制。社交媒体还允许老年用户自由选择分享什么以及如何展示自己(如阅读、聆听、公开日志和个人状态等)。另一方面,在社交媒体上,老年用户可以自由表达自己的观点,参与反映真实自我的行为,而不受现实社会中其他人影响的约束。这给人们带来了一种更明显的感觉,即他们在使用社交媒体时是可以自主选择和自治的,这满足了自主性的需要。现有研究表明,自主需求的满足是依恋的一个重要积极指标[303,311,315,347]。因此,基于现有研究,我们建议社交媒体的功能使老年用户体验到自主需求满足,这有助于形成对社交媒体的依恋:

H10a:老年用户从社交媒体中获得的自主需求满足感越强,越容易形成对社交媒体的情感依恋。

来自社交媒体的关联需求满足是指在使用社交媒体时被关心或避免感到孤立的情感实现状态。社交媒体可以在以下几个方面满足亲情需求:其一,社交媒体提供了与家人和朋友沟通的良好渠道,特别是对于行动不便的老年用户[3],这有助于获得情感支持和亲密体验。其二,社交媒体提供了丰富多样的信息,不仅帮助老年用户更多地了解外部世界,而且增加了老年用户的生活乐趣,减少了他们的孤独感。其三,社交媒体还可以根据老年用户的浏览历史进行个性化推荐,一些社交媒体平台甚至在特殊节日发送祝福,让老年用户感觉社交媒体知道自己想要什么,因此感觉亲近。一般来说,社交媒体有助于减少抑郁、社会孤立和获得被照顾的感觉[348],这将给老年用户带来关联需求满足感。先前的研究表明,关联需求满足与情感依恋正相关[303,311,312,315,347]。因此,基于先前的研究,我们提出社交媒体的功能可以让老年人体验关联需求的满足,这有利于社交媒体依恋的形成:

H10b:老年用户从社交媒体中获得的关联需求满足感越强,越容易形成对社交媒体的
情感依恋。

来自社交媒体的能力需求满足是指在使用社交媒体时成就感或有效性的满足状态。
社交媒体可以在以下几个方面满足能力需求:首先,社交媒体中的虚拟社区为老年用户提
供了贡献的机会,当他们从事某些活动时,他们会获得展示他们才能的机会。一些资深用
户甚至成为意见领袖,这有助于带来成就感。其次,一些社交媒体提供了简单实用的工具,
如购票、获得医疗服务等,这极大地便利了老年用户的日常生活,尤其是那些活动能力下降
的老年用户[14]。这些工具的使用提高了处理日常事务的有效性。社交媒体使用过程中所
获得的成就感和有效性有助于满足老年用户的能力需求。已有研究表明,能力需求的满足
与情感依恋有着积极的关系[303,311,312,315,347]。因此,在现有研究的基础上,我们提出社交媒
体的一些功能有助于老年用户体验到能力需求满足,进而形成对社交媒体的情感依恋:

H10c:老年用户从社交媒体中获得的能力需求满足感越强,越容易形成对社交媒体的
情感依恋。

5.2.3.4　情感因素的中介作用

(1)满意度的一般中介作用

根据期望确认模型,期望确认度和感知有用性通过满意度间接影响信息系统的持续使
用意向[284]。消费者会预测产品或服务的效用,当实际效用达到或超过预期时,消费者就会
感到满意并持续使用该产品或服务。相反,当实际效用不能达到用户的期望时,消费者的
满意度就会下降,甚至可能放弃使用该产品或服务[349]。Ooi 等[350]还发现,移动社交学习环
境下,用户的感知易用性和感知有用性与其满意度呈正相关关系,进而促进持续使用行为。
因此,基于先前的研究,我们假设感知有用性、感知易用性和期望确认度通过满意度间接影
响老年人的社交媒体持续使用意向:

H11a:满意度在感知有用性与持续使用意向之间具有中介作用。

H11b:满意度在期望确认度与持续使用意向之间具有中介作用。

H11c:满意度在感知易用性与持续使用意向之间具有中介作用。

(2)满意度和情感依恋的多重中介作用

认知和情感因素都会影响 IT 用户的持续使用意向[283],并遵循"认知—情感—意动"的
顺序,逐步发展且相互影响[283]。其中,认知是用户情感的重要预测因子,它将进一步与用
户的持续使用意向相关联。先前的研究表明,期望确认度、感知有用性和感知易用性与满
意度正相关[289,290,324,327,329]。同时,通过情感依恋,满意度与持续使用意向正相关[350,351]。因
此,我们假设期望确认度、感知易用性和感知有用性与满意度正相关,满意度将进一步通过
情感依恋影响持续使用意向:

H12a:在期望确认度与持续使用意向之间,满意度与情感依恋具有多重中介效应。

H12b:在感知易用性与持续使用意向之间,满意度与情感依恋具有多重中介效应。

H12c:在感知有用性与持续使用意向之间,满意度与情感依恋具有多重中介效应。

基于上述假设,本研究提出了概念模型,如图5-2所示。该模型考察了影响老年用户社
交媒体持续使用意向的关键因素。同时,根据之前的研究,社交媒体用户的持续使用意向
可能会受到人口等因素的影响[352]。本研究将性别、年龄和受教育程度,以及老年用户使用

微信的年限、每周使用微信的频率和每天的使用时长等因素作为影响持续使用意愿的控制变量,以充分考查影响持续使用意向形成的个体差异因素。

5.2.4 研究方法

5.2.4.1 变量测量

研究模型包括 11 个反映性构念,初始问卷包括 37 个项目。所有题项均采用多项知觉量表进行测量,且均改编自现有文献,这些量表经过预验证,具有较高的效度和信度。这些所引用量表的研究情境与本研究情境具有一定的相似性。同时,本研究还根据社交媒体老年用户的特点对其进行了修改。为确保一致性,所有题项首先由一名研究人员翻译成中文之后,再由另一位研究人员将其翻译成英语。

本研究采用 Bhattacherjee[284] 的问卷用于测量期望确认度、满意度和持续使用意向。其中,期望确认度和满意度均采用三个题项进行测量,持续使用意向采用四个题项测量。三个感知有用性题项改编自 Bhattacherjee[284] 与李武和赵星[353] 的问卷。感知易用性、计算机焦虑和身体机能衰退的测量题项源自 Phang 等[335] 的问卷,每个构念均由三个题项构成。情感依恋的三个测量题项改编自 Kim 等[281] 的问卷。自主需求满意、关联需求满意和能力需求满意源自 Thomson[311] 与 Ahn 和 Back[315] 的问卷,每个变量均有三个测量项目。

在问卷开始部分,解释了调查的目的和意义、填写问卷的方法和要求、问卷的匿名性和保密性以及调查单位。问卷正文分为两部分。第一部分包括受访者的人口统计问题和微信使用体验。第二部分为正式的调查题项。题项使用 7 点李克特量表测量每个项目的得分,范围从 1 到 7(1="强烈不同意",7="强烈同意")。

为了确保题项内容的有效性,邀请了三位来自社交媒体领域和老年用户信息系统使用行为研究领域的教授,来评估问卷是否适合测量老年用户的社交媒体使用行为。同时检查是否需要添加、删除或改写某些测量项目。然后,邀请了 20 名 60 岁及以上的社交媒体老年用户填写修订后的预测试问卷。根据他们的反馈,修改了其中的几个题项,以确保每个测量题项的可理解性和内部一致性。如为了避免意义重叠,删除了持续使用意向中的一个题项:"我打算在未来很长一段时间内使用社交媒体。"对 些含义模棱两可的题项进行了修改,如身体机能下降、自主需求满足、能力需求满足等,以确保题项的可理解性和清晰性。除问卷开始部分提供的描述性人口统计信息和微信使用经验外,问卷主体部分共包含 36 个题项。表 5-5 中列出了调查使用的最终测量项目。

表 5-5 测量题项

变量	题项	来源
期望确认度	我使用微信的实际体验比我预期的要好 微信的服务水平比我想象的要好 总的来说,我对微信的大部分期望都得到了确认	Bhattacherjee[284]
满意度	您对微信使用的整体体验有何看法 非常不满意/非常满意 非常不高兴/非常高兴 非常沮丧/非常满足	Bhattacherjee[284]

续表

变量	题项	来源
持续使用意向	我打算以后继续使用微信 我打算将来增加微信的使用频率 我会像现在一样经常使用微信	Bhattacherjee[284]
感知有用性	我发现微信在我的日常生活中很有用 使用微信能帮助我更方便地获取信息 微信在联系朋友方面很有用	Bhattacherjee[284];李武和赵星[353]
感知易用性	学习使用微信很轻松 微信服务使用起来很容易 使用微信并不困难	Phang[335]
计算机焦虑	使用电脑等信息技术产品使我感到紧张 使用电脑等信息技术产品让我不舒服 当我想到使用电脑等信息技术产品时,我会很担心	Phang[335]
身体机能下降	目前我的身体状况需要付出更多的努力来完成日常活动 目前我的身体状况只能完成有限的日常活动 我的身体状况导致我完成日常活动有困难	Phang[335]
情感依恋	使用微信是我生活的一部分 我对使用微信有依赖 使用微信对我来说很重要	Kim 等[281]
自主需求满足	使用微信时可以让我随心所欲地做自己 微信让我在某些方面感到有压力(反向编码) 微信让我感觉受到控制(反向编码)	Thomson[311];Ahn 和 Back[315]
关联需求满足	使用微信让我感到被他人关心 使用微信给我带来了亲近感 我觉得自己和微信在情感上有所关联	Thomson[311];Ahn 和 Back[315]
能力需求满足	使用微信让我觉得提高了能力 使用微信让我觉得自己不称职或无能(反向编码) 使用微信让我觉得提高了效率	Thomson[311];Ahn 和 Back[315]

5.2.4.2 样本设计

在中国,微信是最受老年人欢迎的社交软件。截至 2019 年第一季度,微信活跃用户达到 11 亿,55—70 岁的老年用户超过 6100 万。与 QQ、微博等早期社交媒体产品相比,老年用户更喜欢使用微信[354]。由于良好的用户体验和可操作性,一些没有计算机知识或对网络一无所知的老年用户也可以操作它。一些老年用户便是通过微信开始上网和使用手机[354]。根据《吾老之域:老年人微信生活与家庭微信反哺》报告[355],老年用户平均每天使用微信的时长为 1.37 小时,仅比年轻用户少 0.49 小时。对于大多数老年用户来说,微信已成为他们日常生活中不可或缺的一部分。通过微信与朋友聊天、阅读和分享信息已经成为一种生活常态。在中国,微信老年用户是社交媒体老年用户中最典型的代表。同时,微信老年用户的持续使用率较高。因此,本研究将以微信老年用户作为研究对象。

在不同的研究中,老年用户的定义方式不同,例如,Kim[19]将老年用户的年龄界定为 50 周岁或以上,Kim 等[31]将老年用户的年龄界定为 55 周岁或以上,Jung 和 Sundar[16]将老年用户的年龄界定为 60 周岁或以上。根据《中华人民共和国老年人权益保障法》,60 周岁以上的人可以被划为老年人。考虑到本书的研究背景,将老年人的年龄界定为 60 周岁及以上。

通过 Gpower 3.1 计算得出,本研究所需的总样本量为 218 份。为了有效地收集样本,采用了专业的问卷调查平台(问卷星),使用配额抽样的方法收集数据。首先,我们发布了调查问卷。从问卷星的面板数据库中随机抽取 420 名 60 周岁及以上的微信老年用户。然后,通过数据库中保留的选定受访者的微信账号,我们联系了这些被调查对象并将问卷转发给他们。同时,我们解释了调查的目的和回答问题的方法。被选中的受访者还被问及微信使用体验,如果参与者没有持续使用微信,则不会进行后续调查。在填写问卷的过程中,如果受访者遗漏了一些问题,当他们点击下一页时,系统会自动跳转到未回答的问题,并以红色字提示受访者。直到完成当前页上的所有问题,受访者才可以跳到下一页。如果有未回答的问题,问卷将无法成功提交。回答完所有的问题后,会出现一个抽奖页面。完成问卷的参与者将随机挑选一些奖品,如 20 元话费、小米运动手环等。如果问卷完成得太快或者重复模式明显,系统会识别出来并退出。最后,共获得 374 份有效问卷。样本的基本信息如表 5-6 所示。

表 5-6　样本基本信息

变量	类别	人数
性别	男	195
	女	179
受教育程度	小学或以下	59
	初中	139
	高中	108
	大学	68
年龄	60—65 周岁	231
	66—70 周岁	87
	71—80 周岁	56
使用微信的年数	年数<1	94
	1≤年数<2	175
	2≤年数<3	74
	年数≥3	31

续表

变量	类别	人数
每周使用微信的频率	每天都使用	217
	4—6 次	84
	1—3 次	73
每天使用微信的时长	≤30 分钟	124
	30 分钟至 1 小时	198
	1 小时(含)至 2 小时	44
	≥2 小时	8

5.2.4.3 统计分析

进行了两次检验 CMV(共同方法变异)。首先,我们进行了 Harman 单因素检验,分析结果表明,由单个因素解释的最大方差为 12.73%,这说明大多数差异并不能用任何一个单因素本身来解释。其次,当所有项目都被建模为一个因素的指标时,模型拟合效果不佳。例如,GFI 为 0.541(<0.9),RMSEA 为 0.145(>0.08)。因此,基于以上测试,可以表明本研究不会受到 CMV 的影响。

5.2.5 数据分析

采用 SPSS 22.0 和 AMOS 24.0 进行结构方程模型(SEM)分析。SEM 采用两步分析法:首先,通过验证性因子分析(CFA)检验测量模型的有效性和可靠性。其次,检验结构模型的研究假设和模型拟合性。

5.2.5.1 测量模型

(1)效度评估

通过 CFA 检验收敛效度和区分效度以评估测量模型的效度。如表 5-7 所示,所有项目的标准化路径载荷均大于 0.7。每个变量的平均方差提取值(average variance extraction,简称 AVE)均大于 0.5,每个变量的建构信度(composite reliability,简称 CR)均大于 0.7。因此,收敛效度良好[356]。通过比较 AVE 的平方根和相关系数[357]来评估区分效度。如表5-8 所示,对角线为 AVE 平方根,明显高于相关系数,因此区分效度得到验证。

表 5-7 标准化路径系数、Cronbach's alpha(CA)、CR、AVE

变量	题项	标准化路径系数	CA	CR	AVE
期望确认度(confirmation of expectations,简称 CE)	CE1	0.732	0.814	0.834	0.626
	CE2	0.824			
	CE3	0.815			

续表

变量	题项	标准化路径系数	CA	CR	AVE
满意（satisfaction，简称 SA）	SA1	0.846	0.795	0.876	0.703
	SA2	0.792			
	SA3	0.875			
持续使用意向（continuance intention，简称 CI）	CI1	0.845	0.854	0.857	0.668
	CI2	0.861			
	CI3	0.741			
感知有用性（perceived usefulness，简称 PU）	PU1	0.946	0.792	0.889	0.728
	PU2	0.842			
	PU3	0.762			
感知易用性（perceived ease of use，简称 PEU）	PEU1	0.843	0.864	0.854	0.662
	PEU2	0.742			
	PEU3	0.852			
计算机焦虑（computer anxiety，简称 CA）	CA1	0.916	0.741	0.926	0.807
	CA2	0.841			
	CA3	0.935			
身体机能下降（effect of declining physiological conditions，简称 EDPC）	EDPC1	0.847	0.762	0.822	0.608
	EDPC2	0.741			
	EDPC3	0.746			
情感依恋（emotional attachment，简称 EA）	EA1	0.837	0.894	0.885	0.719
	EA2	0.844			
	EA3	0.862			
自主需求满足（autonomy need satisfaciton，简称 ANS）	ANS1	0.691	0.810	0.781	0.545
	ANS2	0.706			
	ANS3	0.811			
关联需求满足（relatedness need satisfaction，简称 RNS）	RNS1	0.728	0.792	0.831	0.622
	RNS2	0.812			
	RNS3	0.823			
能力需求满足（competence need satisfaction，简称 CNS）	CNS1	0.786	0.756	0.854	0.661
	CNS2	0.854			
	CNS3	0.798			

表 5-8　区分效度检验结果

	CE	SA	CI	PU	PEU	CA	EDPC	EA	ANS	RNS	CNS
CE	0.791										
SA	0.514	0.838									
CI	0.125	0.546	0.817								
PU	0.165	0.412	0.465	0.853							
PEU	0.365	0.358	0.469	0.269	0.814						
CA	0.452	0.214	−0.146	0.456	0.486	0.898					
EDPC	0.214	−0.165	0.147	−0.214	−0.156	0.351	0.780				
EA	0.512	−0.147	0.416	0.365	0.249	0.349	0.549	0.848			
ANS	0.328	0.289	0.259	−0.264	0.278	−0.165	−0.246	0.548	0.738		
RNS	0.249	0.254	0.451	−0.214	0.418	0.249	0.346	−0.115	0.459	0.789	
CNS	−0.175	0.179	0.264	0.165	0.321	0.218	0.249	0.214	−0.26	−0.216	0.813

（2）信度评估

使用 Cronbach's alpha、建构信度和 AVE 来评估信度。如表 5-7 所示，这些统计量的值明显大于最小标准值，因此表明具有良好的信度。

5.2.5.2　结构模型

结构模型拟合指数的实际结果和推荐值见表 5-9。根据以往研究的推荐值[358-360]，所有拟合指数均在推荐值范围内，因此，模型拟合指数可以接受。

表 5-9　研究模型的总体模型指数和推荐的拟合指数

拟合指数	χ^2/df	GFI	AGFI	CFI	NFI	NNFI	RMSEA
推荐值	<3	>0.9	>0.8	>0.9	>0.9	>0.9	<0.08
实际值	2.21	0.915	0.826	0.932	0.942	0.936	0.034

注：$\chi^2=1067.43$，$df=483$，$P<0.01$。

（1）主效应分析

标准化路径系数及相应的显著性如图 5-3 所示。除 H6b 和 H10a 外，所有假设均得到数据支持。期望确认度分别与感知有用性（$\beta=0.42$，$P<0.01$）和满意度（$\beta=0.46$，$P<0.01$）正相关，因此 H1 和 H2 成立。感知有用性与满意度（$\beta=0.31$，$P<0.01$）和持续使用意向（$\beta=0.22$，$P<0.01$）正相关，因此 H3 和 H4 成立。感知易用性与满意度正相关（$\beta=0.31$，$P<0.01$），H5 成立。同时，计算机焦虑（$\beta=-0.32$，$P<0.01$）与感知易用性负相关，从而证实了 H6a。满意度与持续使用意向（$\beta=0.23$，$P<0.01$）和情感依恋（$\beta=0.15$，$P<0.01$）正相关，因此 H7 和 H8 成立。情感依恋（$\beta=0.47$，$P<0.01$）与持续使用意向正相关，H9 成立。最后，关联需求满足（$\beta=0.35$，$P<0.01$）、能力需求满足（$\beta=0.26$，$P<0.05$）与情感依恋正相关，H10b 和 H10c 成立。

　　所有的控制变量，如年龄（$\beta=-0.02, P>0.1$），性别（$\beta=0.03, P>0.1$），受教育程度（$\beta=0.01, P>0.1$），老年人使用微信的年限（$\beta=0.01, P>0.1$），每周使用微信的频率（$\beta=-0.01, P>0.1$）和每天的使用时长（$\beta=-0.02, P>0.1$），作用不显著。

　　图5-3标明了研究变量的R^2值以及假设路径系数。其中期望确认度解释了感知有用性43％的方差（$R^2=0.43$）。计算机焦虑解释了感知易用性54％的方差（$R^2=0.54$）。感知有用性、期望确认度和感知易用性解释了满意度62％的方差（$R^2=0.62$）。关联需求满足和能力需求满足解释了情感依恋63％的方差（$R^2=0.63$）。感知有用性、满意度和情感依恋解释了持续使用意向68％的方差（$R^2=0.68$）。

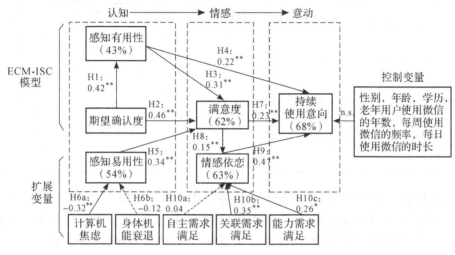

图5-3　结构模型（ $*, P<0.05$ ；$**, P<0.01$ ；$***, P<0.001$ ）

　　（2）中介效应分析

　　根据Nitzl等[361]和Gong等[362]的研究，我们进行了两步bootstrapped置信区间（CI）中介效应检验。

　　第一步，检验间接效应的显著性。如果间接效应95％的置信区间不包括零，则可以认为间接效应是显著的。因此，如表5-10所示，一般中介效应和多重中介效应95％的置信区间不包括零，因此，这六条间接效应均显著，H11a、b、c和H12a、b、c假设成立。

　　如表5-10所示：（1）路径a_{1-n}（即$a_1, a_2, a_3, \cdots, a_n$）是指从自变量到第一个中介变量的路径。（2）路径$a_{1-n'}$（即$a_{1'}, a_{2'}, a_{3'}, \cdots, a_{n'}$）是指从第一个中介变量到第二个中介变量的路径。（3）路径b_{1-n}（即$b_1, b_2, b_3, \cdots, b_n$）是指从最后一个中介变量到因变量的路径。（4）对于一般中介效应H11a、b、c，其间接效应的计算方法为$a_{1-n}b_{1-n}$（即$a_1 \times b_1, a_2 \times b_2, a_3 \times b_3$）[361]，例如H11a＝0.31×0.23；对于多重中介效应H12a、b、c，其间接效应的计算方法为$a_{4-n}a_{1-n'}b_{4-n}$（即$a_4 \times a_{1'} \times b_4, a_5 \times a_{2'} \times b_5, a_6 \times a_{3'} \times b_6$）[361]，H12a＝0.31×0.15×0.47。H11a、b、c和H12a、b、c的间接效应值如表5-10所示。

　　第二步，确定直接效应与中介效应的显著性。对于一般中介效应，直接效应c_{1-n}（即c_1、c_2、c_3）指同时考虑路径a_{1-n}和路径b_{1-n}时从自变量到因变量的直接路径。对于多重中介关系，直接效应c_{4-n}（即c_2、c_4、c_6）是同时考虑路径a_{4-n}、路径a_{1-n}和路径b_{4-n}时从自变量到因变量的直接路径。同样，如果95％置信区间不包括零，则可以认为直接影响是显著的。因此，如表 5-10 所示，直接效应 c_1 和 c_4 是显著的，c_2、c_3、c_5、c_6 不显著。

表 5-10   中介效应测试

一般中介效应	间接效应(ab)		直接效应(c)		中介效应类型
	95% CIs	显著性	95% CIs	显著性	
H11a：PU(a_1)→SA(b_1)→CI(c_1)	[0.058, 0.196]	Yes	[0.069, 0.198]	Yes	Partial
H11b：CE(a_2)→SA(b_2)→CI(c_2)	[0.083, 0.215]	Yes	[−0.07, 0.34]	No	Full
H11c：PEU(a_3)→SA(b_3)→CI(c_3)	[0.060, 0.194]	Yes	[−0.02, 0,15]	No	Full

多重中介效应	间接效应($a\,a'b$)		直接效应(c)		中介效应类型
	95% CIs	显著性	95% CIs	显著性	
H12a：PU(a_4)→SA($a_1{}'$)→EA(b_4)→CI(c_4)	[0.034, 0.145]	Yes	[0.036, 0.153]	Yes	Partial
H12b：CE(a_5)→SA($a_2{}'$)→EA(b_5)→CI(c_5)	[0.043, 0.156]	Yes	[−0.04, 0.35]	No	Full
H12c：PEU(a_6)→SA($a_3{}'$)→EA(b_6)→CI(c_6)	[0.037, 0.113]	Yes	[−0.05, 0.31]	No	Full

如果间接效应和直接效应都显著，则存在部分中介作用。如果间接效应显著而直接效应不显著，则存在完全中介作用[361,362]。因此，研究结果表明，满意度部分和完全中介了感知有用性、感知易用性、期望确认度对持续使用意向的影响。满意度和情感依恋共同部分和完全中介了感知有用性、感知易用性、期望确认度对持续使用意向的影响。

（3）总效应分析

依据 Gong 等的研究[362]，我们对所有认知因素和情感因素对持续使用意向的总效应进行了检验。直接效应是指从自变量到因变量的直接路径，不考虑中介路径。间接效应是自变量和因变量之间的总间接效应。例如，感知有用性和持续使用意向之间的间接效应＝"PU→SA→CI"的间接效应值＋"PU→SA→EA→CI"的间接效应值＝0.31×0.23＋0.31×0.15×0.47；期望确认度与持续使用意向之间的间接效应＝"CE→SA→CI"的间接效应值＋"CE→PU→CI"的间接效应值＋"CE→PU→SA→CI"的间接效应值＋"CE→SA→EA→CI"的间接效应值＋"CE→PU→SA→EA→CI"的间接效应值＝0.46×0.23＋0.42×0.22＋0.42×0.31×0.23＋0.46×0.15×0.47＋0.42×0.31×0.15×0.47；总效应等于直接效应加上间接效应。

表 5-11   间接效应

	间接效应假设	间接效应值	支持与否
一般中介效应	H11a：PU→SA→CI	0.07**	Yes
	H11b：CE→SA→CI	0.11**	Yes
	H11c：PEU→SA→CI	0.08**	Yes

续表

	间接效应假设	间接效应值	支持与否
多重中介效应	H12a:PU→SA→EA→CI	0.02**	Yes
	H12b:CE→SA→EA→CI	0.03**	Yes
	H12c:PEU→SA→EA→CI	0.02**	Yes

注:*,$P<0.05$;**,$P<0.01$;***,$P<0.001$。

结果如表5-12所示,模型中影响持续使用意向的因素,从大到小依次是情感依恋、感知有用性、满意度、期望确认度、感知易用性。

表5-12 直接效应、间接效应与总效应

自变量	因变量	直接效应	间接效应	总效应
情感依恋(EA)	持续使用意向(CI)	0.47**	—	0.47**
感知有用性(PU)	持续使用意向(CI)	0.22**	0.09**	0.31**
满意度(SA)	持续使用意向(CI)	0.23**	0.07**	0.30**
期望确认度(CE)	持续使用意向(CI)	—	0.27**	0.27**
感知易用性(PEU)	持续使用意向(CI)	—	0.10**	0.10**

注:*,$P<0.05$;**,$P<0.01$;***,$P<0.001$。

5.2.6 讨 论

基于上文的统计分析结果,本部分将具体探讨老年用户社交媒体持续使用意向形成过程中认知与情感因素的内在关系。

第一,认知因素与情感因素分析。如图5-3所示,大多数直接效应假设得到了数据支持。从认知阶段到情感阶段:H2、H3和H5分别反映了认知因素和情感因素之间的直接关系。期望确认度与满意度正相关,表明期望确认度越高,满意度越高。这与Oghuma等[285]的研究发现一致。感知有用性与满意度正相关,意味着提高社交媒体的实用价值有助于提高老年用户的产品满意度。与Carillo等[289]的发现一致,感知易用性与满意度正相关,说明感知易用性在不同年龄组的实证研究中存在不同的研究结论[325],在考虑老年用户这一类特殊用户群时,感知易用性仍然是一个重要因素。此外,H6a得到支持,计算机焦虑与感知易用性负相关,说明当老年用户产生计算机焦虑时,他们会认为社交媒体产品很难操作。这一发现意味着消极情绪会对信息产品的易用性产生负面影响。

从情感阶段到意动阶段:H7和H9假设成立。这两条路径反映了情感因素与意动因素之间的直接关系。满意度、情感依恋与持续使用意向之间直接正相关,这与Ding[338]、Ren等[345]和Jin等[346]的研究结果一致。该结果表明满意度和情感依恋作为一种正向的情感,对忠诚度的形成至关重要。

同时,H4也得到了支持,该路径反映了认知因素与意动因素之间的关系。感知有用性和持续使用意向之间的直接关系得到支持,这说明当老年用户认为他们所使用的社交媒体产品有用时,他们将更愿意持续使用该产品。H1得到了支持,说明期望确认度与感知有用性之间直接正相关。这表明老年用户对社交媒体有用性的认知会受到期望确认度的正向影响。

第二,如表5-11所示,所有间接路径都得到了数据支持。认知因素与情感因素之间的间接关系反映了老年人社交媒体持续使用意向的"认知—情感—意动"形成路径。认知因素和情感因素之间的间接关系分析如下。

H11a、b、c假设成立,这意味着所有认知因素包括感知有用性、期望确认度和感知易用性,会通过满意度间接影响持续使用意向。满意度在其中作为中介变量发挥着重要的传导作用。这些结果表明,老年用户在使用社交媒体后会形成一定认知,其中包括产品的感知有用性、期望确认度和感知易用性,在此基础上会进一步形成好或坏的情绪评价,即满意或不满意,进而影响其持续使用意向。

H12a、b、c被支持,这反映了满意度和情感依恋在三个认知因素与持续使用意向之间的中介作用。这些结果表明,在评估社交媒体使用感知有用性、期望确认度和感知易用性基础上形成的满意度与情感依恋正相关,并进一步形成了持续使用意向。满意度和情感依恋在这一过程中起着中介作用。这些结果反映了满意度和情感依恋之间情感的积累和传递,这与Lam和Shankar[351]以及Ooi等[350]的研究结果一致。同时,我们通过添加认知因素来扩展现有研究,以发现认知与情绪之间的连锁关系。

此外,在不同的认知因素与情感因素之间,满意度和情感依恋的中介效应具有差异性。满意度和情感依恋部分中介了感知有用性和持续使用意向之间的关系,这意味着感知有用性和持续使用意向之间的关系部分是通过满意度和情感依恋中介的。独立于满意度和情感依恋之外,感知有用性也部分解释了持续使用意向的形成。然而,满意度和情感依恋完全中介了感知易用性、期望确认度与持续使用意向之间的关系,这意味着感知易用性、期望确认度与持续使用意向之间的关系是完全在满意度和情感依恋的帮助下传递的。

如表5-12所示,认知与情感因素对持续使用意向的总影响效应从大到小依次为:情感依恋、感知有用性、满意度、期望确认度、感知易用性。在这些因素中,情感依恋起着最重要的作用。这一发现意味着情感依恋对持续使用意向的形成具有重要作用。这一结果与现有研究一致[31-33],该研究指出,在旅游情境下,情感依恋对用户持续使用社交媒体意愿的形成具有重要影响。此外,通过比较认知与情感因素的作用,我们又进一步扩展了该研究[31-33]。

结果还表明,满意度与情感依恋之间直接正相关,这表明短期的用户满意度与长期稳定的情感依恋之间存在正相关关系。这一结果揭示了情感依恋的形成路径。此外,关联需求满足和能力需求满足与情感依恋之间都存在正相关关系。特别是,关联需求满足对情感依恋的影响大于能力需求满足对情感依恋的影响。这表明,对关心或避免孤独感的需求是老年人依恋社交媒体产品的主要驱动力。这一结果与Leist[9]和Chang等[363]的研究一致。社交媒体可以帮助老年人有效地与外界联系而不受地点或时间影响。同时,社交媒体有效地缩小了代沟,帮助老年用户获取情感和道德支持。特别是对于那些身体不便的老年用户,提升了他们日常的沟通效率。

然而,H6b和H10a未得到支持。H6b不成立,表明身体机能的下降不是感知易用性的显著影响因素。其原因可能是，大多数社交媒体老年用户相对健康，心态也较为年轻，理解能力、视力、听力下降得并不明显。这些老年人可借助放大镜或其他辅助工具来克服身体功能障碍。因此，身体机能的下降不是影响感知易用性的重要因素。

同时，H10a 不成立，这意味着来自社交媒体的自主需求满足与情感依恋之间没有显著的关联性，可能是因为当前大多数互联网应用都能够给予用户足够的自由。换言之，老年用户在使用其他互联网产品时也可以满足其对自主的需求。因此，社交媒体所产生的自主需求满足未能达到让老年用户依恋的程度。

5.2.7　理论与实践启示

5.2.7.1　理论启示

第一，随着中老年用户数量的增加，保持老年用户的社交媒体持续使用行为对于提高社交媒体平台的竞争力具有重要意义。然而，目前绝大多数社交媒体持续使用研究主要针对年轻用户群体[278-280]。因此，本研究通过探索老年人社交媒体持续使用意向的形成，拓展了社交媒体使用研究。

第二，前人对老年用户社交媒体使用行为的研究主要基于动机理论[15,16,18,281]、社会资本理论[35]、社会情感选择理论[282]、UTAUT[14]、创新扩散理论、使用与满足理论以及媒体丰富性理论[19,27]。这些研究很少探讨采纳后阶段持续使用行为形成的"认知—情感—意动"过程。本节将研究范围扩展至持续使用阶段，揭示了老年人社交媒体持续使用意向形成的认知、情感因素内在交互机制，从而进一步拓展了现有研究。一方面，我们分别检验了"认知—情感"阶段、"情感—意动"阶段以及"认知—意动"阶段中的认知因素与情感因素的直接关系。另一方面，我们通过间接路径的检验展示了更为全面的"认知—情感—意动"关系形成路径。不同于以往研究只考虑满意度的一般中介效应[364-366]，本研究在模型中扩充了情感依恋变量，从而进一步丰富了情感阶段的研究。本研究通过探索满意度与情感依恋的多重中介效应，发现了短期情绪和长期稳定情绪在认知与意动之间的传递效应。同时，基于不同类型中介效应的检验，我们进一步考察了满意度与情感依恋在不同的认知和情感因素之间中介效应的差异性。

第三，已有研究表明情感依恋是影响老年用户使用社交媒体的一个重要因素[31-33]。本研究通过比较认知因素（感知有用性、期望确认度、感知易用性）和情感因素（满意度、情感依恋）对持续使用意向的影响，扩展了已有研究，并证实在所有的前因变量中，情感依恋与持续使用意向的关联性最强。这一结果解释了社交媒体和老年用户之间保持长期稳定情感联系的机制，弥补了 ECM-ISC 中满意度变量只能解释用户短期情绪状态的不足。这些研究证实了建立与社交媒体情感依恋联系的重要性，从而进一步扩展了已有的老年用户行为研究。

第四，本研究验证了两种不同情感因素的形成路径。对于情感依恋而言，其形成路径主要与关联需求满足和能力需求满足相关。对于满意度而言，其形成路径主要与期望确认度、感知易用性和感知有用性相关。由此可见，情感依恋的形成主要源于内在需求驱动，满意度的形成则主要受认知因素的影响。同时，本研究发现满意度与情感依恋显著正相关，这一结果证实了满意度与情感依恋之间的关系，并进一步解释了短期和长期情感因素之间的关系。

5.2.7.2 实践启示

从实践的角度来看,本节的研究结论说明社交媒体开发与运营人员应充分重视认知和情感这两类因素,以促进老年用户的持续使用。研究表明,持续使用意向的形成遵循"认知—情感—意动"路径,这意味着情感因素在其中起到了重要的传递作用。因此,除了提高产品的实用价值外,还需进一步加强产品与用户之间的情感联系。

首先,提高产品的感知有用性、期望确认度和感知易用性有助于提升用户满意度。社交媒体管理者应先了解老年用户对社交媒体产品的期望,根据该群体的特点优化产品性能(如使用更大的文字,突出显示最常用的项目),以提高他们对社交媒体的满意度。

本研究表明,感知有用性是一个重要因素。通过前期社交媒体老年用户的访谈发现,信息有用性和社交有用性是影响老年用户满意度和持续使用意向的两个重要因素,这意味着社交媒体管理者应从信息和社交两个角度进一步提高社交媒体的感知有用性。一方面,社交媒体运营人员可根据老年用户的偏好(如健康、医疗服务、生活技巧、旅游等)、地理位置、好友相关性等实施个性化信息推荐,过滤掉低质量的信息以提高信息质量。另一方面,可以进一步加强软件的社交功能,例如提高视频和语音通话的质量,根据老年人的使用习惯设计老年用户版本以改善其用户体验,帮助老年用户根据他们的社交圈建立社交群组(例如校友、老战友和乡亲),并根据用户之间的关联程度进行好友推荐。对于垂直的社交媒体,还可以组织一些线下主题交流活动,以增强老年用户之间的交流。

社交媒体管理者必须了解老年用户对产品的期望,满足或超越他们对产品的期望,从而提高社交媒体公司的竞争力。例如,公司应通过访谈、产品满意度调查、用户反馈、分析和评估等措施来了解老年用户的期望和需求,以便找到有效的措施,根据老年用户的期望和需求评估及时提供反馈。同时,随着时间的变化,老年用户的期望也会发生相应的变化。因此,其管理策略也应根据实际情况动态调整。

社交媒体管理者必须意识到,感知易用性是影响老年人社交媒体使用满意度的重要因素。同时,计算机焦虑会通过感知易用性间接影响满意度。因此,社交媒体开发人员必须了解老年人的生理和心理特征,以避免复杂的设计。例如:提供语音信息功能解决部分老年用户打字困难的问题;发布官方视频或使用教程帮助老年用户克服学习中的健忘问题,每个教程可包含1—2分钟的短视频,详细地分步描述老年用户最常用的功能,如如何添加朋友、调整字体、发送语音、语音/视频通话等,教程的内容也应该根据移动操作系统自动匹配,社交媒体管理员应根据老年用户的反馈逐步充实改进教程内容。这些措施可以帮助老年人自学,降低学习门槛,缓解他们在学习过程中的焦虑。

其次,满意不足以促成忠诚,在满意的基础上还必须建立老年用户与平台深层次的情感联系。社交媒体公司面临着满意用户转向竞争对手的风险,为了实现更稳定和可持续的使用行为,培养情感依恋比关注老年用户的满意度更为重要。情感依恋可以通过满足老年人的关联需求和能力需求而形成。例如,鼓励老年人发布他们的生活状态,或相互给予积极的评价,以增强老年人的自信,满足他们的能力需求。还可以通过在社交媒体平台中添加一些新颖有趣的功能,进一步加强老年用户之间的互动,以避免短暂新鲜感的消失。鼓励老年用户持续地社交互动,加强用户之间的情感交流,帮助老年用户形成对社交媒体平台的情感依恋。

5.2.8 结 语

本研究基于"认知—情感—意动"模型，在 ECM-ISC 的基础上整合了感知易用性、情感依恋及相关解释因素，探索了老年用户社交媒体持续使用意向形成的"认知—情感"路径。研究结果表明，情感依恋在老年用户社交媒体持续使用行为形成过程中具有重要的作用，同时本研究还验证了情感依恋的形成路径。

本研究的局限性可以概括为以下几点：第一，本研究是在中国情境下开展的，因此结论是否适用于其他国家尚不清楚。未来可以在其他国家开展类似的研究，以进一步检验研究结论的普适性。第二，本研究没有考察老年人的实际持续使用行为，停留在持续使用意向上。未来的研究可以检验实际使用行为。第三，在现阶段，中国社交媒体老年用户主要集中于较年轻的老年用户，因此收集 66 周岁及以上的老年用户的问卷比较困难，故 66 周岁及以上的样本量相对较小。然而，随着老龄化的进一步加深，社交媒体老年用户的数量将逐渐增加。未来，可以分析不同年龄阶段（如 60—69 周岁、70—79 周岁、80 周岁及以上）的多组老年用户，以检查老龄化过程中，老年人使用社交媒体的行为差异。第四，由于条件的限制，我们没有将自我效能感、感知互动丰富度等其他影响因素纳入模型。因此，未来的研究可以进一步检验这些变量的影响。

第六章 成熟期:老年用户社交媒体信息服务使用忠诚行为形成机制研究

本章将针对老年用户社交媒体信息服务使用成熟期内的关键行为特征及其形成机制进行分析。在经历了前两个使用阶段后,老年用户会逐渐对社交媒体信息服务形成一个较全面的体验与感知,部分老年用户会在正向认知的作用下,逐渐与社交媒体信息服务形成较稳定的情感关联与价值感知,并进一步成为忠诚用户,甚至表现出活跃使用行为等特征。

本章将结合老年用户社交媒体信息服务成熟期内的行为特征,首先,采用扎根理论,从用户体验的视角,具体从使能与抑能的视角分析其忠诚行为形成的双重机制。然后,从社会资本与情感依恋的角度,具体分析老年用户社交媒体信息服务活跃使用行为的形成机制,以及不同依恋特质下老年用户行为的异质性。

6.1 基于用户体验的老年用户社交媒体信息服务使用忠诚行为理论模型研究

在持续使用社交媒体信息产品一段时间之后,老年用户会对社交媒体信息服务形成一个较为整体的感知,部分在持续使用阶段形成正面期望确认度与正面情感的老年用户,其社交媒体信息产品满意度将维持在一个较高的水平,这些正面的认知与情感因素会推动其使用行为过渡到成熟阶段,成为社交媒体信息服务的忠诚用户。在此阶段,老年用户社交媒体产品使用所形成的整体感知中,既包含正面的体验成分,也包括负面的体验成分,这些正、负体验感知因素会共同作用于老年用户的行为决策,对其忠诚行为起到推动与抑制作用。

本章将基于SOR(刺激—机体—反应)模型,采用扎根理论系统分析老年用户社交媒体使用过程中的体验感知因素,从使能与抑能两个层面具体分析老年用户社交媒体信息服务使用忠诚行为形成的"刺激—机体—反应"机制。

6.1.1 研究设计

6.1.1.1 研究方法

目前,有关老年用户社交媒体信息服务使用体验的相关研究相对较少,其研究主要集中于使用动机、使用益处和障碍等方面。虽然已有一些研究对老年用户社交媒体信息服务使用过程中的用户体验因素有所涉及,但其研究成果较为零散,无法完整地刻画老年用户社交媒体信息服务用户体验影响因素全貌。同时考虑到老年用户这一研究对象的特殊性，若采用实验等研究方法获取老年用户真实、准确的体验感知存在一定难度，且效率较低。因此该部分研究将采用扎根理论，基于系统化的分析，对访谈资料和经验数据进行自下而上的归纳，通过开放式编码、主轴编码、选择性编码等若干步骤，构建老年用户社交媒体信息服务用户体验与忠诚行为的驱动关系模型。

6.1.1.2 样本

根据研究目的，本部分研究将采用非随机抽样的方法，寻找适合的访谈对象。研究对象的选择主要遵循以下两个原则：一是访谈对象使用过社交媒体信息服务产品，对社交媒体信息产品有一定的了解和使用经验，并具有忠诚行为特征。二是所选受访对象不受性别、学历、地域因素以及社交媒体产品类型的限制，从而保证研究结果的普适性和客观性。

根据此原则，最终确定 83 名老年用户作为研究样本，样本量的选择主要依据"理论饱和原则"，即当新样本所表达的社交媒体信息服务用户体验因素不再获得新的概念或范畴时，即可终止样本资料的分析提取工作。样本基本信息如表 6-1 所示。

表 6-1 样本基本信息

变量	类别	人数
性别	男	45
	女	38
年龄	60—65 周岁	43
	66—70 周岁	29
	71—75 周岁	8
	76 周岁及以上	3
受教育程度	小学及以下	17
	初中	24
	高中	20
	中专	16
	大学及以上	6

6.1.1.3 数据收集与分析

采用一对一深入访谈的方式了解老年用户社交媒体信息服务用户体验现状。访谈提纲主要基于相关文献，并根据访谈情况做适当调整。其内容主要包括两部分，第一部分主要了解访谈对象的基本信息，如年龄、学历、职业、过往社交媒体产品使用经验等。第二部分为访谈的正式内容，主要包含以下问题：①您之前是否使用过社交媒体产品？请谈一下您对社交媒体产品的认识和了解。②请您打开手机，展示一下您所使用的社交媒体产品有哪些，一直使用且使用频率较高的产品有哪些。③请就刚才您所展示的使用频率最高的社交媒体产品，介绍一下使用过程中有哪些感受，满意还是不满意。④针对您感觉到满意的体验,请详细地介绍一下哪些因素会让您在使用过程中感到满意。⑤针对您感到不满意的体验,请详细地介绍一下哪些因素会让您在使用过程中感到不满意。⑥请您从老年用户使用的角度,为社交媒体信息产品用户体验的改进提出一些建设性意见。

访谈采取面对面或视频的方式开展。访谈之初会告知受访者本次访谈的目的和方法,保证其访谈内容不涉及任何商业目的和个人隐私,消除受访者的疑虑,并营造轻松愉快的氛围,使受访者能够更加愉悦主动地展开交流。访谈过程维持 30—50 分钟,过程中采用录音软件记录访谈内容,之后由研究人员将录音资料进一步转录为文本信息。

6.1.2 范畴编码与模型建构

6.1.2.1 开放式编码

初始访谈资料收集整理完毕后,进入开放式编码阶段。通过对 60 份原始访谈资料逐句的归纳提炼,识别初始概念,明确概念的类属与维度。为了避免个人偏见,邀请了社交媒体信息服务方面的一名副教授和研究生参与原始访谈资料编码。对分析过程中存在的分歧,共同讨论直至达成共识。通过对原始访谈资料的反复分析,剔除重复和频次较低(小于2)的初始概念,根据类似、因果等关系对初始概念进行聚类,最终从中得到 63 个相应的初始范畴。表 6-2 为最终提取的初始范畴与概念的示例,由于篇幅所限,每条初始概念仅展示具有代表性的原始语句。

表 6-2　开放式编码范畴化

范畴化	原始资料语句(初始概念)
界面友好	我们使用的软件,每一个都不一样,如果界面设计友好一点就好了,让我们看起来很熟悉,不陌生,不然换一个软件又要重新熟悉(友好,熟悉感) 平台页面设计要适合我们老年人,想有针对地进行阅读(页面布局设计)
界面美观	页面美不美观,网页设计得好不好看,也会影响我使用(设计风格,页面美观) 这个软件界面设计得比较好看(界面美观)
界面简洁	这软件一点开,感觉很复杂,不知道点哪里(界面复杂)
界面清晰	QQ看起来乱七八糟的,发信息我都找不到点哪里(界面杂乱)
字间距	我习惯看那种文章里的字没有那么挤的,松一点的,这样看起来没那么费劲(字间距适当)
字号大小设置适中	网页上的字也太小了,排版也乱,看着费神,还不如去看电视(字号大小设置) 网站用得不多,那上面的字太小,密密麻麻的,看起来很费神(字号过小)
字体颜色	我希望界面的字体颜色淡雅一点,不要弄那种黄色或者五颜六色的,感觉很乱,看起来心烦(字体颜色协调)
图标易识别	有些图标发现不了,比如就放个小箭头,我都没有发现(图标隐蔽) 现在吧,各种软件挺多的,但大多数软件里面的图标都是不统一的,最好能统一,这样好认(图标不统一,不易识别) 有些文字后面画个框,我以为是可以点的,但发现点来点去没反应,结果不小心点错了,又回不来了(图标误导)

续表

范畴化	原始资料语句（初始概念）
图标易懂	有些图标吧，你不知道它们是啥意思，下面也没有提示（图标意思不易理解）
视觉舒适性	有时候看抖音、微信啥的，看久了眼睛也不舒服（眼睛疲劳） 里面有个护眼模式，会跟着外面光的强弱自动调节亮度（护眼功能）
触碰反馈及时	我希望手写输入，还有操作的时候，按在屏幕上面有提醒反馈，就像有时候我们输入的时候有振动感，这样我就明显地知道，刚才自己输进去了或者输入错了（触碰反馈）
易输入	打字的时候手抖，很容易输错（容易输入错误） 写的时候比较慢，还没写完，就识别了个偏旁部首，输入很麻烦（输入缓慢，识别错误） 切换拼音键盘和那个数字键盘，切换不过来（输入切换不友好）
支持语音输入	我喜欢那种可以用语音输入的，不用打拼音，我们有时候拼音没有那么标准，经常弄错，有语音方便很多（语音输入）
支持语音播报	看手机时间长了，眼睛受不了，我喜欢那种按一下就有个播音员能帮你给读出来，省得看了（支持语音播报）
音频清晰	我希望声音能够清晰，比如那个喜马拉雅里面的评书，我挺喜欢听的，但是有时候有杂音，感觉听起来不舒服，听不清（音频清晰）
导航清晰性	有一个明确的分类，一看就能够找到我想要的东西（分类明确）
导航信息层级扁平化	微信里面有些功能藏得比较深，要一直点进去才能找到（导航层级深）
导航可控，不易迷失	操作步骤多了，不知道到哪一步了，也不知道怎么返回去，找不到点前进后退的地方（导航迷失）
检索途径多元化	搜索的时候既可以手写，也可以说话、打拼音输入（输入方式多样）
智能搜索	我想搜索的时候，就像我们输入文字一样，直接根据我们老年人的需求，下面就出现一些相关的词，不用打字了，直接选（相关性搜索词推荐） 我觉得就是搜索栏那里有我以前的搜索记录挺好的，还可以找到以前搜的东西（搜索记忆）
帮助简易性	帮助看不懂，搞那么复杂，就直接讲第一步咋弄第二步咋弄，我们老年人看不懂，（最好）直接在图片上标一下，点哪里（讲解复杂，不直接）
帮助易懂性	这个帮助里面的内容太难懂了，说得太专业了，看蒙了（帮助语言学术，专业化）
帮助针对性	这里面的帮助内容很多，但是针对我们老年人常见的问题很少，对我们来说这帮助看了也没用啊（老年人针对性较差）
帮助醒目性	遇到问题不知道到哪里去找帮助，后来我女儿帮我找到了，在这个目录很深的地方（帮助不易找到）
易用性	你看我翻这个电子书，就像翻家里的纸质书一样（易用，符合习惯） 我们老年人就喜欢用简单的功能（易用）
易学性	发语音很简单，孩子教几次我就会了，比打字简单多了（易学）

续表

范畴化	原始资料语句(初始概念)
易记忆	孩子刚教过我,但是下次又不知道点哪里了(易遗忘) 步骤太复杂了,记不住(易遗忘)
流畅性	用着用着,就卡在那里了,要不就慢得不行,没有啥反应(卡顿,操作不流畅)
系统更新速度过快	老让我更新版本,更新后又不知道怎么操作了(频繁更新)
系统复杂	太麻烦了,我就想一点就行了(操作复杂) 微信功能太多了,有很多功能我不会用也不想用(功能繁多)
信息内容丰富	各类新闻都挺多的(内容丰富) 比书、电视、广播里面可选择的内容多多了(内容丰富)
信息真实	经常听到一些老年人上网被骗的事情,所以我现在都不怎么去网站上看东西(信息虚假)
信息针对性	我喜欢看养生、健康类的信息,我儿子帮我设置了一下,就自动有好多这样的信息(任务匹配个性化) 我看做菜的视频比较多,后面发现越看越多,孩子说这软件会根据我的爱好,给我发消息(精准预测需求)
信息易懂	看的这些文章不够通俗易懂,不容易看懂(不够通俗易懂)
信息简洁	里面好多信息都是重复的,搜个信息,一大堆信息出来了,一条条地点,要很长时间才能看到自己想要看的东西(信息简洁性)
信息清晰	你看有些网站上介绍这个产品的信息很清楚,怎么打折的都列出来了,清清楚楚的。但你看这个网站,就这个产品的信息很多东西都没写,或者写在别的页面上,你要点很多次,很不容易发现,点多了,就不知道自己到哪里去了(信息展示罗列不清晰)
信息呈现方式多样性	我喜欢看那种有视频、音频的文章,而不是那种全是大篇幅文字的(信息呈现方式多样化) 我希望多用图片、音频、视频这样的,看着不累(信息呈现方式多样化)
信息可信	有些文章都是瞎编的,感觉是假的(内容不真实) 官网的信息,感觉比其他网上的信息真实(信息渠道可靠) 有些文章里面有错别字,读着都不通顺,这种我基本上感觉都是假信息(文章水平低,降低可信度)
信息过多	我用过一段时间搜索,一打高血压,一下子出来那么多消息,这里闪,那里跳,乱七八糟的,后面我就干脆不看了(信息过多) 信息太多了,看不过来,看得眼睛受不了,要控制看的时间(信息过多,需要控制使用时间)
信息不相关	经常蹦出来一些广告,不小心点了,就跑到其他地方去了(干扰信息) 一大堆信息,很多都跟自己不相关,也不想看(信息无关)
信息矛盾	现在我就只看这两个收藏的公众号,其他的都不看。同样一个事儿,有些这样说,有些那样说,乱七八糟的,不知道信谁(信息矛盾)
趣味性	我一开始感觉没啥,后来看了抖音,看了一些身边人的视频,觉得还有点意思(感兴趣) 我现在没事就看下抖音,平时有个乐趣(乐趣)

续表

范畴化	原始资料语句(初始概念)
愉悦	抖音上有些视频还挺好玩的,搞笑,看看挺开心(舒缓情绪,愉悦)
沉浸	一看这些东西,时间不知不觉地就过去了,好打发时间(忘记时间)
依恋	没事的时候总想打开看看,看看有没有人给我发消息(担心错过信息) 现在用这个抖音感觉都有点上瘾了,一会儿不用就想看看(上瘾)
技术压力	感觉自己学不会,又怕点错了,给弄坏了(技术压力)
数据安全担忧	下载一些软件,老是让我填些个人信息,担心不安全(数据安全) 一些陌生网页不敢打开,点进去就要授权什么的,不知道能不能授权(陌生链接,安全担忧)
隐私担忧	一般都不在网上评论、说话,感觉会泄露隐私(隐私泄露) 发些视频,总感觉自己的生活暴露在外人面前(隐私担忧)
倦怠	我现在基本上不看朋友圈,用时间长了,也感觉没啥意思了,不想看了(厌倦)
自我提升	微信还有热点新闻推送,我都会看,人老了,但不能与社会脱节(不与时代脱节) 看这些新闻,了解现在国家的政策,长点知识(增长知识)
成就感	现在我用抖音、微信,成了组织活动的骨干,我经常把聚会的视频发到网上,挺有成就感(成就感) 我感觉会用这些软件,不脱轨,接触很多新的东西,完全可以像年轻人一样(不与时代脱节,感觉年轻)
社会认可	老同事说我现在特时尚,这些软件啥的他们现在都还没整明白(他人认可) 我感觉在同龄人中挺超前的,他们经常给我点赞(社会认可)
归属感	我把全家出去旅游、聚餐的视频都拍下来,没事的时候就自己翻翻看看,就感觉一家人都在一起(暖心,家庭温暖) 加了好多微信群,什么广场舞的群、老同学群、亲戚群,找到好多以前的同事、同学,交到了朋友(归属)
互惠互助	有啥问题,就在群里发,一些热心的朋友就会解答或帮助(互帮互助)
沟通自主、自由	我有时候看一些新闻、视频,有想法的时候,就在下面评论。网络有个好处,就是可以匿名,既保护了自己,又可以自由地说(评论,沟通自由)
沟通即时性	用这个微信啊,我可以随时找孩子,他不在,我也可以给他语音留言(随时沟通)
沟通方式多元化	以前老式手机,就只能发文字,现在用微信,你可以给别人发语音,还可以发视频,交流的方式多了(沟通方式多样化)
分享简易便捷	看到一些文章比较好的,直接转发就行了,很方便(分享简易)
形象维护压力	发消息或朋友圈的时候,总是要想一想发这些合不合适,朋友圈里有很多人,担心发了形象不好(形象维护压力)

续表

范畴化	原始资料语句(初始概念)
关系维护压力	微信上的一些好友,一会儿让你点赞,一会儿让你拼多多助力,搞多了挺烦的,现在诈骗链接那么多,不点吧,怕是真的,人家不高兴(社交任务过多)
	一般我看到微信里的留言都会回复,这是对别人的尊重,也担心关系变生疏,但有时候也挺费事,想来想去,有时候害怕人家搞误会了(关系维护压力)
陌生社交压力	被莫名其妙地拉入一些卖东西的群(陌生人社交,被迫入群)
	一些陌生人加我,不想加,不知道安不安全(陌生人社交)
口碑推荐	我会把用得好的一些软件推荐给我老同事(口碑推荐)
	我经常拉一些以前的好朋友进来,大家都用这个软件,交流起来也方便(拉好友入群)
持续使用	我觉得这个挺好用的,我身边的朋友、孩子都在用,我一直在用这个软件(持续使用)
	不想换,用习惯了,再换一个新的,还要重新学(转换障碍)

6.1.2.2 主轴编码

主轴编码是在开放式编码所得到的初始范畴的基础上,进一步归纳分析,厘清各初始范畴之间的潜在逻辑关系,进一步整合,归纳提取出抽象层次更高的主范畴。通过对63个初始范畴的聚类和整合,提炼出19个主范畴。各主范畴及其对应的范畴内涵如表6-3所示。

表6-3 主轴编码形成的主范畴

类别	主范畴	对应范畴	范畴内涵
感官体验	视觉体验	界面友好	社交媒体信息服务的界面设计符合老年用户特点和使用习惯的程度
		界面美观	社交媒体信息服务界面设计是否美观大方以及符合老年用户审美的程度
		界面简洁	网页界面整体布局设计的简洁明了程度
		界面清晰	社交媒体信息服务界面上各类栏目、信息是否清楚明晰
		字间距设置	社交媒体信息服务页面上字间距设置等是否符合老年用户阅读习惯
		字号大小设置适中	社交媒体信息服务页面上字号大小的设置是否方便老年用户阅读
		字体颜色设置	社交媒体信息服务页面文本颜色与背景的对比度高,网页文本的易读性较高
		图标易辨识	社交媒体信息服务页面图标是否能给予突出的视觉引导,帮助老年用户发现和使用
		图标易懂	社交媒体信息服务页面图标所代表的含义对于老年用户而言简单易懂的程度
		视觉舒适性	社交媒体信息触屏界面的整体设计在视觉上给老年用户带来的视觉舒适程度

类别	主范畴	对应范畴	范畴内涵
感官体验	触觉体验	触碰反馈及时	使用社交媒体信息触屏界面输入时，是否能从触觉角度及时给予老年用户反馈
		易输入	老年用户使用社交媒体信息服务触屏界面输入信息时的难易程度
	听觉体验	支持语音输入	社交媒体信息服务界面信息输入是否能够提供语音输入方式
		支持语音播报	社交媒体信息服务是否提供音频等多通道交互界面
		音频清晰	社交媒体信息服务界面音频信息的清晰程度，是否方便老年用户获取信息
交互体验	导航设计	导航清晰性	社交媒体信息服务页面的导航功能是否直观、清晰醒目
		导航信息层级扁平化	社交媒体信息服务页面上的导航信息层级能够化繁为简，方便老年用户使用的程度
		导航可控，不易迷失	社交媒体信息服务导航页面的使用难易程度是否在老年用户的掌控范围内，使用过程是否不易迷失
	检索设计	检索途径多元化	社交媒体信息服务页面是否提供文字信息、语音、图片等多种搜索途径
		智能搜索	社交媒体信息服务页面中的搜索功能是否具有记忆、相关推荐等功能，方便老年用户使用
	帮助功能	帮助简易性	社交媒体信息服务页面所提供的帮助功能使用容易、便捷的程度
		帮助易懂性	社交媒体信息服务页面所提供的问题解答适合老年用户理解和掌握的程度
		帮助针对性	社交媒体信息服务页面所提供的帮助解答符合老年用户需求的程度
		帮助醒目性	社交媒体信息服务页面所提供的帮助功能是否放在界面醒目的位置，方便老年用户使用的程度
	系统功能	易用性	社交媒体整体信息服务功能使用简便、容易的程度
		易学性	对老年用户而言，社交媒体整体信息服务功能的学习容易程度
		易记忆	对老年用户而言，社交媒体整体信息服务功能容易记忆的程度
		流畅性	社交媒体整体信息服务系统使用不卡顿、流畅的感知程度
	功能过载	系统更新速度过快	社交媒体信息服务系统更新迭代的速度、频繁程度
		系统复杂	社交媒体信息服务系统操作步骤/方法的复杂程度
认知体验	信息内容特征	信息丰富性	社交媒体信息服务内容涵盖范围的全面程度
		信息真实性	社交媒体信息服务内容的真实程度
		信息针对性	社交媒体信息服务与老年用户需求的关联吻合程度
		信息易懂性	社交媒体信息服务内容易于理解的程度
		信息可信性	通过社交媒体所获取的信息内容是否值得相信、能否加以利用的评价

续表

类别	主范畴	对应范畴	范畴内涵
认知体验	信息外部特征	信息简洁性	社交媒体信息内容简练、直观明了的程度
		信息清晰性	社交媒体信息内容直观、明确的程度
		信息呈现多样性	社交媒体信息内容呈现方式丰富、多样化的程度
	信息过载	信息不相关	社交媒体所提供的信息内容无法满足老年用户的特殊需求,针对性不强
		信息过多	社交媒体中的信息量过大,干扰老年用户有用信息的识别和利用
		信息矛盾	社交媒体中所提供的信息内容之间相互矛盾,影响老年用户信息的选择判断
情感体验	积极情感	趣味性	社交媒体信息服务内容使老年用户感到愉快、引发兴趣的程度
		愉悦	老年用户使用社交媒体信息服务过程中感受到欢乐、喜悦、身心放松的程度
		沉浸	老年用户使用社交媒体信息服务过程中全神贯注、忽略周围环境感知、沉浸其中的程度
		依恋	老年用户对社交媒体信息服务的依赖感,以及情感的关联程度
	消极情感	技术压力	社交媒体信息服务产品使用过程对老年用户的态度、想法、行为和心理造成的负面影响
		数据安全担忧	老年用户对社交媒体平台上个人数据安全性的担忧与不信任
		隐私担忧	老年用户对社交媒体平台上个人隐私数据被泄露的担心与忧虑
		倦怠	受到社交媒体中负面因素的影响,老年用户对社交媒体所产生的厌烦、漠不关心感,甚至减少或放弃使用
价值体验	认知价值	自我提升	老年用户通过使用社交媒体信息服务在知识、与时代接轨等方面的成长程度
	情感价值	成就感	老年用户通过使用社交媒体信息服务所获得的愉悦或成功感
		社会认可	老年用户使用社交媒体信息服务的行为获得他人的肯定和支持,团体的赞许和表彰等
		归属感	老年用户通过使用社交媒体信息服务增强自我与所属群体间内在联系的程度
	社会资本	互惠互助	老年用户通过使用社交媒体信息服务能够获取他人或给予他人帮助的程度
关联体验	互动效应	沟通即时性	老年用户使用社交媒体信息服务与他人沟通的及时性
		沟通方式多元化	社交媒体信息服务提供沟通方式多样化的程度
		分享简易便捷	社交媒体信息服务提供分享方式的简单、方便程度
		沟通自主自由	社交媒体信息服务提供沟通连接方式的自由程度

续表

类别	主范畴	对应范畴	范畴内涵
关联体验	社交过载	形象维护压力	老年用户在维护社交媒体自我形象过程中所产生的压迫感
		关系维护压力	在社交媒体中老年用户因维护和拓展社交关系而产生的过载体验
		陌生社交压力	老年用户与社交媒体中陌生人或隐藏身份好友交往过程中产生的不信任与局促感
行为反应	忠诚行为	口碑推荐	老年用户将社交媒体信息产品推荐给身边人并传播正向口碑
		持续使用	老年用户持续地使用社交媒体产品

6.1.2.3　选择性编码

选择性编码是在主轴编码的基础上，经过系统性地分析选择一个核心类属——这一核心类属能够具有统领性——将最大多数的研究结果囊括在一个比较宽泛的理论范围之内，形成一条可以统领范畴的连贯故事线。

通过对老年用户社交媒体信息服务用户体验因素的分析，发现了用户体验因素之间的内部关系，以及用户体验对忠诚行为的过程机制，形成了可以统领整个范畴的故事线。感官体验会影响交互体验和关联体验，关联体验会为老年用户带来情感价值和社会资本。信息内容特征和外部特征决定了认知价值。社交媒体信息服务所带来的认知价值、情感价值和社会资本(S)会为老年用户带来积极的情感体验(O)并最终促进社交媒体信息服务忠诚行为(R)的形成。这条故事线反映了社交媒体信息服务忠诚行为形成的使能机制。同时，在使用社交媒体信息服务产品过程中，会受到信息过载、功能过载和社交过载等负面体验因素的影响，这些负面体验因素(S)会引发老年用户消极情感体验(O)，从而抑制老年用户社交媒体信息服务忠诚行为(R)。这条故事线反映了社交媒体信息服务忠诚行为形成的抑能机制。这两条故事线分别从使能与抑能两个层面，完整地刻画了老年用户社交媒体信息服务忠诚行为形成的"刺激—机体—反应"机制，具体如表6-4所示。

表6-4　主范畴的典型关系结构

典型关系结构	关系结构	关系结构的内涵
感官体验（正向）、交互体验（正向）、信息体验（正向）、关联体验（正向）、价值体验——情感体验（正向）——忠诚行为	中介关系	老年用户使用社交媒体信息服务产品过程中，其感官体验、交互体验、信息体验、关联体验、价值体验之间相互影响。这些体验因素中的正面感知因素会促使老年用户产生积极的情感体验（如趣味性、愉悦、沉浸、依恋），进一步促成或强化老年用户的社交媒体忠诚行为
信息体验（负向）、交互体验（负向）、关联体验（负向）——情感体验（负向）——忠诚行为	中介关系	老年用户使用社交媒体信息服务产品过程中，其信息体验、交互体验、关联体验中负面的感知因素如信息过载、功能过载、社交过载会引发老年用户产生消极的情感体验（如技术压力、数据安全担忧、隐私担忧、倦怠），进一步抑制老年用户的社交媒体忠诚行为

同时基于以上分析,本研究提出了"基于用户体验的老年用户社交媒体信息服务忠诚行为形成的双机制模型",其概念模型具体如图6-1所示。

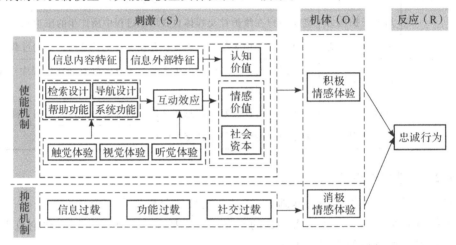

图 6-1　基于用户体验的老年用户社交媒体信息服务忠诚行为形成的双机制模型

6.1.2.4　饱和度检验

为了进一步检验所构建的概念模型是否已达到理论饱和度,将剩下的23份访谈资料按照同样的流程进行编码处理,未发现新的概念范畴,因此,本研究所构建的基于用户体验的老年用户社交媒体信息服务忠诚行为形成的双机制模型满足理论饱和原则。

6.1.3　模型阐述

6.1.3.1　老年用户社交媒体信息服务忠诚行为形成的使能机制

老年用户社交媒体信息服务忠诚行为形成的使能机制指老年用户使用社交媒体信息服务过程中的正面体验感知会促进其产生积极的情感体验,并进一步促成老年用户忠诚行为的发生。

老年用户使用社交媒体信息服务的过程是一个多层次的体验过程,各用户体验因素之间呈现出层次递进、相互影响的关系。人类通过视、听、触、嗅、味等不同的感觉方式来感知外界的刺激,从而形成对操作对象的印象[86]。目前社交媒体信息产品主要通过视听元素来传播信息,用户通过触碰屏幕来与系统交互。因此,老年用户主要通过视觉、听觉和触觉通道来感知社交媒体信息服务。老年用户在初次使用社交媒体信息服务过程中受到感觉刺激,产生最为直观的感官体验——视觉、听觉和触觉体验。随着系统操作的进一步增多,老年用户会对社交媒体信息产品操作体验,包括检索设计体验、导航设计体验、帮助功能体验、整体系统功能的体验,有更为全面的感知。感官体验和交互体验体现了本能和行为层面的用户体验感知。社交媒体信息服务的核心内容包含信息服务与社交服务,老年用户在使用相关服务的过程中会产生信息体验和关联体验。其中,信息体验包含信息内容特征体验和信息外部特征体验,关联体验包含互动效应体验。这两个体验层次高于感官体验和操作体验,同时又受到感官体验与操作体验的影响,同时也是价值体验产生的源泉。良好的信息体验会给老年用户带来更为广阔的视野,并从中提升自我。良好的交互效应会为老年用户带来更好的情感价值体验和更丰富的社会资本。

老年用户在使用社交媒体过程中感知到的以上因素中的正面体验因素(S)会促使老年用户形成积极的情感因素(O)。这些积极的情感因素包括趣味性、愉悦、沉浸和依恋感。老年用户在使用社交媒体过程中所引发的积极情感越强,其再次使用和向他人推荐的倾向就越强,即老年用户在使用社交媒体信息服务过程中体验的积极情感(O)会进一步增强老年用户社交媒体信息服务使用忠诚行为(R)。

6.1.3.2　老年用户社交媒体信息服务忠诚行为形成的抑能机制

老年用户社交媒体信息服务忠诚行为形成的抑能机制是指老年用户在使用社交媒体信息服务过程中体验到的负面体验因素会诱发其消极的情感体验,并进一步抑制忠诚行为的发生。

目前大多数社交媒体信息服务的设计面向年轻群体,对于较少使用信息技术产品的老年用户而言,其产品功能设计和相关服务未能很好地符合老年用户的需求,给老年用户的使用带来了一定的障碍。特别是随着老年用户身体机能的衰退,其视觉、听觉等感官功能,以及理解能力、记忆能力等都出现了不同程度的衰退,熟练掌握并使用社交媒体信息服务对于他们来说会存在一定的困难。社交媒体信息服务中的信息过载体验、功能过载体验和社交过载体验为老年用户使用社交媒体信息服务带来了负面影响,这些负面用户体验(S)会引发老年用户消极的情感体验(O),如技术压力、数据安全担忧、隐私担忧、倦怠感,从而进一步抑制其忠诚行为(R)。

6.1.3.3　综合考虑老年用户社交媒体信息服务忠诚行为形成的双重机制

上述两种老年用户社交媒体信息服务忠诚行为形成的不同机制,更加完整地刻画了老年用户社交媒体信息服务使用过程,即老年用户社交媒体使用体验既存在正面的体验,也不可避免地受到负面因素的影响。如同凡事不可能存在绝对或单一的好或坏,正负两种因素会共同作用于老年用户的忠诚行为。值得注意的是,随着老年用户自身使用状况和外界环境的变化,其用户体验会随之发生变化。当正面的用户体验感知占主要地位,会触发老年用户更多的正向情感,老年用户社交媒体信息服务忠诚行为会更为稳定与持久。相反,当负面的用户体验感知占主要地位,即老年用户使用社交媒体信息服务过程中体验到的负面因素比正面因素更多时,其诱发的负面情感更多,会进一步抑制或减少老年用户的忠诚行为,甚至引发消极使用行为。

因此,从这一层面来说,社交媒体信息服务提供商应动态监测老年用户社交媒体信息服务用户体验状态,及时纠正和整改不良因素,从而更好地促成老年用户社交媒体信息服务忠诚行为的产生。

6.1.4　研究结果与讨论

本部分研究采用扎根理论构建了基于用户体验的老年用户社交媒体信息服务忠诚行为形成的双机制模型。该模型从使能与抑能两个层面分析了用户体验与忠诚行为形成的"刺激—机体—反应"过程。该模型不仅刻画出了老年用户忠诚行为形成的过程,还发现了老年用户社交媒体信息服务用户体验的主要构成因素,以及主要因素之间的相互关系。这对于提升老年用户社交媒体信息服务体验和忠诚度具有重要的理论与现实意义。对照现有的研究,本研究在以下两个方面进行了拓展:

一是探索了老年用户社交媒体信息服务体验的影响因素,全面完整地刻画和揭露了老年用户社交媒体信息服务体验,弥补了以往研究仅从某一层面刻画其用户体验的不足。其中,负面用户体验因素的分析能更好地为企业分析与发现现有服务的不足提供理论支持。同时,本研究分析了主要用户体验因素之间的关系,有助于进一步了解用户体验因素之间的关系。

二是从使能与抑能两个层面分析了老年用户社交媒体信息服务形成的机制。以往的研究大多从使能的角度分析了老年用户社交媒体信息服务忠诚行为形成的机制,忽视了忠诚行为形成过程中的阻碍因素。换句话说,本研究为减少社交媒体老年用户流失提供了理论依据。

本研究提出的基于用户体验的老年用户社交媒体信息服务忠诚行为形成的双机制模型是在质性研究的基础上进行的探索性研究,且未进行定量的实证检验,其研究结果可能会受到主观因素的影响。未来研究还需要结合实证研究做进一步实证检验,进而提出相应的用户体验提升策略,促进老年用户忠诚行为的形成。

6.2 老年群体社交媒体活跃使用行为影响因素研究
——社会资本与情感依恋

上一节从用户体验的视角分析了老年用户社交媒体信息服务成熟期内其忠诚行为形成的使能与抑能机制。本节将进一步针对忠诚行为中的活跃使用行为展开分析,从社会资本与情感依恋的视角具体分析活跃使用行为形成的影响因素。

6.2.1 引 言

保持用户的持续增长与活跃状态是社交媒体的核心竞争力之一。在经历了高速扩张与稳定增长之后,目前脸书、推特(Twitter)等知名社交媒体已开始进入疲软状态,用户增长缓慢且活跃度下降[276]。同时值得注意的是,《老年用户移动互联网报告》显示,自2012年以来,老年网民数量增长130%,老年人触网速度是整体移动互联网普及速度的1.6倍,老年用户已成为移动互联网领域新的增长点。特别是随着老龄化进程的不断加速,这种趋势将日渐明显[275]。老龄人口的不断增长为互联网企业持续快速发展带来了新的机遇,对此一系列针对老年用户而设计的社交媒体平台不断涌现,如老友帮、晚霞网、老柚直播等。然而这类平台在发展过程中却出现了参与人数少、整体活跃度低等问题。已有研究发现,社交媒体中保持沉默状态的老年用户占70%以上,这将导致老年社交媒体平台持续发展乏力[367,368]。老年用户的活跃使用行为,如评论话题、转发文章、分享照片等,不仅能够带来社交媒体中社会化关系的增长,也能够吸引更多老年成员加入,增加网站访问流量。因此,激发老年用户社交媒体活跃使用行为,对于促进社交媒体快速发展具有重要意义。

目前学者们已对老年群体使用社交媒体的动机、障碍、影响因素等进行了探讨[14,16,17,19,26,27,34]，但这些研究大多从过程的视角将其使用行为划分为采纳或持续使用行为，并未明确细分。而在具有持续使用行为特征的用户中，既包括活跃用户也包括沉默用户，这两类用户对社交网站成长的贡献差异显著。活跃使用行为是对持续使用行为的进一步细化，需要用户投入更多的时间和精力，其影响因素有其独特性。同时，现有研究通常将老年用户视为同质群体，忽略了不同类型老年用户之间的差异。因此，有必要进一步研究。

情感依恋作为解释亲密关系的最优框架，为理解用户与信息系统之间持久稳定的情感联结提供了有效的理论视角。相比满意、忠诚等构念，信息系统依恋对社区卷入、持续参与等此类需要耗费更多时间和精力的行为具有更强的预测作用[369]。因此，本研究将从情感依恋视角探讨老年用户活跃使用行为形成过程中的情感驱动因素。另外，社交媒体中蕴含社会资本[370]，社交媒体对于老年人建立和保持社会资本具有重要作用[16]。那么，社交媒体中所蕴含的社会资本能否触发老年群体对社交媒体的情感依恋，进而引发一系列的活跃使用行为？以及不同依恋特质的老年用户，其使用行为具有怎样的差异？对这些问题的探析有利于进一步理解老年用户社交媒体使用心理行为特征，更好地激发其活跃使用行为，从而为社交媒体运营服务商提供借鉴。

6.2.2　相关文献回顾

6.2.2.1　老年群体社交媒体使用行为

一些学者针对老年人采纳社交媒体的动机与影响因素进行了研究，如李嘉兴等[34]基于信息生态视角，在 UTAUT 模型基础上建立了老年用户微信使用意愿影响因素模型。Yan 和 Lin[27]基于使用与满足、媒体丰富等理论分析了老年用户采纳移动社交媒体服务的动机与障碍。其中，动机包括社交、享乐、时尚和求知，障碍包括有形与无形的转换成本。另外一些学者对老年用户社交媒体持续使用行为进行了研究，如 Kim 等[17]探讨了益处和真实体验对老年人移动社交媒体重访意愿的作用。Kim 等[19]结合创新扩散和使用与满足理论解释了老年人持续使用移动社交媒体的原因。由以上研究可以看出，目前有关老年用户社交媒体使用行为的研究较多集中于采纳和持续使用行为。而采纳仅仅是社交媒体使用的最初阶段，社交媒体的成功不仅依赖于用户的持续使用，更重要的是用户之间频繁的交互、内容创作与传播等活跃行为[371]，但现有研究并未细分，故有必要进一步深入探讨。

6.2.2.2　社交媒体活跃使用行为

按照用户使用社交媒体的状态可将其使用行为划分为活跃行为与潜水行为[372]，用户活跃度的高低决定了社交媒体的可持续发展能力。有关活跃行为的维度有不同的分类方法，如二分法、根据参与程度的分类、依据用户需求或动机的分类等。如陈爱辉[373]基于德尔菲法将社交媒体总体活跃行为细分为内容创造、内容传播、关系构建和关系维持行为。已有研究基于网络外部性、流体验、社会临场感、TAM 等理论对社交媒体活跃使用行为进行了研究[371]，但其研究主要聚焦于某种单一的活跃行为形成动机上，较少考虑情感的驱动因素，且研究对象主要以年轻群体为主。而已有研究表明，年龄对于网络用户使用行为具有显著影响。如 Kim 和 Shen[374]指出，相比年轻人，老年人从拥有一个庞大的社交媒体中获益较少,而从直接的交流活动中获益更多。因此,本研究将以老年用户这个特定群体为研究对象,探索其社交媒体活跃使用行为形成的影响因素。

6.2.3　理论基础与研究假设

6.2.3.1　社会资本理论

根据表现形式,社会资本可划分为结合型社会资本与桥接型社会资本。结合型社会资本与强关系相关,在此类关系中,个体之间互动频繁、情感力量强,通常能够提供情感和经济支持。桥接型社会资本与弱关系相关,常存在于亲密度低、情感力量弱、互动频率低的个体之间。已有研究表明,使用社交媒体对于扩展和积累社会资本具有积极作用。[370] Hrong和 Wu(2020)[370]指出,用户在社交媒体中的参与和浏览行为能够促进用户之间的联系,从而有助于建立桥接型与结合型社交资本。Zhao 等[375]研究表明,移动社交媒体的使用能够显著促进老年用户获得桥接型与结合型社会资本,同时社会资本在移动社交媒体使用与生活满意度之间具有链式中介作用。社会资本理论目前已被广泛应用于社交媒体环境下用户心理行为研究中且具有较强的解释力[376]。因此,本研究将从社会资本视角解释社交媒体环境下老年用户活跃使用行为形成的影响因素。

6.2.3.2　情感依恋理论

根据依恋对象的不同,虚拟社区环境下的情感依恋可划分为人际依恋、群组依恋和网站依恋。人际依恋指用户因特定朋友而加入某虚拟社区中所形成的针对个人的情感纽带。群组依恋指用户因兴趣或喜欢某个虚拟社区氛围而加入其中所形成的针对整个社区的情感纽带。网站依恋指用户针对特定网站形成的情感依恋,并伴随着偏爱与排他性使用等特征。Ren 等[345]指出,每一个虚拟社区中都可能同时存在人际与群组依恋这两种不同的情感纽带,且人际与群组依恋均对网站依恋具有显著正向影响。当用户形成网站依恋后,会在情感依恋的作用下表现出更多的信息系统持续使用行为,且通常呈现出非理性的时间、精力和金钱付出等特征[377]。因此,本研究将以情感依恋作为理论基础之二,探讨老年用户在社交媒体环境中所形成的人际依恋、群组依恋与网站依恋如何影响其活跃使用行为。

成人依恋可分为依恋焦虑与依恋回避两种类型[378]。依恋焦虑型用户对自我价值缺乏信心,具有焦虑性寻求人际亲密感等特征。依恋回避型用户倾向与他人疏远,社交媒体使用频率较低。高依恋焦虑特质用户往往对亲缘关系具有过度需求,依恋焦虑会强化他们与他人保持联系的行为以及管理自己在他人心中印象的愿望[378]。根据用户依恋焦虑程度的不同,其使用社交媒体的频率及行为类型也会呈现出差异[379],相比低依恋焦虑特质用户,高依恋焦虑特质用户会在内在动机驱动下表现出更多的关系与内容行为。因此,本研究将以依恋焦虑作为调节变量来探讨老年用户社交媒体活跃使用行为的异质性。

6.2.3.3　研究假设与概念模型

Lee[375]指出,结合型社会资本会增强用户对社交媒体的依恋感。社交媒体为老年用户与家人、亲朋好友保持联系提供了便利条件,使用社交媒体有助于老年用户获得结合型社会资本。结合型社会资本与社交媒体中的强关系紧密相关[370],这些强关系既可存在于老年用户与孩子、亲友等之间,也可存在于老同学群、老友群之类的群组之间。社交媒体中的这些强关系所带来的结合型社会资本,如信息、情感、物质上的支持,会让老年用户感到关爱、归属感等正向情感联结,从而对社交媒体中的人或群组产生依恋。因此提出假设如下:

H1a-1b:结合型社会资本对老年用户社交媒体中的人际依恋、群组依恋均具有显著的正向作用。

桥接型社会资本与情感依恋显著相关[380]。桥接型社会资本常与社交媒体中的弱关系相关[370],这些弱关系既可存在于单个用户之间,如老年用户关注的公众人物或志同道合的陌生朋友,也可存在于个体与群组之间,如老年用户加入的一些兴趣社群组织等。社交媒体环境下,这些弱关系所带来的桥接型社会资本能为老年用户提供更多的信息与社会支持、归属感,并带来快乐、温暖等正向情绪联结,从而使老年用户对社交媒体中的人或群组产生情感依恋。因此提出假设如下:

H2a-2b:桥接型社会资本对老年用户社交媒体中的人际依恋、群组依恋均具有显著的正向作用。

虚拟社区中的人际及群组依恋强度在一定程度上均对网站依恋强度具有正向预测作用[345],这意味着社交媒体环境下,老年用户既可能因人际依恋也可能因群组依恋而产生对网站的依恋。根据情感依恋的作用机制[377],老年用户对嵌入社交媒体中的人或群组产生情感依恋后,会在其作用下产生更频繁的社交媒体使用行为,以获得更多的心理需求满足。在多次使用并获得满足感之后,他们会对社交媒体产生一定的情感联结,从而产生社交媒体依恋即网站依恋。因此提出假设如下:

H3-H4:社交媒体中存在的人际依恋、群组依恋均对老年用户社交网站依恋具有显著的正向作用。

Choi[369]指出,依恋是比忠诚、满意更为强烈和持久的情感联结,依恋能够预测难度更高的行为,这些行为需要用户花费更多的时间精力。Van Meter 等[381]研究发现,营销环境下对社交媒体依恋感越强,用户越会表现出更多的 C2C 宣传和 C2B 支持性交流行为。由此可见,网站依恋对于促发用户信息系统活跃使用行为具有显著的正向作用。基于已有研究,本研究认为,当老年用户建立与社交媒体的情感联结之后,会在情感依恋的作用下将社交媒体视为更为亲近的对象并处于一种愉悦状态[377],从而表现出更多的内容创造、内容传播、关系构建与关系维持行为,如转发文章、添加或搜索好友、点赞等。因此提出假设如下:

H5a-5d:社交网站依恋对老年用户社交网站内容创造行为、内容传播行为、关系构建行为、关系维持行为均具有显著的正向作用。

高依恋焦虑特质用户具有强烈的亲密关系需求,更加关注人际关系[378]。为了满足其内在维系亲密关系的需求,高依恋焦虑老年用户可能会更频繁地使用社交媒体中的关系工具,从而表现出一系列关系维系和构建行为,如使用社交软件中的语音、视频工具与他人保持联系,添加并关注好友等。同时,高依恋焦虑用户具有强烈的自我展现需求,希望去管理他人对自己的印象并获得认可[378]。因此,高依恋焦虑老年用户可能会表现出更多的内容创作与传播行为,如通过预先选择的内容以积极的方式表现自我或观察他人评论,通过不断寻求他人的支持与肯定来控制依恋焦虑感。因此提出假设如下:

H6a-6d:网站依恋与内容创造、内容传播、关系构建、关系维持四种行为之间的关系受到老年用户依恋焦虑水平的正向调节,使得该影响在依恋焦虑水平较高时得到增强。

基于以上研究假设,提出本研究的概念模型,如图 6-2 所示。

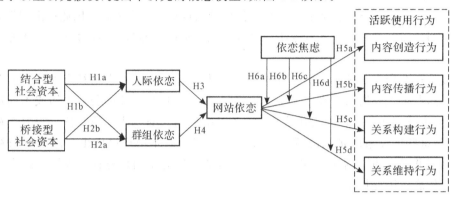

图 6-2　概念模型

6.2.4　数据收集与分析

6.2.4.1　数据获取与问卷收集

《2018 年微信数据报告》显示,截至 2018 年 9 月,每月 55 周岁以上的微信活跃用户为 6500 万人,老年用户日均使用微信的时长仅比青年用户少 0.49 小时。如今微信已经成为老年用户中最受欢迎且最具代表性的社交媒体产品,因此本研究以 60 周岁以上的微信老年用户作为研究对象。调查问卷采用问卷星平台编制后,通过微信发放给被调查者,调研时间从 2018 年 12 月至 2019 年 5 月,共回收问卷 516 份。剔除无效问卷后,最终得到有效问卷 418 份,被调查者的基本信息如表 6-5 所示。

表 6-5　被调查者基本信息

变量	类别	人数
性别	男	215
	女	203
年龄	60—65 周岁	189
	66—70 周岁	156
	70 周岁以上	73
使用微信的频次	每天使用	207
	每周使用 4—6 天	102
	每周使用 1—3 天	109
使用微信的时间	年数<1	45
	1≤年数<2	98
	2≤年数<3	153
	年数>3	122

6.2.4.2 变量测量

测量题项主要借鉴已有成熟量表,并结合老年人的特点和中国情境进行适当修改。结合型和桥接型社会资本借鉴 Lee[378] 的量表。人际依恋、群组依恋和网站依恋借鉴 Ren[345]、Chung 等[382] 的量表。内容创造行为、内容传播行为、关系构建行为和关系维持行为借鉴陈爱辉[373] 的量表,依恋焦虑借鉴 Lee 的量表。每个变量包括三个测量题项,具体如表 6-6 所示。

表 6-6 测量题项及验证性因子分析结果

变量	建构信度	AVE	CA	标准化因子负荷	测量题项
结合型社会资本(BOSC)	0.879	0.708	0.724	0.853	我使用微信是因为我相信微信上有些好友(我在现实生活中熟悉他们)可以帮我解决问题。
				0.834	我使用微信是因为我相信在做重要决定时,我的微信好友(我在现实生活中熟悉他们)会为我提供建议。
				0.837	我使用微信是因为我相信在我有生活或经济困难时,我的微信好友(我在现实生活熟悉他们)会帮助我。
桥接型社会资本(BRSC)	0.889	0.725	0.709	0.846	我使用微信是因为通过微信与现实生活中不认识的人互动使我想尝试新事物。
				0.825	我使用微信是因为通过微信与现实生活中不熟悉的人互动让我觉得自己与更广阔的环境有联系。
				0.883	我使用微信是因为微信上有些人(我在现实生活中不熟悉他们)的观点对于我很有益。
人际依恋(IA)	0.862	0.676	0.834	0.823	我喜欢与微信中的某些朋友交流。
				0.794	我觉得我与微信中的某些成员非常亲近。
				0.849	我的一些微信好友对我的思想和行为有较大影响。
群组依恋(GA)	0.834	0.627	0.735	0.837	当我提到我是某个微信群的成员时感觉非常好。
				0.801	我通常会向其他人提起我是某个微信群的成员。
				0.734	我经常浏览某个微信群,它让我有归属感。
网站依恋(SA)	0.846	0.649	0.803	0.864	我觉得微信是我生活的一部分。
				0.817	我觉得使用微信对我来说很重要。
				0.729	我觉得与微信有一种情感的关联,我对使用微信很有热情。
依恋焦虑(AA)	0.905	0.761	0.754	0.853	我担心别人不会像我关心他们那样关心我。
				0.869	我很需要确保我是被别人喜欢和欣赏的。
				0.894	当我需要别人时,如果别人不在,我会感到沮丧。

续表

变量	建构信度	AVE	CA	标准化因子负荷	测量题项
内容创造行为 (CCB)	0.843	0.642	0.732	0.841	我会经常写日志发表在朋友圈中。
				0.825	我会经常上传照片或小视频到朋友圈中。
				0.734	我会经常在朋友圈中更新自己的文章或状态。
内容传播行为 (CTB)	0.830	0.619	0.785	0.782	我会经常分享一些文章给我关心的人。
				0.814	我会经常发送一些照片给我周围的亲朋好友。
				0.763	我会经常转发一些视频给我身边的人。
关系构建行为 (RCB)	0.863	0.678	0.831	0.843	我会加入一些兴趣群组中。
				0.851	我会搜索好友，并发送好友邀请。
				0.773	我会创建一些群组。
关系维持行为 (RMB)	0.896	0.743	0.723	0.874	我会经常通过这个微信问候我的亲朋好友。
				0.865	我会经常通过这个微信保持与亲朋好友的联系。
				0.846	我会经常在朋友圈为好友发表的日志点赞。

6.2.4.3 测量模型检验

如表 6-7 所示，各潜因子 CA 均超过 0.7 的建议值，建构信度均超过 0.5 的建议值，因此信度指标较好。如表 6-7 所示，对角线为 AVE 平方根，明显高于相关系数，因此区分效度较好。本研究所使用的量表是在已有成熟量表的基础上又经过了专家与焦点小组访谈修改而成的，从而保证了测量题项的内容效度。

表 6-7　区分效度检验结果

潜变量	相关系数及 AVE 平方根									
	BOSC	BRSC	IA	GA	SA	CCB	CTB	RCB	RMB	AA
BOSC	0.841									
BRSC	0.327	0.851								
IA	0.324	0.443	0.822							
GA	0.315	0.351	0.201	0.792						
SA	0.322	0.253	0.264	0.251	0.806					
CCB	0.261	0.241	0.310	0.142	0.265	0.801				
CTB	0.324	0.256	0.341	0.252	0.253	0.242	0.787			
RCB	0.345	0.313	0.253	0.261	0.251	0.213	0.253	0.823		
RMB	0.413	0.307	0.264	0.164	0.241	0.152	0.214	0.294	0.862	
AA	0.364	0.352	0.263	0.314	0.142	0.262	0.205	0.134	0.262	0.872

6.2.4.4　结构模型检验

结构模型检验使用 Lisrel 9.3,采用极大似然估计法进行假设检验与参数估计。拟合优度指标为 $\chi^2/df = 1.870$, RMSEA $= 0.056$, GFI $= 0.965$, AGFI $= 0.957$, CFI $= 0.956$, NFI $= 0.963$, IFI $= 0.953$,拟合优度指标均超过建议值,因此整体模型拟合度较好。除 H4 没有得到支持外,其他假设均得到支持,标准化路径回归系数如图 6-3 所示。

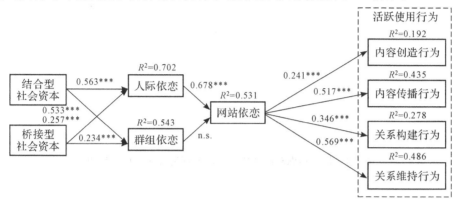

图 6-3　路径分析结果

注：$*$, $P<0.05$；$**$, $P<0.01$；$***$, $P<0.001$。

6.2.4.5　调节效应检验

本研究采用层级线性回归检验了依恋焦虑对四种活跃使用行为的调节作用,结果如表 6-8 所示。依恋焦虑对网站依恋与四种活跃使用行为之间的关系均具有显著的正向调节效应,其中依恋焦虑在网站依恋与关系维持行为之间的调节效应最大。依据效应规模 f^2 的标准($0.02<f^2\leqslant0.15$:弱效应；$0.15<f^2\leqslant0.35$:中等效应；$f^2>0.35$:强效应)[383],依恋焦虑在网站依恋和关系维持行为之间具有强调节效应,依恋焦虑在网站依恋和关系传播行为之间具有中等调节效应,依恋焦虑在网站依恋和内容创造、关系构建行为之间具有弱调节效应。

表 6-8　依恋焦虑调节作用层次回归分析

类目	内容创造行为 （CCB）		内容传播行为 （CTB）		关系构建行为 （RCB）		关系维持行为 （RMB）	
	主效应	交互效应	主效应	交互效应	主效应	交互效应	主效应	交互效应
网站依恋（SA）	0.214**	0.247***	0.425**	0.517***	0.217**	0.376**	0.463***	0.579***
依恋焦虑（AA）	0.207*	0.213**	0.326**	0.495***	0.198**	0.312**	0.401**	0.685***
网站依恋 * 依恋焦虑	—	0.145*	—	0.396***	—	0.273**	—	0.431***
R^2	0.433	0.471	0.470	0.552	0.431	0.476	0.474	0.613
ΔR^2	—	0.038	—	0.082	—	0.045	—	0.139
f^2	—	0.07	—	0.18	—	0.09	—	0.36

注：$*$, $P<0.05$；$**$, $P<0.01$；$***$, $P<0.001$。

如图 6-4 至图 6-7 所示,依恋焦虑对网站依恋与四种活跃使用行为之间关系的调节效应显现出大体相同的趋势。对于低依恋焦虑老年用户而言,网站依恋对四种活跃使用行为的影响较小。而对于高依恋焦虑老年用户,网站依恋将有效提升四种活跃行为,其中内容传播和关系维持行为随网站依恋的增强,其变化更为显著。

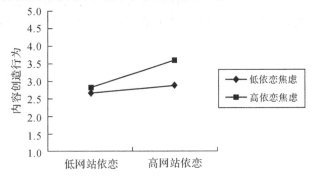

图 6-4　依恋焦虑对网站依恋与内容创造行为的调节作用

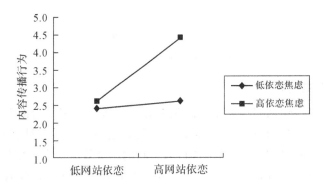

图 6-5　依恋焦虑对网站依恋与内容传播行为的调节作用

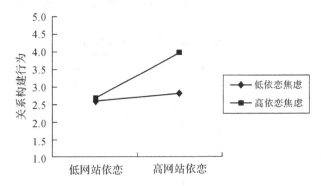

图 6-6　依恋焦虑对网站依恋与关系构建行为的调节作用

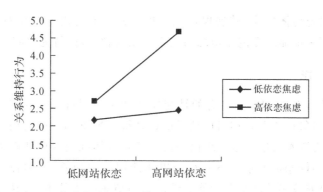

图 6-7　依恋焦虑对网站依恋与关系维持行为的调节作用

6.2.5　讨　论

结合型与桥接型社会资本对人际与群组依恋均有显著的正向作用,并共同解释70.2%的人际依恋方差变异量和54.3%的群组依恋方差变异量。如图6-3中数据所示,结合型社会资本对人际依恋和群组依恋的效应远高于桥接型社会资本。这表明社交媒体环境下老年群体的依恋感主要来源于强关系。这与 Yang 和 Lin[27]的研究结论一致,老年用户使用社交媒体的主要动机是与家人和朋友保持联系而非结交新朋友。人际依恋对网站依恋有显著的正向关系,解释了53.1%的网站依恋方差变异量。这说明社交媒体环境中存在的人际依恋会促使老年用户对社交媒体平台产生一定的情感联结。而群组依恋对网站依恋没有显著作用,主要原因可能是社交媒体环境下虽然老年用户也会加入一些兴趣爱好群,但在其中所形成的群组依恋关系并不足以让老年用户对网站产生依恋感,因此该假设未得到支持。

网站依恋对四种活跃使用行为均具有显著的正向作用,这说明当老年用户对社交网站产生情感依恋后,会在情感扩大机制的作用下产生愉悦和幸福感[377],从而促使老年人加重其使用程度并表现出一系列活跃使用行为。网站依恋在触发不同类型活跃使用行为上也具有不同的作用效力,其中对关系维持行为的作用最大,其次是内容传播行为。这从另外一个层面也反映了通过社交媒体维系现有社交关系和进行信息内容传播是目前老年人更为青睐和使用频率更高的两种使用行为。而网站依恋对关系构建和内容创造行为的影响相对较小,其可能原因为老年人更倾向于保持现有社交圈,较少主动利用社交媒体创建并扩大新的社交关系。同时内容创作行为相比转发等传播行为,需要更多的技能和投入,这对一些老年人来说相对困难,因此对关系构建和内容创造行为的作用相对较小。

依恋焦虑水平在网站依恋与四种活跃使用行为之间均起到了显著的正向调节作用,且调节效应呈现出大小不同的差异。首先,从总体趋势而言,高依恋焦虑特质老年用户明显比低依恋焦虑特质老年用户表现出更多的活跃使用行为,其原因可能是高依恋焦虑特质老年用户往往具有过度的关联性与自我展现需求[378]。高依恋焦虑老年用户会更频繁地通过使用社交媒体来满足其内在需求,以缓解焦虑感,从而表现出更多的活跃使用行为。其次,依恋焦虑对网站依恋与四种活跃使用行为之间的关系具有不同强度的调节效应,这可能是由老年用户特有的身心特点导致的。由于老年用户身体机能衰退,社交范围缩小,他们更期望通过社交媒体与家人、好友等强关系保持亲密关系并获得相应的支持[374],并倾向于使用转发等简单的内容传播功能,其展现自我与扩大社交圈的需求会相对减弱,因此依恋焦虑的调节作用会更多地显现在网站依恋与关系维系、内容传播行为之间。

6.2.6　结　论

本章的理论贡献如下:其一,已有的社交媒体活跃使用行为研究多以年轻群体为研究对象,本章将研究对象扩展至老年用户是对信息系统环境下用户行为研究的有益延伸。其二,本研究基于社会资本与情感依恋理论探讨了老年群体社交媒体活跃使用行为形成的情感路径,验证了不同依恋焦虑水平下其社交媒体使用行为的差异,弥补了以往老年用户社交媒体使用行为研究较多关注平台功能属性而忽略情感因素的不足,从而有利于更加全面地了解老年群体信息系统使用心理行为特征。

本章的实践启示如下:其一,社交媒体平台应重视培养和引导老年用户对社交媒体中的社会资本的利用,特别是结合型社会资本中的亲子亲缘关系,促进老年用户社交网站依恋的形成,从而激发其活跃使用行为。其二,社交媒体服务商应针对老年用户的特质实施有效细分策略,重点关注高依恋焦虑特质用户,更好地满足其情感需求。同时在老年用户获取和保留的不同阶段,应合理分配企业资源。在老年用户获取阶段,由于低焦虑依恋特质用户更容易对平台产生信任与满意,因此可将资源更多地投入高焦虑依恋特质老年用户。而在老年用户保留阶段,由于高焦虑依恋特质老年用户与社交媒体平台产生密切的情感关联后,会更依附于社交媒体平台并表现出较多的活跃使用行为,相比低焦虑依恋特质老年用户,管理者只需花费相对较低的成本即可保留。因此,此阶段应将更多的资源投入低焦虑依恋特质老年用户上。

由于条件局限,本研究仍存在一定的不足。未来研究可根据社交媒体的类型和老年用户的年龄分段进一步分类细化研究。

第七章 衰退期:老年用户社交媒体消极使用行为形成机制研究

社交媒体是一把双刃剑。一方面,社交媒体的使用能够帮助老年群体更好地与外界联系,帮助其获取社会资本,丰富老年生活,有利于身心健康。另一方面,老年用户使用社交媒体信息服务的同时,也不可避免地受到如信息过载、功能过载等负面因素的影响,这些负面因素将导致老年用户产生倦怠、压力等负面情绪,并进一步引发消极使用行为,从而导致老年用户停止使用社交媒体。因此,本章将基于老年用户社交媒体信息服务衰退期的主要影响因素,对老年用户社交媒体信息服务使用衰退期内关键行为特征及其形成机制进行分析。本章分为两节,首先基于 SOR 模型和使能与抑能机制分析老年用户社交媒体信息服务使用间歇性中辍行为的形成机制。然后以健康信息应用为例,进一步分析老年用户社交媒体信息技术抵制行为的形成机制,以及代际支持在此过程中的调节作用。从而进一步验证老年用户社交媒体消极使用行为形成机制,获取老年用户社交媒体消极使用行为关键影响因素,为最终更好地评价与控制社交媒体中的负面因素提供参考。

7.1 老年用户社交媒体间歇性中辍行为研究:基于双机制模型

7.1.1 引言及问题提出

如今,越来越多的老年人开始使用社交媒体,因为它在帮助老年用户保持健康、代际交流、发展新的社会关系、消除社会孤独感、增加心理幸福感等方面具有显著的优势[18,282]。《老年用户移动互联网报告》显示,自 2012 年以来,互联网老年用户的数量增长了 130%,老年用户的增长速度是整体移动互联网普及速度的 1.6 倍[275]。同时,值得注意的是,尽管采用社交媒体的老年用户数量正在增加,但最初的采纳社交媒体并不一定意味着可以成功地转化为永久的忠诚。由于社交媒体中的一些不利因素,如信息过载、系统功能过载等,在采纳后阶段老年用户的社交媒体消极使用行为逐渐显现[384]。据调查,超过 70% 的老年用户在社交媒体上保持沉默[51,367]。一些已有研究也表明,老年用户的社交媒体使用行为呈现出使用频率低和短时中断等特征[36,37,51,385,386]。也就是说,老年用户的社交媒体使用行为往往表现为间歇性中辍模式,即在短时间内放弃使用社交媒体产品,然后重新使用,甚至再放弃,再重新使用[36,37,385,387]。社交媒体老年用户市场的快速发展需要老年用户的积极参与和社会关系的持续增长。老年用户的间歇性中辍行为已成为社交媒体管理者面临的最重要问题之一。

间歇性中辍行为会带来一些不良后果。首先,从提高老年用户社交媒体服务质量角度来说,间歇性中辍行为不利于老年用户生成内容的积累,也不利于持续监控和记录老年用户的使用行为数据[388],从而无法进一步分析老年用户的行为特征,提供准确、个性化的服务,进而导致老年用户忠诚度的下降,甚至永久性的用户流失。其次,从发展社交媒体老年用户市场的角度而言,近年来,老年用户已成为增长最快的社交媒体细分市场之一[27]。在全球老龄化背景下,开发社交媒体老年用户市场具有重要意义。然而,间歇性中辍行为不利于增强社交媒体环境中老年用户之间的社会互动,也不利于吸引更多的新老年用户加入;因此,进一步减少了网站流量,降低了社交媒体老年市场的赢利能力。此外,与严重的消极使用行为(如永久放弃或停止使用)相比,间歇性中辍用户在早期使用阶段积累的积极感知远高于消极感知[389,390];因此,成功扭转间歇性中辍行为用户负面认知的可能性相对较高,成本也相对较低[389-391]。所以,探索老年用户社交媒体间歇性中辍行为的形成机制,进一步减少此类行为,显得尤为迫切和重要。

关于间歇性中辍行为的研究才刚刚起步,关注该领域的文献相对有限。虽然之前的研究已经探讨了间歇性中辍行为的类型、影响因素,但仍存在以下不足:一是现有研究主要针对年轻群体(如表7-1所示),忽略了社交媒体中出现的老年用户。二是以往关于间歇性中辍行为的研究大多集中在促发因素上,而忽略了抑制因素。三是以往的研究大多只探讨了认知或情感单方面因素,关于间歇性中辍行为的整个形成过程(包括认知评价、情绪形成和行为反应过程),至今仍然是一个"黑匣子"。这些研究的不足不利于全面了解社交媒体老年用户的行为,从而无法进一步采取有效措施加以解决。间歇性中辍行为表现为"使用—中断—再使用"的循环模式[387],这种动态采纳过程反映了老年用户可能同时对社交媒体保持积极和消极的评价[392]。也就是说,可能存在使能与抑能双重机制共同作用于间歇性中辍行为。老年用户在社交媒体中感知到的负面因素会促进他们暂时中断使用,以缓解负面因素的影响。同时,老年用户感知到的积极因素会增强他们对社交媒体的黏性,进一步削弱间歇性中辍行为。使能与抑能机制的共存使得用户间歇性地使用社交媒体,而不是完全放弃使用社交媒体。此外,Bagozzi[393]提出,用户行为的形成过程遵循"评价—情绪反应—应对反应"模式。该观点假定个人首先会进行认知评价,然后产生积极或消极的情绪反应,在此基础上个体将根据其情绪反应进一步形成应对反应,实施相同的行为或减少行为频率[279]。"评价—情绪反应—应对反应"过程揭示了个体认知、情感和行为因素之间的内在渐进反应关系[394]。因此,本研究将以老年用户为研究对象,从"使能—抑能"和"评价—情绪反应—应对反应"两个角度探讨老年用户社交媒体间歇性中辍行为形成的双重机制。这两个视角有助于全面系统地揭示老年用户间歇性中辍行为的形成机制,并进一步采取有效策略减少其发生。

表 7-1 间歇性中辍行为的相关研究

作者	被试年龄	间歇性中辍行为的主要影响因素
Ravindran 等[395]	34 名参与者的平均年龄为 40 岁（SD=11.3）	平台相关因素、社区相关因素、个体相关因素
York 和 Turcotte[396]	461 名参与者的平均年龄为 42.89 岁（SD=16.74）	社会经济地位、地理位置、认知因素（"信息过载"）或社交因素（"远离家人"）
沈校亮和厉洋军[397]	低于 40 岁的用户占 81.78%	态度不稳定、态度矛盾、情绪唤醒波动、情绪效价波动
Shen 等[387]	低于 40 岁的用户占 81.78%	中性不确定、中性满意、态度矛盾
Zhou, Yang 和 Jin[398]	<20(4.17%)，20—25(65.62%)，26—30(20.83%)，>30(9.38%)	原因分为四类：用户、情境、功能和内容相关。情境因素更可能导致永久性中断
Shen 等[388]	18—25(14.72%)，26—30(25%)，31—40(42.06%)，>40(18.22%)	绩效卓越、绩效适当、满意、中性满意
甘春梅等[384]	≤18(5.49%)，19—23(79.85%)，24—27(13.55%)，≥28(1.10%)	消极的社会比较、疲劳、嫉妒
李姗姗等[399]	<34 (100%)	主体自我因素（如兴趣变化、精神状态变化、信息过载）、客观自我因素（如表达能力丧失、泛娱乐、生活状态变化）、环境因素（成本、替代方案）

自我调节框架从"评价—情绪反应—应对反应"角度描述了用户行为的形成过程[393]。本研究将采用自我调节框架作为总体理论框架,分别考察间歇性中辍行为的双重形成机制。具体而言,使能机制将考虑感知过载和倦怠因素。已有研究表明,感知过载和倦怠是用户社交媒体使用中断的主要原因[385,400,401]。值得注意的是,对于信息技术产品使用不熟练的老年用户而言[402,403],随着身体机能的下降[21],他们更容易受到社交媒体环境中过载因素的影响,并进一步引发倦怠,最终触发间歇性中辍行为。因此,不同于以往社交媒体感知过载和倦怠研究主要针对年轻群体和不持续使用行为[385,400,401],在使能机制研究中,本研究将具体检验老年用户感知到的来自信息、系统特征和社交三个方面的过载因素（负面评价）是否会引发倦怠（负面情绪反应）,并进一步增强老年用户的间歇性中辍行为（应对反应）。本研究将基于自我决定理论和情感依恋理论探讨使能机制的形成。已有研究证实,情感依恋是预测老年社交媒体持续使用的重要前因[19,31,32,36,37,281]。换句话说,情感依恋可能是减少中断行为的一个重要因素。因此,在已有研究基础上,将进一步探讨情感依恋对间歇性中辍行为的抑制作用。在抑能机制中,将具体验证老年用户从社交媒体使用过程中所感知到的需求满足（积极评价）是否会增加其社交媒体依恋情绪（积极情绪反应）,进而减少间歇性中辍行为的发生（应对反应）。

总之,本研究将回答以下研究问题:①使能与抑能机制是否会共同作用于用户的间歇性中辍行为? 如果这两条机制共存,那么其形成的"评价—情绪反应—应对反应"过程分别是什么? ②对于使能机制,三种感知过载因素触发老年用户倦怠和间歇性中辍行为的差异或特点是什么? ③对于抑能机制,在社交媒体对用户自主、关联和能力需求满足基础上形成的情感依恋是否会缓解老年用户间歇性中辍行为的发生？

这些问题的回答对于老年社交媒体产品的设计、开发和管理至关重要。本研究的贡献如下：第一，本研究以老年用户为目标群体，同时考虑"使能—抑能"和"评价—情绪反应—应对反应"两种视角，更加全面清晰地解释了间歇性中辍行为的形成过程，丰富了现有的间歇性中辍行为研究。第二，本研究通过揭示三种感知过载因素在触发老年用户倦怠方面的不同作用，拓宽了我们对老年用户社交媒体使用特征的理解。第三，本研究通过识别间歇性中辍行为的抑能因素，有助于深入理解如何缓解或减少间歇性中辍行为，丰富了相关研究。同时，本研究为社交媒体提供商采取有效措施减少老年用户的社交媒体消极使用行为提供了一些有益的建议。

7.1.2　相关研究及理论基础

7.1.2.1　间歇性中辍行为

间歇性中辍行为是指个体在一段时间内暂时中止使用某信息技术产品，但后来又恢复使用的重复性"使用—中断—再使用"模式，甚至反复循环[404]。大多数早期的信息系统研究将中断使用视为一种永久性的放弃行为[391]。然而，近年来，研究人员指出，将采纳后阶段的用户绝对区分为用户与非用户是不合适的[405]。根据动态技术采纳观点，个人的采纳决策不是恒定不变的[406,407]。在许多情况下，存在"暂时中断"的用户。当用户停止使用某项技术创新时，他们仍可能再次采用该技术，甚至反复中止和再采纳该技术，这是一种间歇性的中止行为，反映了"随时间推移的预评估、评估、准备、中止、后使用和再采纳"的周期性循环[387,391]。一些研究用不同的术语描述了这一现象，例如"暂时中断"[408]、"再造"[409]和"休假"[396]。

一些学者对间歇性中辍行为的前因进行了探讨（如表7-1所示）。这些研究主要集中在以下四个方面：其一，一些学者建立了包含多因素的整合模型来探究间歇性中辍行为的形成。例如，Ravindran等[395]提出了一个整合概念模型。该模型认为，平台因素、社区因素和自我因素是社交媒体倦怠的前因，并进一步引发三种不同的间歇性中辍行为，包括社交媒体活动中的短暂中断、控制社交媒体活动和暂停社交媒体活动。李姗姗等[399]利用扎根理论和"主我与客我"理论构建了一个影响因素概念模型，描述了间歇性中辍行为形成的"采用—使用—放弃—再选择"周期。其中影响因素包括主我因素、客我因素和环境因素。然而，这些研究仅仅停留在概念模型的构建上，没有进一步地实证检验。其二，部分学者对间歇性中辍行为与永久性中断行为的形成原因进行了比较研究。如Zhou等[398]对间歇性中辍行为和永久性中断行为形成的不同原因进行了对比分析。研究发现，功能和内容相关的因素更有可能引发间歇性中辍行为。其三，一些学者针对人口统计学和消极情绪因素进行了研究。例如，York和Turcotte[396]报告称，脸书暂时中断行为可以用人口统计学因素来解释，包括社会经济地位和地理位置。此外，大多数脸书用户表示，信息超载或社会负担是他们暂时离开的主要原因。甘春梅等[384]指出，消极的社交比较会显著影响用户的倦怠和嫉妒，这将进一步影响用户的间歇性中辍行为。其四，除了社交媒体的间歇性中辍行为外，一些学者还基于矛盾态度和情绪波动视角[397]、修正的"期望—不确认"模型[387]和容忍区视角[388]对可穿戴健康信息系统间歇性中辍行为进行了研究。

虽然以往的研究努力探索了间歇性中辍行为的影响因素,但仍存在以下研究空白。首先,从研究对象来看,现有的研究大多针对社交媒体中较年轻的用户群体(如表 7-1 所示),而针对老年用户这一新兴群体的研究相对较少。其次,从前因变量来看,现有的间歇性中辍行为研究大多是从单一的使能视角解释用户暂停使用社交媒体的原因,而忽略了抑能因素。这些抑能因素反映了用户对社交媒体产品的积极评价,有助于解释为何用户在放弃使用后又重新使用。抑能因素的忽略不利于完整地呈现间歇性中辍行为的发生过程。最后,虽然已有研究从不同角度探索了间歇性中辍行为的前因,但很少有研究同时考虑认知和情绪因素,验证间歇性中辍行为形成的"评价—情感反应—应对反应"形成过程。

考虑到老龄化背景下老年用户群体对社交媒体市场快速发展的重要性[275],以及老年用户使用社交媒体产品的好处,充分而全面地揭示老年用户间歇性中辍行为的形成过程,并采取有效措施减少其发生,对于管理层和学术界都至关重要。因此,为了弥合研究差距,不同于以往研究,本研究将以老年社交媒体使用者为研究对象,从"使能—抑能"和"评价—情绪反应—应对反应"两个角度探讨其间歇性中辍行为形成的路径。

7.1.2.2 "使能—抑能"视角

关于技术产品使用中使能与抑能的研究起源于 Cenfetelli[410]构建的一个双因素模型。先前的研究表明,使能与抑能因素可以同时存在并共同影响用户的意向[411,412]。同时,使能与抑能的前因效应和后因效应是不同的[392,411,412]。因此,为了更全面深入地理解间歇性中辍行为,有必要从"使能—抑能"的角度对其进行研究。在本研究中,使能因素具体是指加速老年用户间歇性中辍行为形成的因素,而抑能因素指减缓老年用户间歇性中辍行为形成的因素。使能和抑能机制的共存使得老年用户间歇性地使用社交媒体,而不是完全放弃社交媒体。

本节将在回顾已有研究的基础上确定社交媒体环境下老年用户间歇性中辍行为形成的使能因素和抑能因素。

(1)识别间歇性中辍行为形成的使能因素

根据以往的研究,感知过载和倦怠被认为是导致社交媒体环境下消极使用行为的重要因素,如参与度下降[413]、间歇性中辍行为[396,398]、转换行为[414,415]和停止使用[400,401]。特别是对于身体机能下降[21]和技术焦虑较严重[402,403]的老年用户,感知过载可能会给他们带来更明显的心理负担,并进一步触发间歇性中辍行为。因此,我们选择感知过载和倦怠作为老年用户社交媒体间歇性中辍行为形成的潜在使能因素,这两类因素分别代表使能机制中负面的认知因素与情感因素。下面将对这两种使能因素做进一步详细介绍。

其一,社交媒体中的过载因素。感知过载是指个人对超出个体处理事物能力的主观评价和感知。近年来,随着信息技术的快速发展,技术过载问题受到了学者们的高度关注[385]。先前的研究已经确定了技术过载的三个维度,包括信息过载、交流过载和系统功能过载[416]。与工作环境下使用的信息技术相比,社交媒体的主要目的是社交,而不是一般用于提高工作效率的通信[417]。因此,本研究采用社交过载取代交流过载,以更准确地匹配当前的研究背景。根据技术过载框架和本节的研究背景,我们提出了社交媒体环境下的三种过载因素,即信息过载、社交过载和系统功能过载。

参考 Zhang 等[417]之前的研究,并考虑到本节的研究背景,我们提供了以下情境化定义。当老年用户从社交媒体中接收了太多无关信息并超出其处理能力时，就会出现信息过载。当老年用户花费太多的时间和精力来维持或加强社交媒体中的社交互动，产生了负面心理感知和负担时，就会出现社交过载。当系统功能过于复杂，超出老年用户的需求和处理能力时，就会出现系统功能过载。

其二，社交媒体倦怠。已有研究发现，倦怠是由感知过载引起的一个典型负面结果[400,413,415,418]。在心理学、医学和组织行为学等领域的倦怠研究都强调[419]，倦怠主要是由过度工作引发的消极情绪反应。社交媒体信息服务是一把双刃剑，当该服务渗透到工作和生活的方方面面，为用户带来需求满足和生活便利的同时[420]，也产生了一系列的负面影响，如社交媒体倦怠[395]。社交媒体倦怠是指使用社交媒体过程中引发的负面情绪反应，表现为疲劳感、无动力使用、失去兴趣、烦躁等[395]。

已有研究发现，感知过载与倦怠之间具有如下关系。一方面，感知过载对倦怠具有直接影响。过载因素被认为是社交媒体倦怠产生的重要预测因子。例如，Lee 等[419]发现，信息模棱两可、系统功能变化速度过快和系统复杂性对信息过载、交流过载和系统功能过载具有正向预测作用。另一方面，一些学者扩展了上述研究，进一步验证了感知过载和倦怠的作用结果。结果发现，在社交媒体中，倦怠是感知过载和消极行为反应之间的重要中介变量。例如，Zhang 等[417]实证检验了三种过载因素对社交媒体倦怠和不满意的积极影响，这些因素将进一步引发用户的不持续使用意图。Lin 等[400]发现，信息过载、社交过载和交流过载会增加用户的倦怠，进而增强他们的不持续使用意愿。因此，感知过载不仅可以直接触发倦怠，还可以通过倦怠引发用户的消极使用行为。因此，我们选择感知过载和倦怠作为间歇性中辍行为形成的主要使能因素。然而，之前有关社交媒体感知过载和倦怠的研究主要集中于年轻群体[395,400,417,419]。研究表明，年轻用户和老年用户在社交媒体使用特征上存在显著差异[374]。因此，我们将检验三种过载因素，即信息过载、系统功能过载和社交过载对老年用户社交媒体倦怠是否有不同的影响。此外，不同于以往研究关注不持续使用行为或永久性中断使用行为[400]，我们进一步将不持续使用行为细化为间歇性中辍行为。

（2）识别间歇性中辍行为形成的抑能因素

抑能因素的识别主要基于已有的老年用户社交媒体使用行为和间歇性中辍行为研究。Margaret[391]指出，间歇性中辍行为中再次采纳行为的形成通常是为了满足短期的需求。此外，那些对社交媒体有强烈情感依赖的人一般在离开后仍然会回来，而且中断的时间会更短[421,422]。已有研究发现，内在需求的满足（如社交联系、有用性）是老年用户使用社交媒体的主要动机[18,27]。特别是在内在需求满足基础上形成的情感依恋，是预测持续使用行为的重要且有效的因素[19,31,32,36,37,281]。即使个体经历了疲劳、压力和焦虑等负面情绪，他们仍会对满足其需求的对象展现出依恋行为[423,293]。

因此，我们参考自我决定理论和情感依恋理论去选取抑能机制中的正向认知变量和正向情感变量，其中，自我需求满足理论阐述了三类人类普遍存在的共同基本需求。下面将对这两类抑能因素做进一步详细综述。

其一，自我决定满意因素。自我决定理论认为，自主、关联和能力需求的实现将塑造和维持个体的动机和行为[303]。这三种心理需求是人类普遍存在的基本需求[303,311]。自主需求指个体在不受约束的情况下自我组织和自我选择的愿望。关联需求是指个体与他人保持联系和归属感的愿望。能力需求是指个人进行某些活动时对成就和效能的渴望[303,311]。

这三类基本需求的满足将产生积极情感,减少消极情感,并改善用户的行为结果[424,303]。如,Ahn 和 Back[315]发现,综合度假体验越能满足客户的自主、能力和关联需求,客户就越有可能依恋该度假品牌。Li 等[421]指出,患者在移动医疗应用程序中所获取的自主、能力和关联需求满足度越高,他们与移动医疗应用程序的情感关联度就越高,这将有助于进一步提高患者的整体幸福感。

其二,情感依恋因素。情感依恋这一概念最初起源于依恋理论,该理论阐述了母婴关系中特殊而强烈的情感纽带。随着研究的深入,依恋理论逐渐扩展到其他情境,并发展出新的子研究领域,如地点依恋[299,425]、品牌依恋[426,296]、"消费者—零售商"依恋[298]等。随着信息系统产品在日常生活中的普及,它将不再仅仅是提高效率的工具。用户同样对所使用的信息系统产品产生情感依恋。近年来,信息系统产品依恋受到了学者们的关注。Namjoo[427]发现,具有强烈依恋感的个体更愿意将时间和精力投入他们所依恋的对象,并在使用信息系统时表现出积极的行为。例如,Namjoo[427]发现,与忠诚度相比,信息系统依恋是虚拟社区参与的一个更强的预测因子。Kim 等[32]发现,结合型和桥接型社会资本对人际依恋和群体依恋都有直接的积极影响,并进一步影响老年用户的网站依恋和对社交媒体的忠诚度。Kim 等[31]指出,社会资本和利他主义对共同纽带和共同身份有积极影响,进而影响用户社交网站重访意愿。Kim 等[281]认为,社交媒体的感知收益和真实体验都是移动社交媒体重访意愿的积极预测因素。Kim 等[19]发现,网站依恋和真实体验是旅游情境下提高老年用户社交媒体持续使用意愿的重要因素。Cao 等[36]发现,与满意度相比,在满足关联需求和能力需求基础上形成的情感依恋对老年用户的持续使用行为具有更大的预测能力。

虽然上述研究成果有助于我们更加深入地理解情感依恋对老年用户社交媒体使用行为的作用机理,但目前的研究主要集中于情感依恋对积极行为的影响,如使用意愿、忠诚、再次访问意向和持续使用意向。情感依恋对消极行为,如间歇性中辍行为,是否具有抑制作用,仍然是一个"黑匣子"。因此,本研究将基于自我决定理论对已有研究做进一步扩展,探讨情感依恋对老年用户间歇性中辍行为形成的抑制作用。

7.1.2.3 "评价—情绪反应—应对反应"视角:自我调节框架

Bagozzi[393]提出的自我调节框架从评价、情绪反应和应对反应三个部分解释了行为意向的形成机制。评价是指个体首先会评价现有情境是否能够帮助其实现目标。情绪反应是指个体在评价过程中会产生的积极或消极的情绪反应。应对反应是指个体会根据情绪反应采取相应的行为反应,保持相同的行为以获得积极结果或降低行为频率以避免消极结果。

自我调节框架为探讨老年用户社交媒体间歇性中辍行为提供了一个合适的理论框架。首先,该理论在在线用户行为研究领域中已得到了很好的验证,如社交网站持续使用行为[279,280,428]、在线购物行为[429]。大量研究表明,自我调节框架对于解释在线环境下用户的行为具有很强的鲁棒性。基于前人研究,我们认为该模型能够为解释老年用户社交媒体间歇性中辍行为提供一个合适的理论框架。其次,自我调节框架由评价、情绪反应和应对反应三个部分组成,能够从整体结构上描述老年用户社交媒体间歇性中辍行为的形成过程。自我调节框架有助于全面了解间歇性中辍行为的连锁反应过程,弥补现有研究未能充分揭示间歇性中辍行为完整形成过程的不足。最后,自我调节框架假设认知评价过程会产生积极或消极的情绪反应,从而进一步形成最终的行为应对反应[393,428]。因此,我们可以同时将情感依恋(积极情绪反应)和倦怠(消极情绪反应)整合到这个框架中,分别考察间歇性中辍行为形成的使能与抑能机制,该理论框架与本节的研究目的非常契合。

我们将把自我调节框架与上述确定的使能因素和抑能因素结合起来,提出本节的概念模型,如图 7-1 所示。具体来说,在使能机制中,我们提出社交媒体中老年用户的感知过载因素(消极认知评价)将触发倦怠(消极情绪反应),进而促进老年用户的间歇性中辍行为的形成(应对反应)。在抑能机制中,我们提出社交媒体中老年用户的自我需求满足(积极认知评价)会增强他们对社交媒体的情感依恋(积极情绪反应),进而削弱间歇性中辍行为(应对反应)。

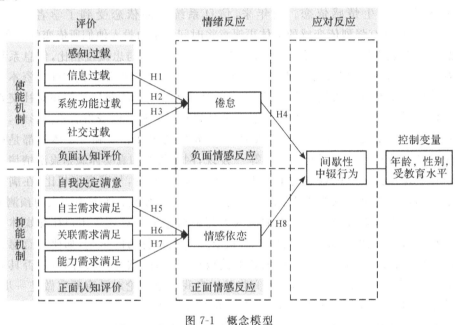

图 7-1　概念模型

7.1.3　研究模型及假设

7.1.3.1　间歇性中辍行为形成的使能机制:感知过载和倦怠

(1)感知过载(负面认知评价)和倦怠(负面情绪反应)

每天都有大量的信息在社交媒体上生成和传播。有限能力模型表明,信息处理需要消耗智力资源。然而,人类的认知资源是有限的[430],当信息量超出用户的处理能力时,就会出现信息过载,进而引起负面反应。已有研究表明,信息过载和倦怠之间具有正相关关系。Chaouali[279]指出,当社交媒体用户处理的信息超出其认知极限时,会导致疲劳。基于"刺激—机体—反应"框架和流理论,Lin 等[400]指出,信息过载与社交媒体疲劳正相关。特别是,当老年用户在社交媒体中不断遇到模糊和矛盾的信息时,他们很难区分信息的可信度,这将进一步加剧他们的疲劳[431,419]。虽然社交媒体产品比以往任何时候都扩展了老年用户的信息访问渠道,但当过多的信息超出了老年用户有限的处理能力时,会造成老年用户的

迷茫和不知所措。因此,我们提出假设如下:

H1:信息过载与老年用户社交媒体倦怠正相关。

系统功能过载反映了用户对社交媒体技术特征的负面认知[417]。已有研究发现,系统功能过载是社交媒体用户倦怠的一个重要预测因素[419,417]。由于功能过多而产生的系统复杂性将增加用户的学习负担,并进一步使他们产生挫败感[416]。特别是对于不熟悉社交媒体产品的老年用户来说,当面对复杂的系统功能时,他们会感到操作困难,并产生沮丧和倦怠感[432]。此外,除系统复杂性外,系统变化速度过快(如添加新功能或频繁升级系统)也是系统功能过载的一个重要预测因素[419]。老年用户习惯于熟悉的事务,通常只使用社交媒体中的一些简单功能[432]。系统功能的更新通常会给社交媒体产品带来一些功能上的变化,导致老年用户不熟悉新的操作界面,甚至可能让他们不知所措。当老年用户在系统功能上花费的精力超出其能力范围时,就会出现社交媒体倦怠。因此,我们提出假设如下:

H2:系统功能过载与老年用户社交媒体倦怠正相关。

尽管社交媒体可以帮助用户在不受时间、地点限制的情况下相互联系,但持续使用也可能会让用户花费更多的时间和精力去处理一些社交事项,如提供社会支持或维护社会关系,这可能会让用户感到不知所措和疲惫[385]。已有研究表明,社交过载是社交媒体倦怠的重要前因[385,418,400]。对于老年用户来说,一方面,社交媒体中过多的社交请求会分散他们的注意力,消耗他们有限的能量,让用户产生被打扰的感觉[416]。另一方面,部分社交过载是由于过度的社会支持需求而造成的社会规范压力[433]。当在社交媒体中面对过多的社会支持需求,如点赞、拉票、被动评论等,老年用户会感到疲惫。因此,我们提出假设如下:

H3:社交过载与老年用户社交媒体倦怠正相关。

(2)倦怠(消极情绪反应)和间歇性中辍行为(应对反应)

根据自我调节框架,当用户在认知评价后形成消极情绪反应时,用户将降低使用频率,以避免或最小化负面情绪反应[393]。已有研究证实,社交媒体倦怠会激发暂时或完全停止使用行为[400,395,417]。对于生理机能普遍下降的老年用户来说,当他们在社交媒体环境中感知到过载因素时,他们会更容易感到倦怠。为了避免这种负面情绪,用户通常会通过降低使用强度、暂时停止使用甚至完全放弃来进行调节[395]。因此,根据自我调节框架和已有研究,本研究假设当老年用户产生社交媒体倦怠时,会采用间歇性中辍行为来缓解。因此,我们提出假设如下:

H4:倦怠与老年用户社交媒体间歇性中辍行为正相关。

7.1.3.2　间歇性中辍行为形成的抑能机制:自我决定满意和情感依恋

(1)自我决定满意(积极认知评价)和情感依恋(积极情绪反应)

当个体感到能够自我选择、自我管理或能展现真实自我时,自主需求就会得到满足。自主需求得到满足的个体更有可能表现出意志力、主动性和依恋行为[347]。研究表明,自主需求满足与情感依恋正相关[315,421,422,311]。当用户觉得某段关系能够满足他们的自主需求时,他们更有可能体验到满足感并依附于它[434]。

MSN提供多种功能,允许用户在虚拟的环境中自由选择、表达和参与活动[378]。老年用户可以自由地分享和展示自己,而不受现实世界的限制。社交媒体极大促进了老年用户与外界的交流,而不受时间和空间的限制,特别是对于一些身体机能衰退、残疾或行动不便的老年用户。实现自主需求是维持良好健康状态的重要先决条件之一[435]。用户更可能依恋自由环境,而不是受限制的环境。因此,当老年用户的自主需求在社交媒体环境中得到满足时,他们更有可能形成情感关联并进一步依恋它。因此,我们提出假设如下:

H5:老年用户从社交媒体中所感受到的自主需求满足程度与其对社交媒体的情感依恋正相关。

当个体感觉到与他人或某对象的关联感与亲近感时,他们可能会感受到爱与关怀,其关联需求就会得到满足,从而进一步形成对该人或该对象的依恋[347]。已有研究表明,关联需求满足与情感依恋正相关[315,421,422]。

社交是老年用户使用社交媒体服务的重要原因之一[27]。社交媒体提供了各种关系工具,如关系形成工具(例如添加朋友、寻找周围的朋友)、即时通信工具(例如语音通话、视频通话)、关系维护工具(例如在朋友圈中共享照片、评论等功能)[378]。社交媒体中的这些关系工具可以帮助老年用户与家人以及外部世界保持沟通与互动。社交媒体中的社交活动有助于带来爱与关怀的感觉,避免孤独感,满足老年用户的人际关系需求。因此,当老年用户的内在关联需求得到满足时,老年用户会倾向于与社交媒体建立情感关联。因此,我们提出假设如下:

H6:老年用户从社交媒体中所感受到的关联需求满足程度与其对社交媒体的情感依恋正相关。

能力需求反映了个体对效能和成就的内在追求。当用户体验到一种关系的有效性和胜任力时,他们会觉得这种关系是可控和安全的,并进一步形成安全的关联或致力于这种关系[313]。也就是说,个人不太可能与让他感到无能的物体保持亲密关系[347]。已有研究表明,从关系、对象或特定活动中所获取的能力需求满足越多,个体就越有可能对其形成依恋感[313-315]。

实用性是老年用户采纳社交媒体的重要动机之一[15,19,31]。一些社交媒体产品集成了一些实用工具,如支付、购票、新闻、医院注册等。这些简单的工具方便了老年用户的生活,能够提高他们处理日常事务的效率。老年用户可以在社交媒体平台上及时获取新闻和相关知识。同时,社交媒体产品还提供了一个轻松自由的环境,帮助老年用户在参与一些活动时展示自己的才华。一些老年用户甚至成为社交媒体虚拟社区的意见领袖,这将进一步给他们带来成就感。因此,社交媒体的使用可以为老年用户带来有效性和成就感,这有助于满足他们的能力需求,并进一步形成与社交媒体之间的情感纽带。因此,我们提出假设如下:

H7:老年用户从社交媒体中所感受到的能力需求满足程度与其对社交媒体的情感依恋正相关。

(2)情感依恋(积极情绪反应)和间歇性中辍行为(应对反应)

情感依恋的重要特征是强烈的动机和行为取向[436]。已有的信息系统研究表明,对信息系统产品的情感依恋程度越高,用户越可能表现出持续使用意愿、频繁参与和忠诚行为等[345,346,367]。对信息产品的情感依恋可以激发用户的积极体验,使个人处于快乐状态,从而进一步提高用户的信息产品使用频率和质量[377]。

这也符合自我调节框架,即用户在认知评价期间形成积极的情绪反应后,会继续或增加相同的行为，最大限度地发挥积极情绪反应的作用[393]。已有研究表明，老年用户对社交媒体的情感依恋与持续使用意向、忠诚度呈显著正相关关系[31-33]。换言之，对社交媒体的依恋程度越高，老年用户的社交媒体使用频率就越高，其间歇性中辍行为就会相应减少。因此，我们提出假设如下：

H8：老年用户社交媒体情感依恋与社交媒体间歇性中辍行为负相关。

7.1.4 研究方法

7.1.4.1 测量量表

概念模型共包括九个反应型变量。在本研究中，所有测量量表均采用经先前研究验证过的较成熟量表。同时，结合本节的研究背景对部分题项进行了情境化修改。为确保一致性，所有题项均先由一位作者将原始英文量表翻译成中文，然后，由另一位研究人员再回译成英文，作为双重检查以检验翻译的一致性。最后，邀请30名老年用户进行预测试，根据其反馈修改完善初始量表。采用李克特5级量表，每个变量用三个项目进行测量，范围从1（"强烈不同意"）到5（"强烈同意"）。表7-2列出了最终测量题项和文献来源。

表 7-2 变量测量和来源

变量	测量题项	来源
信息过载	这个社交媒体应用程序中的信息量多得让我不知所措	Zhang 等[417]
	我发现这个社交媒体应用程序中只有一小部分信息与我的需求有关	
	在这个社交媒体应用程序中阅读太多关于我朋友的信息是一种负担	
系统功能过载	我发现这个社交媒体应用程序中的功能太复杂，无法使用	Zhang 等[417]
	我发现这个社交媒体应用程序中的大多数功能与我的主要使用目的无关	
	我经常被这个社交媒体应用程序中一些不必要的子功能干扰	
社交过载	我在这个社交媒体应用程序中处理了太多来自朋友的问题	Zhang 等[417]
	我花了太多时间在社交媒体应用程序中与朋友互动	
	我太在意我朋友在社交媒体应用程序中的留言或帖子了	
倦怠	我对这个社交媒体应用程序中发生的新事情不感兴趣	Zhang 等[417]
	我对社交媒体应用程序中的提醒或新消息漠不关心	
	当我使用这个社交媒体应用程序时，我感到筋疲力尽	
自主需求满足	当使用这个社交媒体应用程序时，我感觉不受控制	La Guardia 等[347]
	当使用这个移动社交媒体应用程序时，我能按照自己的意愿选择做什么	
	当使用这个社交媒体应用程序时，我可以随心所欲地做我自己	
关联需求满足	当使用这个社交媒体应用程序时，我得到了很多的关爱	La Guardia 等[347]
	当使用这个社交媒体应用程序时，我感觉到与他人的联系	
	当使用这个社交媒体应用程序时，我有一种亲近感	

续表

变量	测量题项	来源
能力需求满足	当使用这个社交媒体应用程序处理日常事务时,我感到一种高效的感觉	La Guardia 等[347]
	当使用这个社交媒体应用程序学习新技能时,我感觉自己很有能力	
	当使用这个社交媒体应用程序来完成一些任务时,我会有一种成就感	
情感依恋	我对这个社交媒体应用程序有依恋感	Kim 等[19]
	使用这个社交媒体应用程序是我生活的一部分	
	使用这个社交媒体应用程序对我很重要	
间歇性中辍行为	我将暂停使用此社交媒体应用程序,然后重新使用它	Shen 等[387]
	我将暂时停止使用这个社交媒体应用程序,但我不会完全放弃它	
	我会离开这个社交媒体应用程序一段时间,然后重新使用它	

7.1.4.2 样本设计

2019 年 3 月,我们采用专业的问卷调查平台问卷星进行了问卷调查。在不同的研究背景下,对老年用户的年龄定义是不同的。由于本研究是在中国情境下开展的,因此,我们根据《中华人民共和国老年人权益保障法》中对老年人年龄的定义,邀请了 60 周岁以上的社交媒体老年用户参与此调查。

被调查者被要求回忆他们社交媒体间歇性中辍行为形成的经历与过程,并在问卷的第一部分填写所对应的社交媒体产品名称。然后,被调查者被要求根据他们在第一部分中填写的社交媒体产品使用体验回答问卷第二部分中的正式调查问题。当被调查者完成调查时,会向他们提供一些随机的奖励,如折扣券、电话费或 10 元人民币。此次调查共发放 400 份问卷,最终回收 343 份问卷,并根据以下标准剔除了 36 份无效问卷:不具备间歇性中辍行为特征和经验的被调查者问卷;所有问题的答案都相同;被调查者回答问卷的时间太短(例如不超过 60 秒)。最终获得有效问卷 307 份。表 7-3 显示了被调查者的基本信息。

表 7-3　被调查者的人口统计信息

变量	类别	人数
性别	男	143
	女	164
年龄	60—65 周岁	139
	66—70 周岁	121
	71—75 周岁	43
	76 周岁及以上	4

续表

变量	类别	人数
受教育水平	高中及以下	208
	大学	93
	研究生	6
具有间歇性中辍使用行为特征的社交媒体产品	微信	93
	QQ	68
	全民 K 歌	48
	抖音	43
	今日头条	26
	寸草心	13
	小红书	10
	下厨房	6

7.1.4.3 共线性方差分析

我们使用了两种不同的方法来检查共线性问题。首先，我们采用了 Harman 单因素检验。按照此方法，最大的旋转因子只能解释 14.3% 的协方差。其次，根据 Rönkkö 和 Ylitalo(2011)[503]之前的研究，我们选择了与其他项目相关性较低的信任变量作为标记变量，该变量的数据是在同一次调查中收集的。然后，将该标记变量作为外生变量纳入模型，预测与每个内生变量之间的关系。最后，发现通过该方法操作后所得到的假设关系结果与原模型的结果相似。因此，以上结果表明，共线性方差问题在本研究中不是一个显著的问题。

7.1.5 数据分析

本研究采用 SmartPLS 2.0 进行偏最小二乘(PLS)法回归分析。SmartPLS 2.0 在国内外研究中已得到广泛应用[437-439,390]，因此，本研究将采用该软件用于测量模型和结构模型的检验。偏最小二乘法回归分析适用于我们的研究，其原因如下：一方面，PLS 并未对数据分布的正态性和样本量做严格的限制[440]。另一方面，PLS 通常用于探索性和新现象研究[418,440]。鉴于间歇性中辍行为研究的探索性和本研究中数据的非正态分布特征，本研究将采用 PLS 进行数据分析，具体包括测量模型和结构模型分析两个步骤。

7.1.5.1 测量模型

首先评估测量模型的信度和效度。测量模型的信度通常用 Cronbach's alpha(CA)和建构信度(CR)来衡量。当 CA 值和 CR 值均大于 0.7 时，信度可接受。如表 7-4 所示，CA 和 CR 的最低得分分别为 0.835 和 0.878，表明测量的信度是可接受的。

对于聚合效度，所有潜变量的标准化因子负荷均大于 0.7，表明量表中的潜变量具备聚合效度。通过 AVE 检验收敛效度。如果 AVE 大于 0.5，则表明收敛有效性是可接受的。

如表 7-4 所示，AVE 的最小值为 0.707，大于建议值，表明收敛效度可接受。通过比较 AVE 的平方根和变量间的相关系数来评估区分效度。如表 7-5 所示，对角线上的值为 AVE 平方根，明显高于相关系数，因此区分效度是可接受的。

表 7-4　标准化因子负荷、AVE、CR、CA

变量	指标	标准化因子负荷	AVE	CR	CA
信息过载 (information overload，简称 IO)	IO1	0.809	0.707	0.878	0.892
	IO2	0.857			
	IO3	0.855			
系统功能过载 (system feature overload，简称 SFO)	SFO1	0.852	0.731	0.891	0.895
	SFO2	0.873			
	SFO3	0.839			
社交过载 (social overload，简称 SO)	SO1	0.843	0.765	0.907	0.846
	SO2	0.911			
	SO3	0.868			
倦怠 (fatigue，简称 FA)	FA1	0.831	0.752	0.901	0.839
	FA2	0.890			
	FA3	0.879			
自主需求满足 (autonomy need satisfaction，简称 ANS)	ANS1	0.864	0.781	0.914	0.848
	ANS2	0.899			
	ANS3	0.887			
关联需求满足 (relatedness need satisfaction，简称 RNS)	RNS1	0.861	0.751	0.901	0.860
	RNS2	0.877			
	RNS3	0.862			
能力需求满足 (competence need satisfaction，简称 CNS)	CNS1	0.874	0.749	0.899	0.835
	CNS2	0.851			
	CNS3	0.871			
情感依恋 (emotional attachment，简称 EA)	EA1	0.866	0.823	0.933	0.892
	EA2	0.933			
	EA3	0.921			
间歇性中辍行为 (intermittent discontinuance，简称 ID)	ID1	0.871	0.717	0.884	0.836
	ID2	0.842			
	ID3	0.827			

表 7-5　区分效度检验结果

变量	IO	SFO	SO	FA	ANS	RNS	CNS	EA	ID
IO	0.884								
SFO	0.420	0.867							
SO	0.443	0.328	0.865						
FA	0.131	0.352	0.331	0.907					
ANS	0.349	0.361	0.236	0.186	0.841				
RNS	0.477	0.315	0.342	0.193	0.352	0.855			
CNS	0.326	0.276	0.373	0.265	0.313	0.351	0.875		
EA	0.391	0.251	0.413	0.254	0.242	0.274	0.286	0.867	
ID	0.345	0.246	0.318	0.275	0.304	0.251	0.274	0.336	0.847

7.1.5.2　结构模型

采用 Bootstrapping 分析法来估计路径系数。结构模型分析结果如图 7-2 所示,大多数假设都得到了支持。信息过载和系统功能过载与倦怠正相关,所以 H1 和 H2 得到支持。倦怠和间歇性中辍行为正相关,因此,H4 得到支持。关联需求满足、能力需求满足与情感依恋正相关,H6 和 H7 得到支持。情感依恋与间歇性中辍行为负相关,H8 得到支持。同时,社交过载与倦怠之间的路径,以及自主需求满足与情感依恋关系之间的路径均不显著,因此,H3 和 H5 假设不成立。此外,三个控制变量对间歇性中辍行为的影响不显著。如图 7-2 所示,59.5% 的倦怠方差变异量、54.9% 的情感依恋方差变异量和 34.7% 的间歇性中辍行为方差变异量分别得到了解释。

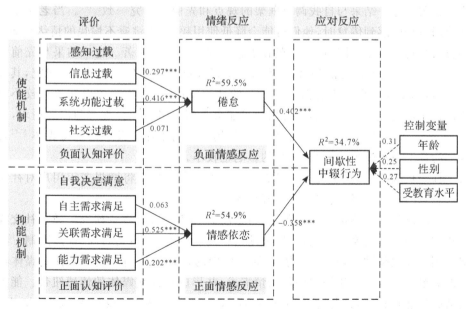

图 7-2　结构模型

注：*,$P<0.05$;**,$P<0.01$;***,$P<0.001$。

7.1.6 讨论及研究发现

本研究基于自我调节框架,初步探讨了老年用户社交媒体间歇性中辍行为的形成机制,从使能与抑能两个维度分别探讨了间歇性中辍行为的形成。下面对研究结果具体讨论如下。

7.1.6.1 主要发现

关于使能机制,研究结果发现信息和系统功能过载都会引发老年用户社交媒体使用倦怠,并进一步增强间歇性中辍行为。

正如最初的研究假设,社交媒体中的两种过载因素(信息和系统功能过载)是老年用户社交媒体使用倦怠的重要预测因子。这一结果与先前的研究一致[419,417]。一方面,由于认知、感知和身体机能的衰退,老年用户在社交媒体使用过程中难以应对和处理大量信息和复杂功能,这些对老年用户的认知能力提出了很高的要求[21],并会引发他们的消极情绪反应,如倦怠。另一方面,与先前的研究不同,以往的研究发现信息过载和系统功能过载对社交媒体倦怠具有相同或近似的影响[419,417],而本研究发现系统功能过载对倦怠的影响远高于信息过载。产生这一结果差异的原因可能是研究样本的不同,以往的研究主要聚焦于年轻群体,而本研究的对象为老年用户。与年轻用户不同,大多数老年用户不熟悉社交媒体产品[27],他们在使用科技产品方面远远落后于年轻用户[441]。之前的大量研究表明,技术操作困难是老年用户使用社交媒体产品的核心障碍[15,18,14]。与过载的信息相比,操作复杂的系统功能对于老年用户来说可能更加困难。因此,与先前研究结果不同[419,417],系统功能过载更容易引起老年用户的负面情绪,因而系统功能过载会比信息过载对倦怠的影响更强。这一结果也反映了老年用户和年轻用户在过载因素感知上的差异。此外,倦怠与间歇性中辍行为正相关。这一结果与自我调节框架的观点和先前的研究一致[417]。当老年用户在社交媒体使用过程中感到倦怠时,他们可能会降低使用频率,以逃避不愉快的情绪感知。

和我们最初的假设不同,社交过载和倦怠之间的关系不显著。这一结果与先前的研究不一致[385,418,417]。其原因可能是,以往发现社交过载对倦怠具有显著影响的研究,其被试主要为年轻用户,年轻用户一般会拥有更广阔的社交媒体,而老年用户更喜欢在较小的社交媒体中进行定向交流[374]。因此,年轻用户可能会收到更多的社会支持和沟通请求,如工作通知、朋友或亲戚的投票帮助。然而,由于老年用户倾向于保持较小的社交媒体[374],因此,他们收到的社交请求较少,受社交过载的影响也较小。

关于抑能机制,研究发现关联需求满足和能力需求满足都将增强老年用户对社交媒体的情感依恋,并进一步减轻其间歇性中辍行为。

关联需求满足与情感依恋正相关,这与之前 Ahn 和 Back[315]的研究一致。社交媒体有助于老年用户与远方的家人和朋友、以前的同事建立联系,而不受时间、地点限制[442],这有助于老年用户克服孤独感,缓解压力[9],提高他们的社会生活满意度。从社交媒体使用中所获得的关爱将有利于老年用户满足亲情需求,并形成与社交媒体的情感纽带。能力需求满足与情感依恋正相关,这与之前 Ahn 和 Back[315]、Loroz 和 Braig[314]以及 Proksch 等[313]的研究一致。这一结果表明,在使用社交媒体过程中对成就感和有效性需求的满足可以唤起老年用户的积极情绪反应,如情感依恋。情感依恋和间歇性中辍行为显著负相关,表明情感依恋作为一种缓冲因素,可以在一定程度上抑制间歇性中辍行为。

同时,自主需求满足对情感依恋的影响不显著。其原因可能是老年用户在使用社交媒体时存在许多障碍,特别是一些不熟悉社交媒体功能、操作困难的老年用户。这些问题将给老年用户带来压力,使他们感到操作受限。因此,老年用户的自主需求不能得到充分的满足,从而难以对社交媒体情感依恋的形成产生积极显著的影响。

整体而言,综合考虑这两种相反的形成机制,本研究发现,老年用户将同时对社交媒体做出正面和负面评价。

无论是使能机制还是抑能机制,都可能对相同的结果产生不同且独立的影响[392]。换言之,老年用户对社交媒体产品同时持有正面与负面评价,而不是绝对或单一的好或坏。因此,使能和抑能机制的联合作用使得老年用户的社交媒体使用行为处于间歇性中辍模式。同时,值得注意的是,倦怠的使能效应要大于情感依恋对间歇性中辍行为的抑制效应,这一发现与 Cenfetelli[410]、Cenfetelli 和 Schwarz[392]之前的研究一致。这些研究表明,与积极作用相比,消极作用可能会更快地被个人评估和感知,并进一步在脑海中留下更深刻的记忆。这意味着与情感依恋的抑能作用相比,倦怠可能对间歇性中辍行为起到更有力的作用。因此,对过载因素和倦怠等负面的认知与情感因素,应给予更多的关注和干预。

7.1.6.2　理论贡献

首先,本研究从"使能—抑能"和"评价—情绪反应—应对反应"两个角度对老年用户社交媒体间歇性中辍行为进行了探索,丰富了现有研究。尽管先前的研究对间歇性中辍行为进行了重要的前期探索,但这些研究大多数以年轻群体为研究对象[395,387,388,396],忽略了全球老龄化背景下社交媒体中的老年用户这一新兴群体,而本研究填补了这一空白。一方面,本研究整合了两种相反的评估机制来揭示老年用户的社交媒体间歇性中辍行为,实证研究结果证实了使能机制和抑能机制的并存状态。另一方面,基于自我调节框架,本研究分别揭示了双重机制的"评价—情绪反应—应对反应"的形成路径。结果发现,老年用户间歇性中辍行为形成的抑能因素不同于使能因素,使能和抑制机制的形成过程是不同的,但不是简单的相互对立。因此,本研究丰富了已有的间歇性中辍行为研究,为老年用户社交媒体使用行为提供了更加全面的理解。

其次,本研究通过揭示三个感知过载因素在触发老年用户倦怠中的不同作用,拓宽了我们对老年用户社交媒体使用特征的理解。已有研究虽然对社交媒体中的感知过载因素与消极情绪之间的关联进行了探讨[419,400,395,417],但这些研究主要集中于年轻用户群体。有趣的是,本研究发现三个感知过载因素对老年用户倦怠的影响路径与之前针对年轻用户的研究结果不同[419,400,417],这些结果丰富了我们对社交媒体环境下老年用户与年轻用户之间心理行为差异的理解。同时,以往关于老年用户社交媒体使用行为的研究很少涉及过载因素[51,18,27],因此,本研究也扩展了已有的老年用户社交媒体使用行为研究。

最后,本研究通过识别抑能因素丰富了间歇性中辍行为研究,这有助于理解如何缓解间歇性中辍行为的发生。据已有文献的梳理结果,目前尚未有研究探索间歇性中辍行为形成过程中的抑能因素。研究发现,在满足关联需求和能力需求基础上形成的情感依恋是减少间歇性中辍行为发生的重要因素。本研究通过阐明这一抑能机制,弥补了已有研究的不足。此外,先前的研究[37,36,19,281,31,32]只考察了用户对社交媒体的情感依恋、持续使用意图或忠诚度之间的正相关关系。换句话说,之前的研究只揭示了情感依恋对积极行为的促进作用。而本节通过进一步揭示情感依恋对消极行为(如间歇性中辍行为)的抑制效应,拓展了已有研究。因此,本研究不仅丰富了我们对情感依恋效应的理解,也为未来在研究模型中加入其他类似的抑能因素以探索如何减少消极行为的研究开辟了道路。

7.1.6.3 实践启示

从实践的角度来看,本研究结果为社交媒体服务提供商提供了一些启示。间歇性中辍行为使能和抑能机制的并存,启示社交媒体服务提供商不仅要设计能够满足老年用户情感需求的社交媒体产品,还要对系统中的过载因素进行管理,以减少老年用户的倦怠。

首先,社交媒体服务提供商在开发社交媒体产品时应关注老年用户的关联需求和能力需求,从而建立老年用户与社交媒体平台之间的情感纽带。一方面,增强社交媒体的功能,以吸引老年用户。例如,使用社交媒体查看照片是老年用户最喜欢的活动之一。因此,社交媒体平台可通过精准推送等方式,帮助老年用户接收更多来自远方老朋友、家人或同事的照片,这有助于让老年用户感受到与他人的联系,提高他们的生活幸福感。另一方面,提供一些老年用户关心的定制内容,如健康、医疗和生活技能等。鼓励老年用户参与社交媒体活动,给予他们积极的鼓励与评论,提高他们的有效感和成就感,有助于满足老年用户的能力需求。

其次,社交媒体服务提供商应采取干预措施,减少或消除社交媒体环境中的过载问题,从而减轻老年用户在使用过程中的倦怠感。"越多越好"可能并不总是正确的(Zhang 等,2016[417]),社交媒体服务提供商应该在老年用户能力,以及系统信息容量和功能难易程度之间找到一个合适的平衡点。一方面,实施内容管理以提高社交媒体中的信息质量,减少信息过载,如推送老年用户感兴趣的定制信息,提供过滤机制,减少不相关信息。另一方面,根据老年用户的经验,简化社交媒体产品功能。例如,避免过度的或不必要的系统升级以减轻老年用户的学习负担,设计老年版社交媒体产品,删除老年用户不常用的冗余功能等。

最后,间歇性中辍行为反映了老年用户社交媒体使用行为的动态性特征。间歇性中辍行为的发生反映了较低的用户活动频率。社交媒体管理员应在日常工作中关注此类老年用户。在他们完全放弃社交媒体之前,把握留住他们的最佳时机,甚至是最后一次机会。因此,除上述两项建议外,还应建立用户分类和活动监控机制,帮助社交媒体平台管理者提前识别具有间歇性中辍行为特征的老年用户,并及时采取补救措施。

7.1.7 结 语

除上述理论和实践意义外,本节还存在一些局限性,未来研究可进一步改进。

首先,为了保持理论模型的可控性和简洁性,本研究仅考虑了基于"过载—倦怠"的使能机制,以及基于"需求满足—情感依恋"的抑能机制。间歇性中辍行为的形成可能还存在其他使能与抑能因素,这些因素仍有待探索。其次,本研究在中国进行,仅选取了中国的社交媒体老年用户作为调查对象,单一的文化背景特征可能影响研究结论的普适性。

因此,针对这些局限性,提出以下几点建议。第一,未来的研究可以加入其他使能因素,如隐私问题,以及其他抑能因素,如流体验等。第二,本研究中的概念模型可以在其他国家进一步验证，以检验结论的普适性。

7.2 感知过载对老年用户移动健康应用抵制行为的形成机制研究：基于 SOR 模型

7.2.1 引言及问题的提出

人口老龄化已成为一个突出的世界性问题。老龄化给社会医疗体系带来了巨大挑战。一项医疗研究报告称，大约 79.5% 的 60 周岁以上老人至少患有一种慢性病，近 50% 的 60 周岁以上老人患有两种及以上慢性病[443]。老年人更容易患疾病，这给政府和每个家庭都带来了压力。移动医疗服务（mHealth）有助于提高老年用户医疗保健服务效率，带来了一系列的便利，如提供用药提示和基于生物特征指标的自我监测、支持远程医疗咨询、降低医疗成本、提供病患交流平台等[444,445]。因此，mHealth 能够为老年人提供有效的医疗保健解决方案。与此同时，随着近年来智能手机设计的改进，老年人对智能手机的使用率和依赖度逐年提高，这为老年用户接受并使用 mHealth 提供了黄金机会[443]。然而，尽管老年人使用 mHealth 有潜在的好处和机会，但研究发现老年人使用 mHealth 过程中仍面临着较多的挑战与困难。老年用户 mHealth 的实际使用率仍然很低[446-448]，这不利于健康产业的发展，也不利于缓解人口老龄化带来的医疗压力。因此，有必要进一步探讨阻碍老年人使用 mHealth 的因素。

鉴于 mHealth 的好处，老年用户 mHealth 使用行为得到了学者们的广泛关注。TAM 和 UTAUT 等经常被用作理论研究框架[443,447,449-452]。一些影响因素，如技术因素、个人特征、环境因素以及使用便利性等问题都被证实会影响老年用户使用 mHealth[443,449-455]。先前的研究极大地丰富了我们对老年人 mHealth 使用行为的理解。然而，已有研究仍存在以下不足：一是大多数已有研究集中于采纳行为[447,449-452,454]，很少有研究关注抵制行为的形成机制以及如何缓解和减少抵制行为。二是尽管研究人员已经开始探索老年用户使用 mHealth 的各种阻碍因素，但有关过载因素和消极情绪因素的研究却很少。已有的信息系统使用行为研究发现，这两类因素是影响用户信息行为的关键因素[385,416-418,456]，特别是对于不熟悉信息技术产品的老年用户，他们将受到更大的影响[27]。这些研究的不足可能会阻碍我们全面了解老年用户的 mHealth 使用行为，不利于我们采取有效的预防措施来促进老年用户的使用。因此，本研究试图通过探索 mHealth 中存在的过载问题如何诱发老年用户的负面情绪并进一步引发抵制行为来弥补已有研究的不足。

到 2050 年，中国老年人口将达到 4.8 亿，几乎占世界老年人口的四分之一[457]。中国即将成为老龄化问题最严重的国家之一。中国政府正在大力推动移动医疗的发展，以缓解老龄化带来的社会医疗压力。尽管大量的 mHealth 应用正在涌现，但目前中国大多数老年人的使用率仍然很低[457]。因此，本研究将基于此背景展开。

本研究将采用"刺激—机体—反应"（SOR）模型[458]作为理论框架，具体探索 mHealth 环境中老年用户所感知到的信息过载和系统功能过载（刺激）因素如何引发老年用户的倦怠和技术压力（机体），从而导致他们的抵制行为（反应）。同时，孝道文化是中国的传统美德,百善孝为先[455,459,460],来自家庭成员中孩子的数字化反馈会对父母的信息技术使用态度和行为产生积极影响[461-464]。因此,本研究将代际支持作为一个具有中国文化特色的变量整合到模型中,以检验代际支持对抵制行为的直接与调节效应。

本研究的贡献如下:首先,通过探索老年用户 mHealth 抵制行为的形成机制,扩展和丰富了老年用户 mHealth 使用行为研究。其次,本研究确定了 mHealth 应用环境中两个关键的过载性因素,以及这两个因素在引发老年用户消极情绪过程中的不同效应,从而进一步丰富了已有研究。最后,研究表明代际支持可以作为一个缓冲因素减少老年用户对 mHealth 的抵制行为,这提供了一个解决方案。这些研究结果对深入了解老年用户 mHealth 抵制行为形成机制,帮助管理者采取有针对性的预防措施提供了有益的参考。

7.2.2　相关研究及理论基础

该部分首先回顾了老年用户健康应用使用行为的相关研究,这有助于了解已有研究的不足和本节的研究目的。然后,基于 SOR 框架,将信息过载和系统功能过载、倦怠和技术压力以及抵制行为,分别作为刺激、机体和反应成分构建了整合模型。代际支持也被整合到模型中,以探索抵制行为的抑制因素。下文将简要回顾相关理论与研究,作为研究模型和假设的理论背景。

7.2.2.1　老年用户移动健康应用使用行为研究

作为一种新兴应用,mHealth 产品尚未被老年用户广泛使用。一些研究发现,年龄是影响用户使用 mHealth 产品意愿的一个显著因素。例如,Kaphle 等[465]发现,随着年龄的增长,mHealth 采纳率降低的可能性会增加。Leigh 等[466]指出,随着患者年龄和成本的增加,其数字健康处方使用率显著降低。同时,目前大量的老年用户健康应用使用研究主要集中于采纳行为上。

UTAUT 和 TAM 是已有研究中最常用的理论框架。作为信息系统采纳研究中具有影响力的理论,UTAUT 由 Venkatesh、Davis 和 Davis[334]提出。UTAUT 中的核心变量包括绩效预期、努力预期、社会影响和促成因素,用于预测用户的采纳意愿。TAM 也是最具影响力的技术采纳模型之一。TAM 提出实际技术使用行为由技术采纳意愿决定,而反过来,意愿可以通过感知有用性和感知易用性来预测[328]。现有的研究主要是在这两个模型的基础上,整合具体的情境变量和老年用户的特征变量来考察老年用户的移动医疗应用采纳行为。例如,Hoque 和 Sorwar[447]将 UTAUT 与抵制改变和技术焦虑变量相整合,研究影响老年用户采纳 mHealth 产品的影响因素。Quaosar 等[452]将 UTAUT 与感知可信度相整合,研究影响老年用户 mHealth 服务使用意向性的因素。Cimperman 等[451]在 UTAUT 基础上扩展了医生意见、计算机焦虑和安全感三个相关变量,用于分析老年用户家庭远程医疗服务采纳行为。Alsswey 与 Al-Samarraie[450]用 TAM 检验了老年用户对基于阿拉伯文化的移动健康产品 UI 设计的接纳度。Guo 等[449]在 TAM 基础上整合了技术焦虑、抵制改变、抗拒改变的性格几个相关变量,构建了一个整合模型,以揭示中国老年用户接受 mHealth 服务过程中的阻碍因素。除了基于 TAM 和 UTAUT 技术模型的研究外,一些研究还从其他角度探讨了老年用户的健康应用使用行为。例如,基于保护动机理论和社会认知理论,Fox 和 Connolly[454]发现不信任、高风险感知和强烈的隐私保护欲望会影响老年用户的健康应用采纳意愿。Lee 等[453]指出内容价值对老年用户的 mHealth 使用意愿有显著的积极影响。

影响采纳行为的因素多种多样[467],除了针对老年群体的 mHealth 使用研究外,还有大量的 mHealth 采纳研究是从普通公众群体视角展开的,这有助于我们更全面地了解老年用户的特征。例如,基于扩展的 TAM,Hoque[468]发现,感知易用性、感知有用性和主观规范与孟加拉国年轻人的 mHealth 服务采纳意愿显著正相关。To 等[469]利用扩展的 TAM 来探索中国年轻人的健康应用采纳意愿。他们发现,感知有用性对健康应用使用意愿具有显著的影响。沟通有效性、健康意识和易用性是影响年轻人 mHealth 使用意愿的重要因素。同时值得注意的是,在 To 等的研究中,感知易用性对 mHealth 使用意愿具有直接的负面影响。Alam 等[470]将 UTAUT 与隐私、生活方式、自我效能感和信任相整合,探索年轻用户采纳 mHealth 应用的影响因素。结果证实预期绩效、社会影响、享乐动机和隐私对行为意向具有积极影响,便利条件、自我效能感、信任和生活方式对行为意向和实际使用行为均具有显著影响。

同时,一些研究人员进一步探讨了老年用户和其他年龄组用户 mHealth 采纳行为的差异。例如,Deng 等[443]基于价值态度行为(VAB)模型和计划行为理论(TPB)模型,比较了中年用户与老年用户移动医疗服务的采纳行为差异。结果显示,感知价值、态度、感知行为控制和抵制改变是中年组健康应用采纳的主要预测因素。除感知价值和感知行为控制外,技术焦虑和自我实现是影响老年组 mHealth 采纳意愿的另外两个重要预测因子。Guo 等[471]比较了隐私个性化悖论因素对年轻和老年用户 mHealth 接受意愿的不同影响。结果显示,与年轻用户相比,关注隐私问题的老年用户较少。综上所述,尽管现有研究已从多个角度探讨了老年用户的 mHealth 使用情况,但仍存在一些研究空白。

首先,当用户遇到创新产品时,接受创新和抵制创新是两种主要的行为反应[412]。然而,现有的研究主要集中在老年用户的健康应用采纳行为上。很少有研究关注老年用户的抵制行为,而该行为是老年用户中普遍存在的现象[472]。这将妨碍我们全面了解老年用户健康应用使用情况,并采取有效的干预措施。

其次,现有研究主要基于 TAM 和 UTAUT 框架探索影响老年用户健康应用使用的相关因素,如技术因素(如感知易用性、感知有用性)[449,450]、个人特征(如技术焦虑[443,449]、感知安全性、感知身体状况[443]、变革阻力[449]、自我实现需求[443]、隐私问题[454])、环境问题(如社会影响[453]、主观规范[455])、促进问题(如支持可用性、促进条件[451,452])。虽然这些影响因素在一定程度上可以帮助我们间接了解老年用户的 mHealth 应用抵制行为,但 TAM 和 UTAUT 框架主要用于预测用户的采纳行为[328,334]。采纳和抵制行为不是两个完全等价的对立概念,换句话说,不采纳并不等于抵制[472]。采纳行为的影响因素或限制因素不能完全用于理解抵制行为。一方面,采纳行为是指用户最初接触信息产品时的接受行为,发生在信息系统使用生命周期的开始[472]。然而,抵制行为可能发生在信息系统使用的整个生命周期中,如采纳后阶段的抵制行为[473]。另一方面,采纳和抵制的研究视角通常不同[474]。前者主要基于感知、态度和行为意图来解释用户的采纳行为[475],而后者主要基于系统实施带来的变化或负面影响来解释用户抵制信息技术的原因[476]。因此,TAM 和 UTAUT 框架中所包含的影响因素并不能帮助我们全面而完整地理解抵制行为,需要对抵制行为进行直接研究。此外,已有研究表明,系统设计缺陷和负面情绪是导致抵制行为的重要原因[477,478],但在现有老年用户的 mHealth 使用行为研究中很少提及这些因素。因此,本研究试图弥补这一研究不足,探索特定的系统设计缺陷和负面情绪如何触发老年用户的 mHealth 抵制行为。

最后,不同年龄组的用户在 mHealth 使用方面存在一些相似性和差异性。例如,感知有用性、主观规范、感知价值和感知行为控制是影响老年用户和年轻用户使用 mHealth 的共同因素[443,449,468,469]。同时,老年用户和年轻用户在某些因素的感知上也存在差异,如隐私问题[334]、技术焦虑[443,447,449]。值得注意的是,对于感知易用性,针对老年用户的已有研究结论相对一致,即感知易用性对老年用户信息产品采纳意愿具有显著的正向影响。然而,对于年轻用户来说,其研究结果不完全一致。一些研究发现,对于年轻用户来说,感知易用性可能会产生积极的[443]或消极的影响[469]。换句话说,老年用户普遍认为 mHealth 应用程序功能应该简单易用,而部分年轻用户需要更多的系统功能。因此,老年用户和年轻用户对于产品设计复杂性的感知可能不同。由于年龄障碍,与年轻用户相比,老年用户更容易在 mHealth 环境中感知到过载因素。如系统功能过载和信息过载这两类过载因素也反映了系统设计缺陷。

同时,根据产品通用设计(UD)原则,"简单直观的使用""可感知的信息""降低体力和精力的支出以减少疲劳"是产品设计的核心要求[479],mHealth 产品设计过程应避免系统功能和信息的过载,以减少用户对倦怠、技术压力等负面情绪的感知。因此,本研究将基于已有的研究成果和 UD 原则,从感知过载和负面情绪的视角具体探索老年用户 mHealth 抵制行为的形成机制。

7.2.2.2　理论框架:"刺激—机体—反应"模型

SOR 模型是解释外部刺激如何与个体的内部状态相互作用,最终导致个体行为的经典框架模型。该模型强调刺激是由外部环境引起的,在各种外部因素(刺激)的刺激下,个体会通过对其内在心理活动(机体)的判断做出相应的行为改变(反应)[458]。

SOR 模型对于本研究是一个非常适合的理论框架,其原因如下:第一,该模型已被广泛应用于研究信息系统环境下的用户行为反应研究。例如,Zhou 基于 SOR 模型研究了在线健康社区环境下社区质量、社会支持、信任和用户知识共享意愿之间的关系[359]。Fu 等研究了外部相似性和内部相似性对用户感知有用性、感知享受、对成员的信任的影响,以及这些因素对在线购买电影票意愿的影响[480]。Yao 等探讨了社交互动过载、工作入侵和隐私入侵如何对感知有用性、技术压力和感知享受产生影响,并进一步影响用户的社交媒体使用意愿[456]。已有研究表明 SOR 模型是一个合适的框架,用于解释当个体面对信息系统环境中的刺激时,其内在的心理感知和行为反应。第二,SOR 由刺激、机体和反应三个主要部分组成,解释了用户行为的形成过程,这与本节的研究目的相一致,即探索与过载相关的刺激因素如何触发老年用户的内部心理感知,从而产生抵制行为。因此,本研究将应用 SOR 模型来研究老年用户 mHealth 抵制行为的形成过程。

(1)感知过载(刺激)

感知过载是指个体对超出其处理能力的事物的主观评价和感知。环境需求与个人加工需求的不匹配导致过载。根据 Karr Wisniewski[416]提出的技术过载框架,系统功能过载、信息过载和交流过载是技术过载的三个主要突出因素。系统功能过载是指给定的技术对于给定的任务来说过于复杂。信息过载是指用户在信息系统中接收到的信息超过了用户的处理能力。交流过载是指当一个人被过多的沟通打断时,会进一步导致工作效率的降低。与社会信息系统产品不同,老年用户使用 mHealth 的主要目的是获得健康信息服务,而不是社交或交流。因此,基于本节的研究背景,信息过载和系统功能过载将被视为 mHealth 系统环境中主要的感知过载因素。

先前的研究已经证实,感知过载是导致用户负面感知的一个重要因素,如疲劳、后悔、技术压力、情绪衰竭等,这些负面情绪会进一步触发用户的负面行为[385,395,418,419,432,481]。但现有的研究主要集中在社交信息系统产品上,如微信、脸书、推特、品趣志(Pinterest)等,这些产品主要用于娱乐、休闲、社交,研究对象也主要集中于年轻用户。对于老年用户来说,在 mHealth 信息系统环境中感知到的信息过载和系统功能过载是否会引发他们的负面情绪感知,并进而触发 mHealth 抵制行为,如何减轻这些负面因素对老年用户使用 mHealth 产品的影响,这些问题需要进一步深入探索。

(2)疲劳和技术压力(机体)

SOR 模型表明,用户的内部机体感知在外部环境刺激和用户行为反应之间起着中介作用[458]。已有的信息系统研究证实了用户内部机体感知对于倦怠与技术压力具有显著作用。

倦怠是指由于心理或生理因素导致的自我评估不愉快的感觉[482]。心理倦怠的特征为一系列的消极感知,如疲劳、无聊、疲惫等。身体倦怠的特点是缺乏能量、长期精疲力竭和虚弱。这两种形式的倦怠可能不会在所有情况下同时出现。根据研究背景的不同,倦怠可能以一种形式出现,也可能同时以两种形式出现。身体上的倦怠通常发生在与体力劳动相关的强制性环境中,而不是在自愿的情境下发生的[417]。在本研究情境中,老年用户的 mHealth 使用行为通常是自愿行为,且不需要强体力的支出。因此,mHealth 倦怠更多地可被视为一种心理倦怠,通常表现为一系列的消极情绪反应,如疲劳、厌倦、疲惫、无聊等[417,483]。

技术压力指"使用技术引起的压力或心身疾病"[484]。先前的研究发现技术压力的来源包括工作量增加、技术入侵、技术复杂性、理解困难、技术不安全、技术升级过快[485]。技术压力对用户的行为有重大影响。抵制新技术是技术压力带来的不良后果之一[456]。

过载是影响信息技术产品使用的主要负面因素之一[416]。倦怠和技术压力是感知过载的两个重要结果,这已在许多实证研究中得到验证[418,456]。此外,倦怠和技术压力也是信息系统消极使用行为的重要驱动因素,在感知过载和信息系统消极使用行为之间起着重要的中介作用[456]。因此,本研究试图验证在 mHealth 应用环境中,倦怠和技术压力体验是否会完全或部分地中介老年用户感知过载与抵制行为之间的关系。

(3)抵制行为(反应)

用户抵制行为是指个体对信息系统实施可能引起的变化所产生的不良反应和反对态度或行为[486]。用户抵制行为可发生在信息系统实施的任何阶段,包括实施前阶段、实施中阶段和实施后阶段[473]。根据抵抗的强度,用户信息系统抵制行为的外部表现可分为四个层次:冷漠、被动抵抗、主动抵抗和攻击性抵抗[487,488]。具体而言,冷漠意味着用户对信息系统的实现不感兴趣,并且显得不活跃、疏远、缺乏兴趣等。被动抵抗是指用户通过某种隐性行为影响信息系统的实施,表现为抱怨、拖延策略、坚持先前行为、退缩等。主动抵抗是指用户采取一些明显但非破坏性的行动来阻碍信息系统的实施,例如公开发表不适当的相反评论,煽动他人共同抵制新系统的实施等。攻击性抵抗是指用户采取一些破坏性行动来阻止信息系统的实施,如罢工、抵制和破坏。工作环境下的抵制行为通常表现为主动和攻击性的信息系统抵制行为[487,488]。基于本研究背景,我们所关注的老年用户对 mHealth 的抵制行为,主要表现为冷漠和被动抵抗的外部特征。

已有研究基于人本理论、系统导向理论、人与系统互动理论、公平实施理论、期望理论、现状偏好理论等解释了信息系统抵制行为[474,486]。研究发现,用户特征、系统特征、负面情绪、负面期望、认知差异、组织支持、技术或社会变化是影响用户抵制行为的重要因素[474]。不同的研究背景决定了影响因素的差异。mHealth 主要应用于个人健康信息和服务的获取,因此用户行为主要受系统或个人层面因素的影响,而不是受组织层面因素的影响。先前的研究发现,系统设计缺陷,如不友好的界面或复杂的操作,是用户抵制的主要原因[478]。同时,信息系统的实施还会激发用户的一些情感反应。当用户体验到悲伤、愤怒、痛苦、厌恶、疲劳、压力和恐惧等负面情绪时,用户往往会抵制信息系统的实施[477]。在 mHealth 环境下,由于认知、感知和身体机能的下降等障碍[489],老年用户更容易从系统功能和信息特征中感知到过载因素,并进一步产生倦怠和技术压力。感知信息过载和系统功能过载反映了系统设计的缺陷。倦怠和技术压力反映了消极情绪。根据先前的研究[477,478],所有这些因素都可能是用户抵制行为的主要诱因。

因此,本研究将从感知过载和负面情绪的角度探讨老年用户 mHealth 抵制行为形成的影响。

7.2.2.3　代际支持

代际支持一般指父母与子女之间的经济互惠、生活互助和情感互助过程。孝道是中国的传统文化[460]。子女有义务帮助父母,包括尊重、照顾和支持父辈[455]。在中国,相反方向的代际支持,即从子女到老年人的代际支持,是一种非常普遍且具有代表性的文化特征[459]。随着信息技术的发展,代际支持也体现在数字反哺中。子女的支持在帮助老年用户学习如何使用社交媒体、手机以及其他新信息技术方面起着重要作用[461]。同时,来自子女的医疗资源支持,如医疗信息和护理,对于老年用户实现健康老龄化非常重要[490]。

在本研究中,代际支持是指在使用 mHealth 应用程序时,子女对父辈的情感或技术支持。现基于已有研究提出,来自子女的代际支持可能有助于老年用户使用 mHealth 应用程序,并减少他们对 mHealth 应用程序的抵制行为。因此,我们将代际支持纳入 SOR 理论框架中。一方面,我们将探讨代际支持对抵制行为的直接影响。另一方面,我们将检验代际支持在消极情绪和抵制行为之间的调节效应。

7.2.3　研究模型及假设

基于 SOR 的理论框架和上述文献综述,提出了研究模型,如图 7-3 所示。同时,先前的研究发现用户的年龄、性别、受教育水平会影响信息系统的使用[475]。因此,我们采用这三个变量作为控制变量。

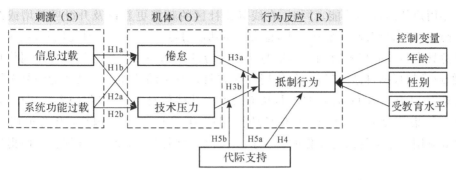

图 7-3　概念模型

7.2.3.1　过载(S)和心理感知(O)

(1)信息过载与倦怠、技术压力

提供健康信息是 mHealth 应用的主要服务功能。随着 mHealth 应用的快速发展,大量的健康信息在系统中不断产生并传播。然而,当信息处理所需的能力(如认知努力和时间)超过个体的能力时,就会产生信息过载[279]。处理过多的信息容易导致"信息疲劳综合征",表现为焦虑和失眠症状增加以及疲劳[395]。同时,同质化和低质量的信息也是信息过载产生的主要原因,并会进一步引发信息系统环境中的个体感知倦怠[419]。重复和虚假的信息往往会让用户错过真正有用的信息,或者花费大量时间来区分信息的真实性和有用性,这容易导致用户产生强烈的易怒性[395]。

信息过载与倦怠之间具有显著的正相关关系,这已在先前的研究中得到了验证。例如,Lin 等[395]指出,信息过载是社交媒体倦怠的主要预测因素。Lee 等[419]发现,信息过载是一种压力源,会让用户感到不知所措和情绪疲惫。同时,对于老年用户来说,生理机能的下降和健康信息素养的低下会进一步加剧信息过载对倦怠的作用效应。因此,基于现有研究,我们提出以下假设:

H1a:信息过载与老年用户感知倦怠正相关。

mHealth 应用程序中过载的信息增加了老年用户的工作量。由于移动设备单个页面内可显示的内容是有限的,mHealth 中大量的信息分布在不同的页面中,需要老年用户通过页面跳转才能获取更多的信息。然而,老年用户对按钮图标的理解能力有限,可能存在对界面按钮所代表的含义不理解等问题。因此,老年用户可能无法获取那些只有单击下一步按钮后才可见的信息[491]。同时,移动应用程序中的信息内容字号通常较小,这对视力下降的老年用户不太友好,阅读过多的信息会增加他们的负荷[21],并带来技术压力。因此,根据现有研究,我们提出以下假设:

H1b:信息过载与老年用户感知技术压力正相关。

(2)系统功能过载与倦怠、技术压力

为了吸引用户并提升他们的体验,目前大多数 mHealth 应用程序集成了许多系统功能。虽然添加新颖的系统功能会使得产品更加独特,但过多的功能可能会导致功能过载,让用户感到不知所措[416,419]。例如,一些以专业在线健康咨询为主要功能的在线健康社区,将发票管理、用药、康复日记等一些辅助功能也集成到了系统中。太多的系统功能很容易干扰老年用户使用核心功能。同时,在线健康社区的频繁更新以及升级后新增或改进功能,会导致老年用户对新系统不熟悉,也会产生功能过载。一些实证研究证实,系统功能过载对倦怠具有显著的积极影响[481],这与功能疲劳理论一致。当老年用户使用信息产品时,他们通常只根据自己的目的,仅使用一些有限且特定的功能。产品功能的复杂性增加了操作难度,干扰了核心功能的使用,从而会产生功能倦怠[432]。与年轻用户相比,老年人的计算机焦虑程度更高,信息技术产品控制能力也更弱[443]。因此,当老年用户面对mHealth 应用程序中复杂的操作时,他们更有可能感到沮丧和疲劳。因此,我们提出以下假设:

H2a:系统功能过载与老年用户感知倦怠正相关。

大多数老年人无法熟练操作移动应用程序[21]。功能复杂是导致系统功能过载的原因之一。mHealth 应用程序的复杂功能将花费老年用户更多的时间和精力去学习如何操作。技术的复杂性增加了工作量和心理负担,也会带来技术压力[419]。同时,频繁的系统升级和修正也会导致系统功能过载[419]。mHealth 应用程序通常会定期升级系统,系统版本频繁升级带来的不确定性是造成技术压力的原因之一。对于老年用户来说,他们习惯于熟悉的东西[27],新增功能会导致老年用户对操作界面不熟悉,无法找到所需的功能选项。学习新功能对于老年用户而言通常是一大障碍[270],这将给他们带来技术压力。因此,我们提出以下假设:

H2b:系统功能过载与老年用户感知技术压力正相关。

7.2.3.2 心理感知(O)与抵制行为(R)

根据用户适应应对模式[492],用户受到技术威胁时,他们会采取适应策略,以避免或最小化负面结果带来的不愉快感觉,如采用中断使用、缺勤[493]、信息回避[418]等应对策略。现有研究表明,心理压力和疲劳会导致低参与度,并对用户的抵制活动产生积极影响。例如,Zhang 等证实社交媒体倦怠会降低用户使用强度,甚至使用户完全放弃使用[417]。Luqman 等发现,脸书的过度社交使用、享乐使用和认知使用会导致技术压力,又会进一步导致用户产生中断使用意图[494]。老年用户在使用 mHealth 应用程序时会面临更大的感知障碍[495],这可能会带来较大的负面情绪和技术压力。根据用户适应应对模型,当老年用户体验到更高水平的倦怠和技术压力时,他们更有可能采取抵制行为来逃避负面心理感知。因此,我们提出以下假设:

H3a:老年用户感知倦怠与 mHealth 抵制行为正相关。

H3b:老年用户感知技术压力与 mHealth 抵制行为正相关。

7.2.3.3 代际支持

近年来,子女对老年用户信息技术使用的支持作用越来越受到重视[461]。在接受和使用信息技术方面,年轻群体领先于老年群体。数字反馈为老年群体的互联网使用以及信息技能提升提供了有效的支持[464]。研究发现,在计算机、手机和互联网等新技术的早期传播阶段,孩子们对于教授和帮助长辈掌握新技术的态度非常积极[462]。有孩子的家庭倾向于使用更多的数字媒体。孩子们通常会为他们的祖父母提供精神鼓励,并为他们解释如何使用信息技术产品[463]。尽管代际支持只是影响新技术传播和使用的众多因素之一,但其影响不容忽视。因此，根据现有研究，我们推断，更善于使用信息技术的年轻群体会向年老的父母提供一些支持，帮助他们解决使用 mHealth 过程中的困难。这种支持与帮助，能够有效减少老年用户对 mHealth 应用的抵制行为。

H4：代际支持减少了老年用户 mHealth 抵制行为。

年龄障碍，包括认知、动机、身体和感知能力的下降，阻碍了老年用户使用 mHealth 应用[495]。他们需要反复尝试和学习，才能掌握使用 mHealth 的方法。在这个过程中形成的消极情绪，如倦怠和技术压力，很容易让老年用户感到沮丧，并导致他们放弃使用应用程序[496]。先前的研究表明，来自子女的技术支持和情感支持可以促进老年用户使用新技术产品[464]。因此，我们提出，老年用户在使用 mHealth 应用的过程中获得的代际支持越多，就越有可能减轻负面情绪对抵制行为的影响。

H5a：代际支持减弱了老年用户倦怠与 mHealth 抵制行为之间的关系。

H5b：代际支持减弱了老年用户技术压力与 mHealth 抵制行为之间的关系。

7.2.3.4 倦怠与技术压力的中介作用

根据 SOR 模型，外部环境刺激将通过用户所感知的内在状态引发行为反应[458]。感知的内在状态在这一过程中起到了中介作用。已有的社交媒体系统研究已经证实，信息系统中的过载因素会导致用户的负面情绪感知，进而影响用户的负面行为。例如，Guo 等[418]发现，社交媒体倦怠部分中介了信息过载、社交过载和信息回避行为之间的关系。Luqman 等[494]指出，技术压力和倦怠中介了过度社交、享乐、认知使用和中断使用意图之间的关系。Cao 和 Sun[385]指出，交流和社交过载会通过社交媒体中的后悔间接影响不持续使用意图。

结合 H1a、H2a 和 H3a 假设，老年用户从 mHealth 应用中感受到的倦怠将中介信息过载、系统过载和老年用户 mHealth 抵制行为之间的关系。同时结合 H1b、H2b 和 H3b 假设，老年用户在 mHealth 应用中感知到的技术压力将中介信息过载、系统过载和老年用户 mHealth 抵制行为之间的关系。因此，基于 SOR 模型和已有的研究，我们提出以下假设：

H6a：倦怠在信息过载与老年用户 mHealth 抵制行为之间具有中介作用。

H6b：倦怠在系统功能过载与老年用户 mHealth 抵制行为之间具有中介作用。

H6c：技术压力在信息过载与老年用户 mHealth 抵制行为之间具有中介作用。

H6d：技术压力在系统功能过载与老年用户 mHealth 抵制行为之间具有中介作用。

7.2.4 研究方法

7.2.4.1 测量量表

研究模型包括六个反映型变量，所有变量均采用多项测量题项。本研究所使用的测量量表均是在 mHealth 应用服务、老年用户 mHealth 使用行为、信息系统过载、信息系统抵制行为等已有研究文献的基础上改编而成的。为确保一致性，按照已有研究中广泛使用的回译程序[497-499]，先由一名研究人员将初始英文版问卷翻译成中文。然后，分别由其他三位研究人员独立地将它们翻译成英文，作为一种双重检查以检验翻译的准确性与一致性。同时，为了提高测量的内容效度，根据 mHealth 应用研究背景和老年用户的特点对所有项目进行了情境化修改。采用李克特 5 级量表，范围从 1 到 5(1 表示"强烈不同意"，5 表示"强烈同意")。先对 50 名拒绝使用 mHealth 应用的老年用户进行了预测试。根据预测试反馈,修改或删除了一些不恰当的问题,以确保问卷的信度、效度和可理解性。最终项目和参考来源如表 7-6 所示。

信息过载和系统功能过载项改编自 Karr Wisniewski 和 Lu 的问卷[416]。其中信息过载用于衡量在 mHealth 环境中信息过量而超出老年用户处理能力的程度。系统功能过载用于衡量在 mHealth 环境中,系统所提供的功能超出老年用户需求以及操作能力的程度。倦怠项目改编自 Åhsberg 的问卷[483],具体测量了老年用户使用 mHealth 应用过程中,所产生的主观负面情绪(如疲劳、无聊、倦怠等)。技术压力主要源于 Ayyagari 等[484]的问卷,主要用于测量使用 mHealth 应用时引起压力的程度。抵制行为改编自 Kim[500]的问卷,具体测量了老年用户使用 mHealth 应用过程中的不良反应。代际支持是根据贺建平和黄肖肖[501]的问卷改编而成的,具体衡量了子女对父母使用 mHealth 应用服务的支持。

表 7-6　变量测量和来源

变量	测量题项
信息过载 (IO)	IO1:我经常因 mHealth 应用中过多的信息而分心
	IO2:我觉得 mHealth 应用中太多的健康信息会让我不知所措
	IO3:处理太多的健康信息对我来说是个负担
系统功能过载 (SFO)	SFO1:mHealth 应用中包含了许多与我无关的功能,这让我分心
	SFO2:mHealth 应用中的一些功能对我来说太复杂了
	SFO3:mHealth 应用中太多糟糕的子功能使得我操作起来更加困难
倦怠(FA)	FA1:我在使用 mHealth 应用时感到筋疲力尽
	FA2:我对使用 mHealth 应用感到厌倦
	FA3:当我使用 mHealth 应用搜索健康信息时,我感到筋疲力尽
技术压力 (TE)	TE1:mHealth 应用中的功能太复杂了,超出了我的能力
	TE2:花很长时间理解和使用 mHealth 应用,我感到很累
	TE3:学习如何操作 mHealth 应用让我感到有压力
抵制行为 (RB)	RB1:我反对使用 mHealth 应用
	RB2:我不同意使用 mHealth 应用
	RB3:我反对 mHealth 应用使我的生活发生变化
代际支持 (IS)	IS1:我的孩子经常鼓励我使用 mHealth 应用
	IS2:我的孩子经常教我使用 mHealth 应用的一些功能
	IS3:我的孩子帮助我解决使用 mHealth 应用过程中遇到的困难

7.2.4.2　样本设计

在不同国家和研究背景下,对老年用户年龄的定义各不相同。由于本研究是在中国情境下开展的,因此我们根据《中华人民共和国老年人权益保障法》,将老年用户的年龄定义为 60 周岁以上。

本研究采用专业的问卷调查平台问卷星进行在线调查。根据以下标准选择受访者：一是参与者应为 60 周岁以上的用户。他们有移动设备，比如移动智能手机或平板电脑等。二是参与者应具有抵制使用 mHealth 应用的行为特征和态度。例如，一些老年用户抱怨或反对使用 mHealth 应用程序，或者一些老年用户最初安装了 mHealth 应用程序，但当他们使用时，感觉不好，后又卸载了程序。根据 mHealth 应用的核心功能和 mHealth 行业的分类标准[502]，目前越来越多的 mHealth 应用融入社交属性，打造了"健康＋社交"模式。除了具备提供专业远程医疗咨询、医药电商、预约挂号等核心功能外，还提供了社群、在线论坛、健康信息科普等功能，如春雨医生、好大夫在线等。参与者须列举出他们拒绝使用的 mHealth 应用程序的名称，然后根据具体的使用经验和感知回答问卷。我们仔细检查了所有的问卷，剔除了不符合标准的问卷，最终得到 317 份有效问卷。表 7-7 显示了受访者的基本人口统计信息。

表 7-7　受访者人口统计信息

变量	类别	人数
性别	男	185
	女	132
年龄	60—65 周岁	196
	66—70 周岁	113
	71—75 周岁	7
	76 周岁及以上	1
受教育程度	高中及以下	197
	大学	107
	研究生	13

7.2.4.3　共线性方差分析

本研究采用两种方法对共线性方差进行分析。首先，采用 Harman 单因素检验法。本研究共提取了 6 个因子，其中最大方差解释率为 15.3%。因此，大部分的差异并不能用任何一个单独的因素来解释。其次，根据 Rönkkö 和 Ylitalo[503] 提出的方法，采用与本研究中其他项目相关性较低的变量，社会动机作为本研究中的标记变量。社会动机的测量数据是与模型中的其他变量在同一次调查中搜集的。将社会动机作为外生变量纳入模型，去预测该变量与每个内生变量之间的关系。最后，通过比较基准模型和方法模型，我们发现基准模型中的显著路径在方法模型中仍然显著。因此，以上分析结果表明共线性方差问题对本研究的结果影响不大。

7.2.5　数据分析

采用结构方程模型进行数据分析。分析共分四个步骤进行。第一，分析测量模型的效度和信度。第二,对结构模型进行检验,验证研究假设。第三,进行中介效应检验。第四,进行调节效应检验。

7.2.5.1 测量模型

SmartPLS 2.0 是一款用户友好的偏最小二乘(PLS)建模软件,该模型在现有研究[498,499]中被广泛采用,用于分析测量模型和结构模型。测量模型的信度和效度检验,通过建构信度(CR)和平均提取方差值(AVE)来评估。如表 7-8 所示,每个因素的 CR 和 AVE 均大于阈值(CR>0.7,AVE>0.5),表明研究模型中的所有因素都具有良好的可靠性。

对于聚合效度,所有潜变量的标准化因子负荷均大于 0.7,表明量表中的潜变量具备聚合效度。收敛效度通过 AVE、CR、Cronbach's alpha(CA)进行检验。如表 7-8 所示,所有指标均高于标准值(AVE>0.5,CR>0.7,CA>0.7),表明所有变量的收敛效度都是可以接受的。通过比较 AVE 的平方根和相关系数来检验区分效度,结果如表 7-9 所示,对角线上的值为 AVE 平方根,明显高于相关系数,表明区分效度是可接受的。

表 7-8　标准化因子负荷、AVE、CR 和 CA

变量	测量指标	标准化因子负荷	AVE	CR	CA
信息过载 (IO)	IO1	0.881	0.798	0.922	0.889
	IO2	0.906			
	IO3	0.892			
系统功能过载 (SFO)	SFO1	0.855	0.731	0.891	0.981
	SFO2	0.842			
	SFO3	0.867			
倦怠 (FA)	FA1	0.861	0.819	0.931	0.809
	FA2	0.938			
	FA3	0.914			
技术压力 (TE)	TE1	0.844	0.724	0.887	0.972
	TE2	0.898			
	TE3	0.809			
抵制行为 (RB)	RB1	0.883	0.755	0.903	0.807
	RB2	0.859			
	RB3	0.865			
代际支持 (IS)	IS1	0.944	0.884	0.958	0.912
	IS2	0.935			
	IS3	0.942			

表 7-9 潜变量相关矩阵:区分效度

变量	IO	SFO	FA	TE	RB	IS
IO	0.893					
SFO	0.317	0.855				
FA	0.281	0.43	0.905			
TE	0.143	0.45	0.352	0.851		
RB	0.155	0.19	0.286	0.273	0.869	
IS	0.163	0.201	0.374	0.284	0.174	0.940

7.2.5.2 结构模型

路径系数和 R^2 值如图 7-4 所示。结果表明,信息过载($\beta=0.475$,$P<0.001$)和系统功能过载($\beta=0.517$,$P<0.001$)与倦怠显著正相关。因此,H1a 和 H2a 得到支持。同时,信息过载($\beta=0.462$,$P<0.001$)和系统功能过载($\beta=0.642$,$P<0.001$)也与技术压力显著正相关。因此,H1b 和 H2b 得到支持。倦怠和抵制行为之间存在显著的正相关关系($\beta=0.419$,$P<0.001$)。技术压力与抵制行为之间存在显著的正相关关系($\beta=0.673$,$P<0.001$)。因此,H3a 和 H3b 得到支持。代际支持与抵制行为之间存在显著的负相关关系($\beta=-0.437$,$P<0.01$)。因此,H4 得到支持。同时,倦怠 54.3% 的方差变异量、技术压力 68.1% 的方差变异量和抵制行为 58.2% 的方差变异量分别得到了解释。此外,三个控制变量对抵制行为的影响不显著。

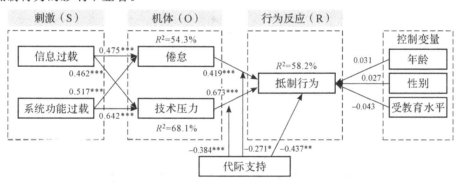

图 7-4 结构模型

注:*,$P<0.05$;**,$P<0.01$;***,$P<0.001$。

7.2.5.3 中介效应

采用 Bootstrap 方法检验倦怠和技术压力的中介效应。第一步,计算中介效应的显著性。根据 Nitzl 等[361]的建议,如果 95% 置信区间(CI)包含零,则中介效应不显著。相反,中介效应是显著的。间接效应的显著性可以判断中介效应是否存在。结果如表 7-10 所示。例如,对于路径 IO→FA→RB(95% 置信区间[0.052,0.173]),置信区间不包含零,该间接路径显著,这表明倦怠中介了信息过载和抵制行为之间的关系。因此,H6a 得到支持。同样,其他三条间接路径也是显著的。因此,H6b、H6c、H6d 得到支持。

第二步,根据 Nitzel 等[361]的建议,判断中介效应类型。在间接效应和直接效应都显著的情况下,存在部分中介效应;如果间接效应显著而直接效应不显著,则为完全中介。因此,倦怠和技术压力分别在信息过载和抵制行为之间起着完全中介的作用。同时,倦怠和技术压力分别在系统功能过载和抵制行为之间起部分中介作用。

表 7-10　调节效应检验

中介效应路径	间接效应		直接效应		中介效应类型
	95% CIs	显著性	95% CIs	显著性	
H6a：IO→FA→RB	[0.052, 0.173]	Yes	[-0.042, 0.134]	No	完全中介
H6b：SFO→FA→RB	[0.023, 0.256]	Yes	[0.06, 0.14]	Yes	部分中介
H6c：IO→TE→RB	[0.037, 0.251]	Yes	[-0.38, 0.71]	No	完全中介
H6d：SFO→TE→RB	[0.045, 0.248]	Yes	[0.034, 0.262]	Yes	部分中介

7.2.5.4　调节效应

采用 PLS 乘积指标法来检验代际支持的调节效应。将倦怠和技术压力(预测因子)分别与代际支持(调节因子)相乘,以创建交互变量(倦怠×代际支持;技术压力×代际支持)来预测抵制行为。如果交互效应显著,则可以确认调节效应的显著。按照该方法,最后得出交互变量(倦怠×代际支持)对抵制行为的作用效应为 -0.384,$P<0.05$。交互变量(技术压力×代际支持)对抵制行为的影响为 -0.271,$P<0.001$。因此,H5a 和 H5b 得到支持。

图 7-5 和图 7-6 中的斜率表明,代际支持水平较高的老年用户相比代际支持水平较低的老年用户,会较少受到倦怠和技术压力对抵制行为的影响。

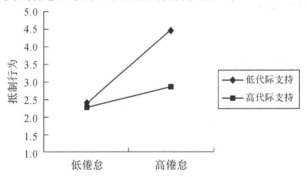

图 7-5　代际支持对抵制行为与倦怠的调节作用

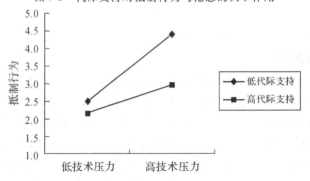

图 7-6　代际支持对抵制行为与技术压力的调节作用

7.2.6　讨　论

基于上述数据结果，其中一些关键发现为我们更全面地理解老年用户 mHealth 抵制行为提供了支持。同时，本节的理论贡献和实践启示如下。

7.2.6.1　主要发现

基于 SOR 框架，本研究考察了 mHealth 应用中的过载因素（信息过载和系统功能过载）如何触发老年用户的消极心理因素（疲劳和技术压力），并进一步引发抵制行为。同时，我们还探索了代际支持的调节作用。其中几个关键的研究发现如下：

首先，研究结果表明，信息过载和系统功能过载这两种刺激因素会对老年用户的感知倦怠和技术压力产生显著的积极影响。与先前的研究一致，信息过载和系统功能过载会增加用户在信息系统环境中的负面心理感知，如疲劳、情绪衰竭、后悔、技术压力等[385,494]。由于年龄障碍，这一作用效应在老年群体中可能更为常见。例如，认知老化障碍会导致注意力、理解、语义和记忆能力的降低[504,505]。认知老化障碍将导致老年用户在限定的时间内只能处理较少的信息，同时也会很快忘记[21]。同时，视觉和听觉下降等感知障碍将导致老年用户操作 mHealth 应用较为困难[506]。因此，mHealth 应用中庞大的信息量和复杂的功能将超过老年用户的应对能力，并使他们不知所措。在健康状况下降的情况下，老年用户会更容易感到倦怠和技术压力。

其次，本研究考察了倦怠和技术压力的作用。一方面，结果证实了倦怠和技术压力对抵制行为显著的积极影响。与先前研究一致，负面心理感知是引发用户信息系统抵制行为的关键预测性因素[417,474]。另一方面，在 mHealth 环境中，倦怠和技术压力在过载因素和抵制行为之间具有中介作用。值得注意的是，在此过程中，倦怠和技术压力的中介效应类型不同。倦怠和技术压力分别在信息过载和抵制行为中发挥完全中介作用，这表明信息过载对抵制行为的影响是完全通过倦怠和技术压力进行传递的。然而，倦怠和技术压力分别在系统功能过载和抵制行为之间只具有部分中介作用，这意味着系统功能过载对抵制行为的影响部分是通过倦怠和技术压力传导的。同时，独立于倦怠和技术压力外，系统功能过载解释了部分抵制行为。换言之，当老年用户感到系统功能非常复杂并超出其能力时，他们可能会直接不想使用或放弃，从而避免倦怠和技术压力这些负面情绪。

最后，结果发现代际支持在老年人 mHealth 抵制行为的形成过程中具有双重作用。一方面，代际支持直接减少了老年用户的抵制行为。另一方面，我们发现代际支持缓和或削弱了倦怠和技术压力对抵制行为的影响。与先前的研究结果一致，子女的支持可以显著影响父母使用信息技术产品的意愿和行为[462-464]。这说明，代际支持，如来自子女对父母的技术支持或鼓励，不仅可以直接减少父母对信息产品的抵制行为，而且可以削弱消极情绪对抵制行为的影响。

7.2.6.2　理论贡献

从理论角度来看，本研究的贡献如下：

第一，不同于以往大多数研究主要关注老年用户的 mHealth 采纳行为[443,447,450-452]，本研究从抵制行为的角度考察了 mHealth 应用使用过程中的消极面。基于 SOR 框架，我们研究了过载因素(刺激)如何影响用户的内在心理感知(机体),进而产生抵制行为(反应)。基于此对已有研究进行了扩展,进一步丰富了老年人信息产品使用行为研究。

第二,已有研究主要关注技术因素、个人特征、环境问题和便利性因素对老年用户使用 mHealth 产品的影响[443,449-455]。本研究通过揭示 mHealth 应用中两个关键性的过载因素(即信息过载和系统功能过载)对老年用户心理行为的影响,进一步丰富了现有研究。实证结果表明,这两类过载因素都是老年用户抵制行为的重要预测因子。

第三,通过探索倦怠和技术压力在过载因素与抵制行为之间的不同中介效应,有助于更全面地理解老年用户内在消极心理感知对其行为的影响机制。而这些因素在以往的研究中常被忽略。已有研究指出不应忽视信息系统使用环境下负面情绪的影响[417,474],这一观点得到了本研究的实证支持。本节研究表明,倦怠和技术压力在老年人 mHealth 抵制行为的形成过程中具有关键的直接和中介作用。

第四,通过整合 SOR 框架和代际支持,本节探索了减少老年用户 mHealth 抵制行为的缓冲因素。结果表明,代际支持不仅可以直接降低老年用户的 mHealth 抵制行为,还减缓了倦怠和技术压力对抵制行为的影响。因此,本研究为探索代际支持此类缓冲因素进行了先行示范,从而为更好地探索如何减少老年用户的 mHealth 消极使用行为进行了铺垫。

7.2.6.3 实践启示

本节的研究结果为 mHealth 服务提供商提供了有价值的实践启示:

其一,mHealth 应用中的信息和系统功能过载是老年用户倦怠和技术压力的两个主要预测因素。因此,服务提供商应注意系统环境中的过载因素,以避免引发老年用户的负面情绪和行为。

一方面,mHealth 服务提供商应提供更高质量和个性化的信息,以满足老年用户的需求。例如,加强 mHealth 系统的信息过滤功能,提高信息发布的门槛,减少系统中重复或矛盾的信息。针对老年健康信息服务中普遍存在的"信息孤岛""数据碎片化"等问题,提供相应的解决方案[84]。针对老年用户的个性化需求,提供有针对性的服务,避免信息过载问题,提高信息质量。

另一方面,mHealth 应用程序的设计对于老年用户来说应该简单易懂。设计人员应删除老年用户使用率较低的冗余功能,避免频繁的系统更新,为老年用户提供详细的功能描述和说明,减少因系统功能不熟悉而导致的技术压力和抵制行为。

其二,研究结果表明,代际支持可以减少倦怠和技术压力对抵制行为的影响。同时,代际支持也可以直接减少抵制行为。据此,一方面,管理者可以做一些广告,强调代际支持有利与有价值的方面,号召子女帮助他们的老年父母使用 mHealth 应用程序。让年轻用户意识到使用 mHealth 产品对父母的健康护理是有意义和必要的。另一方面,mHealth 开发者可以在老年用户和他们的孩子之间设计关联账户,使孩子更容易帮助他们的父母解决 mHealth 使用过程中遇到的困难或完成相应的操作。

7.2.7 结　语

目前老年用户 mHealth 使用率非常低[446-448]。mHealth 系统中的过载因素和负面情绪是老年用户 mHealth 抵制行为形成的两个重要预测因子。基于 SOR 框架,本研究发现信息过载和系统功能过载（刺激）会触发老年用户的倦怠和技术压力（机体），进而导致抵制行为（反应）。同时，代际支持在消极情绪和抵制行为之间起到了显著的缓冲作用。

虽然本研究的结果提供了有用的理论和实践启示，但仍存在一些局限性。首先，我们只研究了 mHealth 应用环境中的主要过载因素，其他可能会导致负面情绪和行为反应的影响因素仍然存在，这些可能存在的影响因素需要进一步验证。其次，本研究在中国开展，由于文化的差异，代际支持在其他国家可能会有不同的效果。对于代际支持效应的普遍性应进一步验证。

因此，对未来的研究具体建议如下：第一，未来的研究可以进一步考察其他因素对抵制行为的影响，如交互过载、计算机焦虑等。第二，本节的研究模型可以在其他不同文化背景的国家进行验证。通过这种方式，我们可以比较不同文化环境下代际支持对老年用户 mHealth 抵制行为的缓冲效应是否具有差异，以验证研究结果的普适性。

第八章 老年用户社交媒体信息服务质量评价研究

第三章至第七章对老年用户社交媒体信息服务使用全生命周期的总体特征和四个生命周期阶段的典型行为特征分别进行了分析。基于此,本章首先针对老年用户社交媒体信息服务需求、期望、用户体验与信息服务质量感知之间的关系进行分析,然后结合第三章至第七章中所构建的社交媒体信息服务需求模型、期望模型、用户体验模型进行梳理,并进一步补充完善,在实证分析的基础上构建老年用户社交媒体信息服务质量评价指标体系,基于层次分析法确定指标权重,最后采用模糊评价法进行实例评价。

8.1 社交媒体环境下基于用户视角的信息服务质量内涵

网络时代,信息用户不仅仅是网络信息的被动接收者,同时也是主动的创造者,其角色和地位都发生了变化。信息交互过程中用户的体验与感知直接影响其信息质量评价结果和满意度。国内外有关信息服务质量的评价早期主要以数据、信息技术产品和流程为关注点,逐渐发展到基于用户感知的信息质量评价,再到兼顾数据质量与用户感知视角的评价。目前,信息质量评价应以用户为主体,关注用户感知这一观点已成为国内外信息服务质量研究者的共识。Wang 和 Strong[507]等认为信息质量是信息需求满足程度和信息适用性满足程度的反映,其中用户满意是信息质量的核心内涵。李桂华[81]指出,"信息质量是信息对信息消费者(用户)的适用性及满足程度"。刘冰[74]指出,信息质量是"用户获取及利用信息服务过程中,基于自身的需求与期望,以及与信息系统交互过程的体验,对信息系统、信息效用及价值的总体评价"。

基于 Web 2.0 技术发展而来的社交媒体应用,其信息服务模式较传统的信息传播方式发生了根本性的变化:原有静态、单向的信息交流方式转变为动态、交互式的信息传播方式。用户将更主动、积极地参与社交媒体信息资源开发与建设,其信息行为体验将直接影响其信息服务质量评价。社交媒体环境下,用户的主体地位和交互的重要性更为凸显。因此,社交媒体环境下的老年用户信息服务质量评价应基于用户视角,充分体现老年用户的主体地位。

在理解以用户为中心的信息服务质量评价观基础上,结合社交媒体特征,本研究将老年用户社交媒体信息服务质量内涵界定为:社交媒体环境下,老年用户通过与社交媒体信息服务系统的交互,对信息服务资源进行搜集、加工分析,实现信息资源的共享、互动与交流等活动过程中,对所体验到的社交媒体信息资源价值、社交媒体信息服务系统功能与服务的总体性评价。具体而言,首先,基于老年用户视角的信息质量是一个整体性、综合性的概念,涵盖了从老年用户信息需求满足、信息期望再到信息服务交互过程中体验与感知的信息价值获取全过程。这既反映了社交媒体信息产品本身的客观属性质量,又包含了老年用户的主观体验和感知,兼具客观性与主观性。其次,基于老年用户视角的社交媒体信息服务质量与其信息需求、信息期望紧密相关。老年用户对社交媒体信息服务质量的满意度来自实际体验感知的质量与期望质量的比较。这种通过比较获取的信息质量评价能够在一定程度上反映信息服务质量的客观评价。

因此,老年社交媒体信息服务质量评价是一个由多维度、多因素构成的综合体系,基于老年用户的体验和感知是评价的核心,能否从老年用户需求、信息期望的主要特征和变化以及老年用户对信息服务的体验感知角度分析社交媒体信息服务质量,将是社交媒体环境中基于老年用户视角信息质量评价的关键。社交媒体环境下老年用户信息质量内涵应把握以下两个方面:一方面,要以符合高信息质量标准为基础,即包含信息内容特征、功能和价值的评价;另一方面,应关注老年人这一用户群体的特殊性,重点把握信息对需求的满足程度、感知信息服务质量与期望值的衡量对比度,即期望确认度,以及信息交互过程中的用户体验、系统交互效果为老年用户带来的价值。

8.2 基于老年用户视角的社交媒体信息服务质量形成机理

通过上节对社交媒体环境下基于老年用户视角的信息服务质量内涵的分析,以及老年用户社交媒体使用全生命周期使用行为形成特征的理论与实证分析,进一步明确了信息需求、期望、用户体验等因素在老年用户社交媒体信息服务使用行为中的关键作用。

本节将进一步从老年用户感知的角度分析信息需求、期望、用户体验等关键要素对老年用户社交媒体信息服务质量的影响机制,从而为后续评价指标体系的构建提供理论支撑。

8.2.1 信息需求与信息服务质量感知

信息需求是用户对信息内容、信息载体和信息服务的期望状态,源于个体为解决实践活动中的问题而产生的信息不足感和求足感[74]。

从用户需求的视角考虑信息质量,在很大程度上反映了用户对高质量信息应具备特征的要求。用户信息需求是动态变化的,把握用户当前信息需求内容并预测未来信息需求,不断改进并满足用户动态变化的需求才是高质量的信息服务。用户需求在何种程度上得到满足在一定程度上反映了信息质量的高低。老年用户需求是老年用户对社交媒体信息服务质量和特性的一种主观需求感知,反映了老年用户对高质量信息应具备哪些特征的需求。这种主观感知能在多大程度上得到满足,可以作为判断老年用户社交媒体信息服务质量的重要标准之一,这也是本研究基于老年用户需求来探讨社交媒体老年用户信息服务质量的出发点。

老年用户信息需求具有个性化特征,相比其他用户,老年用户在认知和感官等方面都存在一定的衰退,其信息需求较之一般群体也存在特殊性。而现有的社交媒体信息服务主要针对年轻用户,老年用户在使用社交媒体信息服务过程中,遇到了较多障碍,出现了巨大的信息鸿沟。因此,基于老年用户需求的社交媒体信息服务质量研究具有重要的意义,老年用户需求反映了该群体的愿望和诉求,老年用户信息需求的研究是把握该群体需求构成及其规律、促进社交媒体信息服务资源开发与利用、促进社交媒体信息服务适老化改革、调整和改造传统的老年用户信息服务方式与方向的必备条件。老年用户社交媒体信息服务质量评价体系的构建需要充分了解老年用户的实际需求,站在老年用户的视角设计评价体系,才能进一步帮助平台管理者围绕老年用户感知来提高平台服务质量。

8.2.2 信息服务期望与信息服务质量感知

信息服务期望是个体根据自身需求和过往经验,在信息服务获取之前和过程中,对信息系统功能、服务水平以及信息产品价值属性的一种主观质量预期[113]。大多数情况下,用户在使用信息服务之前对服务的内容、过程等会有一定的预期,且用户期望在一定程度上会直接影响用户行为和服务感知。Parasurama 等[508]指出用户期望与感知之间的服务差距是形成服务质量的核心,赢得顾客的首要条件是提供与其期望一致的服务。

用户期望对质量评价的影响效应在已有研究中已得到较多证实。Ladhari[509]对网络在线服务的研究发现,用户期望是影响用户满意度的关键要素,用户期望与信息质量之间存在正向关联。宋昊[510]通过对电子政府门户网站的实证研究发现,用户期望对网站服务质量有正向影响。徐娴英与马钦海[112]进一步对期望进行维度结构细化,并通过对餐饮行业的实证研究发现,不同属性的期望对感知服务质量产生不同影响,其中必备属性对服务质量感知有负向效应,而一维属性期望和魅力属性期望对服务质量感知有显著的正向影响。刘冰和宋漫莉[113]通过实证研究发现,信息期望的三个维度即信息内容期望、信息表达与服务期望、信息获取过程期望均对信息质量产生正向影响。用户的信息期望越高,对信息质量的要求和评价标准就越高。邓君等[111]研究发现,档案用户自身服务期望的高低与档案用户对服务质量评价标准的高低具有直接的正向关联。

根据期望不一致模型,老年用户在使用社交媒体产品或服务之前,会根据过往的经历、经验以及广告宣传、口碑沟通等,形成对产品或服务的期望。在老年用户接受后续实际服务过程中,会将实际感知到的信息服务水平与服务预期进行比较。在此状态下,可能会产生以下几种情况,第一种情况是当老年用户感知到的信息服务质量高于其期望时,其社交媒体信息服务质量评价会较高。第二种情况是当老年用户感知到的信息服务质量等于其期望时,老年用户将会满意于当前的信息服务质量,其社交媒体信息服务质量评价也会较高。第三种情况是当老年用户感知到的信息服务质量低于其期望时,老年用户将产生不满情绪,其社交媒体信息服务质量评价也会较低。因此,信息服务期望作为老年用户对社交媒体信息服务机构、信息服务系统提供产品或服务的一种主观预期,通常会被老年用户当作参考标准,来与实际获取的社交媒体信息服务进行对比,从而影响老年用户对社交媒体信息服务质量的感知。因此,信息期望是影响老年用户信息服务质量评价的关键因素。

8.2.3　用户体验与信息服务质量感知

用户体验指用户使用某产品、系统或服务时所产生的主观感受和反应,主要包括用户的情感、情绪、感知、生理反应等[145]。用户信息体验则是指"用户在获取与利用信息产品(服务)过程中建立起来的一种纯主观的心理感受,是用户基于信息产品与服务的特性、功能、价值等所做、所想、所感的综合反映"[74]。用户的信息体验是信息交互过程中用户内在心理感知(如信息需求、信息期望、情感、情绪、动机等)、系统特征(系统交互性、系统设计、系统功能等)、信息特征(信息可靠性、信息及时性、信息相关性、信息适用性等)在特定情境(或环境)下相互作用的产物。刘冰[74]指出从用户体验的视角进行信息服务质量评价,体现了社交媒体交互性和以用户为中心的特征,能够更加全面客观地评价信息服务质量。他还提出了网络环境中的用户信息体验模型,如图 8-1 所示。

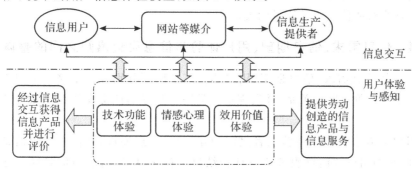

图 8-1　网络环境中的用户信息体验模型

将用户的信息体验纳入信息服务质量评价具有重要的意义。

首先,交互性是社交媒体的突出特性,用户的信息体验与信息交互过程相伴而生,信息体验真实地反映了信息交互行为中用户的主观感知,直接影响整个交互过程及最终的信息质量评价[124]。社交媒体环境下,老年用户获取信息的方式和信息行为较传统的信息服务模式有了革命性的跨越。社交媒体突破了传统媒体单向传播的功能局限,用户与信息生产者、服务者之间的界限逐渐模糊,社交媒体用户之间以及用户与社交媒体系统之间的交互更加频繁、交互作用关系更为复杂。老年用户使用社交媒体获取信息的过程,不仅是用户与系统交互的过程,还是老年用户情感体验与感知的过程。基于体验与感知的信息质量影响因素覆盖社交媒体用户信息获取和交互的整个过程,这些因素既与社交媒体老年用户的视、听、触等感官体验密切相关,也与老年用户内在情绪、情感、心理、动机等因素密切联系。在此过程中,影响老年用户社交媒体服务质量感知的因素,不单单是信息产品的功能价值,同时信息获取过程中的体验和感知也是影响老年用户信息服务质量感知的重要因素。这些因素共同作用、综合影响老年用户对信息服务质量的评价。

其次,信息具有服务属性,其质量的全面评价应包含信息使用者的感知。社交媒体环境下信息服务方式不断创新、用户参与度不断提升,信息质量不再是一个纯粹的客观概念。信息质量是用户通过交互过程中的体验和感知而对所获信息内容固有特征、系统功能和服务性能的主观特性、信息需求或期望满足程度的一种全面、综合评价[124]。基于用户体验视角的社交媒体信息服务评价不仅反映了用户的主观感受,也真实反映了用户在信息交互过程中的客观心理感知[247]。因此,从用户体验视角评价信息服务质量弥补了单纯从信息内容等客观角度评价信息服务质量的不足,更加客观全面地反映了信息服务质量,体现了以数据质量和用户为中心的信息服务评价观。

最后,用户信息体验具有差异性特征,对于一个界限明确的用户群体而言,其用户体验的共性是可以提取、刻画和认识的。对于老年用户而言,除具备一般用户的共性特征之外,由于受到身体机能衰退、信息素养、信息技术操作能力等因素影响,其信息质量感知因素具有其特殊性。通过老年群体用户体验影响因素的分析,能够更好地了解该用户群体的特点和切实需求,从而全面了解与把握老年用户信息交互过程中信息质量感知的独特性,基于此才能在社交媒体产品设计、系统功能优化以及信息服务过程中,提升老年用户信息服务体验,提高老年用户社交媒体信息服务评价质量。

因此,将用户体验因素纳入老年用户社交媒体信息服务质量评价指标是客观全面地评价老年用户社交媒体信息服务质量的关键。

8.2.4 信息需求、信息期望、用户体验与信息质量感知之间的整体逻辑关系

以上分别从信息需求、信息期望、用户体验三个层面分别分析了这三类因素与社交媒体信息服务质量评价之间的关系,并发现这三类因素是影响社交媒体信息服务质量评价的关键因素。

老年用户的需求、期望、体验三者之间相互影响,层层递进,在促进用户信息行为交互过程中,共同影响用户的信息服务质量评价结果。首先,信息需求与信息期望之间相互关联,信息需求是信息期望的前因变量,也是信息期望产生的动力。同时,信息需求是信息期望产生的充分非必要条件。用户期望作为需求的直接表现,是对需求的进一步认知表现。用户的信息需求与期望是产生信息行为的原始动力。其次,用户体验则是用户信息交互行为发生过程中的真实感知,也是用户对其需求与期望满足程度的体验与感知。用户在信息交互过程中会将自己真实的体验和感知与其信息需求与期望进行比较,从而形成需求满足程度与期望确认度。用户在信息体验基础上所获得的心理感知是用户真实体验感知与信息期望比较的结果,也是其信息需求满足程度的客观反映。在信息交互过程中,当用户的需求得到较大程度满足,以及用户的信息期望确认程度较高时,用户将会产生较好的用户体验,并进一步形成较高的信息质量感知,其最终的信息服务质量评价也会相应提高。

同时,随着信息服务进程的发展,用户的自身认知结构会不断调整,交互经验也会不断增加,这些因素会反过来不断调整用户的自我认知需求与期望,或产生新的需求,并对信息服务质量评价产生影响。这个过程会随信息交互与体验程度的不断深入,不断循环往复进行,呈现出一种动态发展的过程。因此,不断提升信息需求、信息期望与用户体验之间的匹配度,有利于提高用户的信息服务质量评价水平。在老年用户与社交媒体信息服务产品之间建立有机联系,通过产品、系统、服务体验的不断改进,促成用户体验感知的提升,激发用户创造力,有助于形成老年用户信息服务质量螺旋上升的良性循环。

8.3 基于老年用户视角的社交媒体信息服务质量综合评价体系构建研究

本书中第四至七章,分析了老年用户的需求、期望、体验在老年用户社交媒体信息服务使用行为整个生命周期发展过程中的作用机理。同时,第八章具体分析了老年用户的需求、期望、体验在社交媒体信息服务质量评价中的作用。基于以上章节的分析可以发现,基于老年用户视角的社交媒体信息服务质量评价体系是一个多维度、多指标因素构成的综合性指标体系,具体应涵盖老年用户对社交媒体信息服务的需求、期望以及交互过程中的用户体验感知。

能否基于用户视角对社交媒体信息服务质量进行评价,将影响评价结果的信度和效度。因此,本章将在上述章节的基础上,从老年用户社交媒体信息服务需求、期望与体验的内在机理关系出发,进一步获取老年用户社交媒体信息服务质量评价指标,形成评价指标库,搭建基于老年用户视角的社交媒体信息服务质量评价指标体系,以期获取更系统、更贴合老年用户视角的社交媒体信息服务质量评价指标体系。

8.3.1 评价指标体系构建思路

首先,基于前期研究所获得的"需求驱动下的老年用户社交媒体信息服务采纳行为形成机制模型""老年用户社交媒体信息服务期望模型""基于用户体验的老年用户社交媒体信息服务忠诚行为形成的双机制模型",秉承"系统与全面""科学性与合理性""客观性与实用性"等相关原则,在前期研究所构建的相关模型中抽取指标要素并进一步进行整合、规范化处理,构建评价指标体系整体框架,合理划分指标层级,设计出老年用户社交媒体信息服务质量评价的初始指标体系框架。

其次,运用问卷调查、统计分析法进行检验修正,验证并构建正式的评价指标体系。

再次,确定指标权重。采用专家与用户访谈、模糊综合评价法确定各指标的权重,形成完整的老年用户社交媒体信息服务质量评价体系。

最后,检验并修正评价指标体系。选取当前老年用户常用的社交媒体信息服务产品作为实证调查样本,利用所构建的指标体系进行评价,看是否满足评价需求,以及评价结果是否客观、准确地反映现状,视情况确定是否需要对评价指标体系做进一步修订和完善。

8.3.2 老年用户社交媒体信息服务质量初始评价指标体系构建

8.3.2.1 初始评价指标体系框架设计

根据以上章节对老年用户社交媒体信息服务质量内涵与形成机理的分析,以及老年用户信息服务需求、信息服务期望、用户体验与社交媒体信息服务质量感知之间内在关系的梳理,本研究所构建的老年用户社交媒体信息服务质量初始评价指标体系框架如图8-2所示。该评价指标体系框架由目标层、维度层和指标层三个层次组成。目标层为本研究的最终目的,即对老年用户社交媒体信息服务进行全面而综合的系统评价。维度层由老年用户社交媒体信息服务需求、信息服务期望、信息服务交互过程中的用户体验感知构成。指标层为以上诸维度细化所得到的具体、可操作的评价指标。该框架从老年用户使用社交媒体信息服务行为的整个生命周期出发,涵盖了整个信息交互过程中老年用户的信息需求、期望以及交互过程中的体验。整个框架全面反映了基于老年用户视角的社交媒体信息服务质量评价的不同层次,以及各层次、各维度之间层层递进的发展规律。

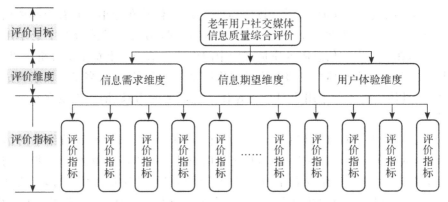

图 8-2　老年用户社交媒体信息服务质量综合评价基本框架

8.3.2.2　初始评价指标选取

目前有关老年用户的社交媒体信息服务质量评价缺乏现成可借鉴的模型和指标,本研究将基于先导章节的研究抽取相关评价指标,从而构建初始评价指标体系。

前期"需求驱动下的老年用户社交媒体信息服务采纳行为形成机制模型"研究中,我们利用扎根理论,共获取 10 个老年用户信息服务需求类别,主要涵盖:基本型需求,包括生理性需求、交互需求、实用需求、实惠需求、安全需求 5 个维度,下分视觉适老化、易用性、工具性需求、节省、隐私保护等 17 个信息需求项;期望型需求,包括社交需求、享乐需求和认知需求 3 个维度,下分代际交流、愉悦放松、信息内容需求等 8 个信息需求项;兴奋型需求,包括情感需求和自我实现需求 2 个维度,下分归属感、成就感等 7 个信息需求项。

前期"老年用户社交媒体信息服务期望模型"研究中,我们在专家访谈、用户问卷调查的基础上,利用统计分析法共获取 7 个老年用户社交媒体信息服务期望类别,主要涵盖:必备型期望,包括感官体验期望、产品功能期望 2 个维度,下分舒适性、清晰性、简易性等 11 个信息期望项;重要型期望,包括信息质量期望、社交互动期望和服务期望 3 个维度,下分信息表达多样性、社交互动有效性、帮助简易性等 13 个信息期望项;魅力型期望,包括情感期望和价值期望 2 个维度,下分愉悦放松、有助于自我提升等 6 个信息期望项。

前期"基于用户体验的老年用户社交媒体信息服务忠诚行为形成的双机制模型"研究中,我们利用扎根理论,共提取了 6 个用户体验类别,主要涵盖:感官体验类别,包括视觉体验、触觉体验和听觉体验 3 个维度,下分界面友好、界面美观、触碰反馈及时、易输入、支持语音输入、音频清晰等 15 个用户体验项;交互体验类别,包括导航设计、检索设计、帮助功能、系统功能和功能过载 5 个维度,下分导航清晰性、导航信息层级扁平化、检索途径多元化、帮助简易性、易用性、系统更新速度过快等 15 个用户体验项;认知体验类别,包括信息内容特征、信息外部特征和信息过载 3 个维度,下分信息丰富性、信息简洁性、信息不相关等 11 个用户体验项;情感体验类别,包含积极情感和消极情感 2 个维度,下分趣味性、技术压力等 8 个用户体验项;价值体验类型,包含认知价值、情感价值和社会资本 3 个维度,下分自我提升、成就感、互惠互助等 5 个用户体验项;关联体验,包含互动效应和社交过载 2 个维度,下分沟通即时性和形象维护压力等 7 个用户体验项。

　　将以上前期研究中所获取的指标整合成基于老年用户视角的社交媒体信息服务质量评价模型指标库,共计 123 个指标要素。

表 8-1　基于老年用户视角的社交媒体信息服务质量评价模型指标库

维度	需求类别	需求维度	评价指标
通过扎根理论获取的信息需求维度	基本型需求	生理性需求	视觉适老化设计、听觉适老化设计、触觉适老化设计
		交互需求	易用性、易学习、易理解、易记忆、流畅性、容错性、存储空间占用率低、有效帮助
		实用需求	工具性需求、高效性
		实惠需求	节省、免费
		安全需求	隐私保护、信任
	期望型需求	社交需求	代际交流、社会互动、分享表达
		享乐需求	愉悦放松、休闲娱乐
		认知需求	信息内容需求、信息形式需求、信息质量需求
	兴奋型需求	情感需求	归属感、情感共鸣、情感互动、认同感与尊重
		自我实现需求	成就感、自我提升、财富提升
运用访谈、问卷调查、统计分析法获取的用户期望维度	必备型期望	感官体验期望	舒适性、清晰性、感知可控、无障碍、简洁性
		产品功能期望	简易性、安全性、防遗忘、符合日常操作习惯、流畅性、经济实惠性
	重要型期望	信息质量期望	信息表达多样性、内容针对性、内容丰富性、内容真实可靠、内容可理解性、内容适用性、信息适度性
		社交互动期望	社交互动有效性、社交互动便利性
		服务期望	帮助简易性、帮助有效性、帮助醒目性、帮助针对性
	魅力型期望	情感期望	愉悦放松、归属感、情感共鸣、认同与尊重
		价值期望	有助于自我提升、有助于获得成就
通过扎根理论获取的用户体验维度	感官体验	视觉体验	界面友好、界面美观、界面简洁、界面清晰、字间距设置、字号大小设置适中、字体颜色设置、图标易辨识、图标易懂、视觉舒适性
		触觉体验	触碰反馈及时、易输入
		听觉体验	支持语音输入、支持语音播报、音频清晰
	交互体验	导航设计	导航清晰性、导航信息层级扁平化、导航可控且不易迷失
		检索设计	检索途径多元化、智能搜索

续表

维度	需求类别	需求维度	评价指标
通过扎根理论获取的用户体验维度	交互体验	帮助功能	帮助简易性、帮助易懂性、帮助针对性、帮助醒目性
		系统功能	易用性、易学性、易记忆、流畅性
		功能过载	系统更新速度过快、系统复杂
	认知体验	信息内容特征	信息丰富性、信息真实性、信息针对性、信息易懂性、信息可信性
		信息外部特征	信息简洁性、信息清晰性、信息呈现多样性
		信息过载	信息不相关、信息过多、信息矛盾
	情感体验	积极情感	趣味性、愉悦、沉浸、依恋
		消极情感	技术压力、数据安全担忧、隐私担忧、倦怠
	价值体验	认知价值	自我提升
		情感价值	成就感、社会认可、归属感
		社会资本	互惠互助
	关联体验	互动效应	沟通即时性、沟通方式多元化、分享简易便捷、沟通自主自由
		社交过载	形象维护压力、关系维护压力、陌生人社交

8.3.2.3 初始评价指标体系的整合

通过对以上指标样本库的分析,发现用户需求维度指标、用户期望维度指标与用户体验维度指标中的某些指标存在重合、指标名称不一致等问题。如先导章节所述,老年用户需求与期望会在交互过程中和实际的体验感知进行比较,从而对质量感知产生影响。老年用户需求、期望与体验维度存在一定的交织融合,需要进一步整合与规范化处理。

同时,老年用户视角下的信息质量评价指标体系不仅应能够全面、系统地从不同层面对信息质量进行评价,其维度和指标的设置还应尽量简约、易理解、相互独立、易获取、方便实际评价操作。因此,我们邀请了社交媒体信息服务质量领域的 3 名专家与 4 名研究生,对以上指标进行整合和规范化处理,从而提出了老年用户社交媒体信息服务质量评价初始评价指标体系,如表 8-2 所示。

表 8-2 老年用户社交媒体信息服务质量评价初始评价指标体系

维度	指标
信息价值属性	信息丰富性、信息真实性、信息针对性、信息易懂性、信息可信性、信息简洁性、信息清晰性、信息呈现形式多样性、信息内容适量性、信息内容有用性、信息内容整合一致性
感官体验	界面友好、界面美观、界面简洁、界面清晰、字间距设置合理、字号大小设置适中、字体颜色醒目易识别、图标易辨识、图标易懂、视觉舒适性、触碰反馈及时、易输入、支持语音输入、支持语音播报、音频清晰性、适老化设计需求契合度、清晰性、舒适性、感知可控、操作无障碍

续表

维度	指标
系统功能质量	易用性、易学性、易理解性、易记忆、流畅性、容错性、存储空间占用率、高效性、工具性需求满足度、系统功能安全性、隐私保护度、经济实惠性、系统功能数量适度、系统更新速度适度、导航清晰性、导航信息层级扁平化、导航可控、不易迷失、检索途径多元化、智能搜索、感知可控、交互设计符合日常操作习惯、感知操作无障碍
帮助质量	帮助简易性、帮助有效性、帮助易懂性、帮助针对性、帮助醒目性
互动质量	沟通即时性、沟通方式多元化、分享简易便捷、沟通自主自由、社交互动有效性、社交互动便利性
情感质量	趣味性、愉悦放松、沉浸、依恋、情感共鸣、情感互动、压力感、倦怠感
价值体验	有助于代际交流、有助于社会互动、有助于分享表达、有助于自我提升、有助于获取成就感、有助于获得社会认可、有助于获取归属感、有助于获取帮助、有助于财富提升

8.3.3 老年用户视角下的社交媒体信息服务质量评价指标体系分析与验证

8.3.3.1 研究方法和研究设计

本部分研究将采用问卷调查搜集实际数据,运用探索性因子分析进行统计分析,从而对初始评价指标体系做进一步的检验和修正,以期得到更具解释力和更符合老年用户实际感知的评价模型。

本研究将初始评价指标体系中的二级指标要素,转换设计为调查问卷的具体题项。调查问卷主要包括两个部分:第一部分为调查对象的基本信息题项;第二部分为调查问卷的主体部分,主要调查老年用户社交媒体信息服务质量感知。其中变量的测量采用李克特5级量表,用1—5表示同意程度,被调查者根据自己的实际感受和判断进行作答,随后调查小组通过实际数据来测量和分析老年用户社交媒体信息服务质量初始评价指标体系的信度和效度,并做出相关调整,从而得到最终的评价指标体系。

8.3.3.2 样本选取与数据采集

本次调查通过线上和线下两个渠道发放问卷。线上利用问卷星平台进行问卷制作,并通过微信、QQ 等社交媒体滚雪球式发放调查问卷 600 份,其中回收有效问卷 479 份;线下共发放 400 份,其中回收有效问卷 328 份。通过线上、线下两个渠道共回收有效问卷 807 份,有效率为 80.7%,符合预定样本规模。被调查者的基本信息如表 8-3 所示。

表 8-3　被调查者统计信息

变量	类别	人数
性别	男	413
	女	394
年龄	60—65 周岁	514
	66—70 周岁	206
	70 周岁以上	87
职业	在职职工	215
	退休人员	592
使用社交媒体 软件的频次	每天使用	613
	每周使用 4—6 天	105
	每周使用 1—3 天	89
使用社交媒体 软件的时间	年数＜1	32
	1≤年数＜2	67
	2≤年数＜3	136
	年数≥3	572

8.3.3.3　模型检验与分析

本部分研究采用探索性因子分析对样本数据进行统计分析,以验证以上章节所提出的初始评价指标体系,并根据数据结果进行相应修正,从而获得最终的评价指标体系。

(1)信度和效度检验

问卷信度方面,采用 SPSS 22.0 软件,对数据 Cronbach's alpha 系数进行检验。结果显示整个量表的 Cronbach's alpha 系数为 0.873,大于 0.7,表明问卷信度较好。

内容效度方面,本次调查中的题项均来自前期研究所获得的结果,能较大程度反映所需测量的内容。同时在问卷填写过程中,对于被调查者提出的疑惑,进行了逐一解释,以确保被调查者能够理解题项的含义,从而确保所获取数据的有效性。

(2)因子分析适用性检验

进行球体 KMO 与 Bartlett 球体检验判断原始变量是否适合进行因子分析,结果表明 KMO＝0.876,Bartlett 球体检验统计量为 143.063,$P<0.001$,因此可以进行探索性因子分析。

(3)主成分分析

探索性因子分析中,主要利用主成分分析法,预先不限定公因子提取数量,并采用方差最大化正交旋转。根据旋转后的因子载荷矩阵进行公共因子确定和变量归并与整合,以特征值大于 1 为标准提取因子。

按照以下三点准则对变量测量项目进行筛选:一个题项自成一个因子的情况;题项在所属因子的负荷量小于 0.05 的情况;题项在两个或以上的因子上,其负荷均大于 0.05

的情况。

遵照以上标准,删除 15 个题项,并根据旋转因子载荷矩阵确定公因子,对变量进行归并与整合,得到观测变量探索性因子分析结果。7 个公因子对应的指标要素及相应的各项因子负荷以及各因子的 Cronbach's alpha 如表 8-4 所示。

表 8-4 探索性因子分析结果

评价指标	公共因子						
	1	2	3	4	5	6	7
信息丰富性	0.813						
信息真实性	0.853						
信息针对性	0.827						
信息易懂性	0.824						
信息可信度	0.841						
信息内容有用性	0.835						
信息内容整合一致性	0.873						
信息简洁性	0.850						
信息呈现形式多样性	0.815						
信息内容适量性	0.854						
信息时效性	0.825						
信息获取简易性	0.846						
适老化设计需求契合度		0.735					
舒适性		0.823					
界面美观性		0.809					
界面简洁性		0.822					
界面清晰度		0.817					
字体醒目易识别性		0.823					
音频清晰性		0.811					
图标按钮易辨识性		0.725					
图标按钮易懂性		0.712					
易用性			0.842				
易学性			0.815				
易记忆			0.819				

续表

评价指标	公共因子						
	1	2	3	4	5	6	7
系统运行速度			0.834				
系统运行稳定性			0.817				
存储空间占用率			0.834				
功能满足需求程度			0.873				
系统功能安全性			0.846				
系统功能数量适度			0.856				
系统更新速度适度			0.824				
感知操作可控性				0.873			
感知操作无障碍性				0.836			
交互设计符合日常操作习惯				0.841			
交互反馈及时性				0.802			
交互流畅性				0.816			
导航清晰性				0.736			
导航信息层级扁平化				0.742			
不易迷失性				0.752			
检索途径多元化				0.701			
检索结果准确性				0.732			
检索便捷性				0.742			
输入简易性				0.702			
输入方式多元化				0.693			
帮助简易性				0.804			
帮助有效性				0.793			
帮助易懂性				0.813			
帮助针对性				0.819			

续表

评价指标	公共因子						
	1	2	3	4	5	6	7
帮助醒目性				0.845			
互动方式多元化					0.715		
互动简易便捷性					0.732		
社交互动有效性					0.713		
沟通自主自由					0.692		
趣味性						0.732	
愉悦放松						0.759	
沉浸						0.697	
依恋						0.638	
情感共鸣						0.692	
感知技术压力						0.685	
倦怠感						0.687	
有助于社会互动							0.713
有助于分享表达							0.746
有助于自我提升							0.735
有助于获取成就感							0.724
有助于获得社会认可							0.717
有助于获取归属感							0.756
有助于获取帮助							0.743
经济实惠性							0.697
Cronbach's alpha	0.836	0.813	0.854	0.843	0.829	0.794	0.792

8.3.3.4　模型修正及正式评价指标体系的构建

根据实际的探索性因子分析结果,我们对最初提出的老年用户社交媒体信息服务质量评价指标体系进行了调整,得到基于老年用户视角的社交媒体信息服务质量综合评价体系模型,如图 8-3 所示。与初始的评价指标体系相比,修正后的评价指标体系更加简约,各指标之间的逻辑性更强,各维度之间的关系更加清晰合理,能够更加全面、系统和综合地对老年用户社交媒体信息服务质量进行评价。

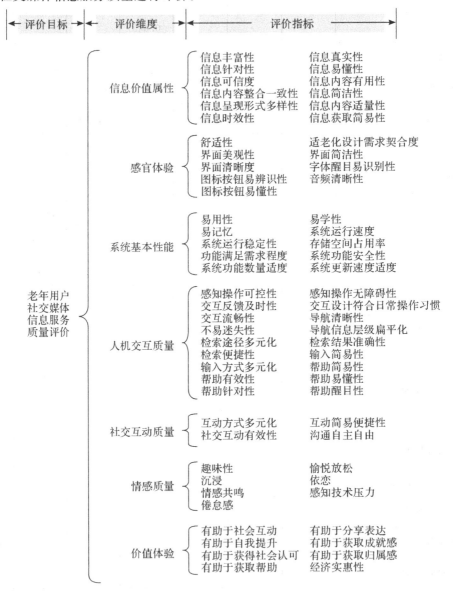

图 8-3　基于老年用户视角的社交媒体信息服务质量综合评价体系模型

8.3.3.5　评价指标体系指标释义

为了更深入地理解上文提出的"基于老年用户视角的社交媒体信息服务质量综合评价体系模型",准确地把握各评价指标的基本内涵,使后续的评价更易操作与理解,根据修正后评价模型各维度及指标的内在联系,结合前期研究,对各评价指标要素的内涵进行解释与描述,如表 8-5 所示。

表 8-5　基于老年用户视角的社交媒体信息服务质量评价指标释义

评价维度	评价指标	指标内涵与解释
信息价值属性	信息丰富性	信息种类齐全、内容涵盖范围广
	信息真实性	信息内容与事实的符合程度
	信息针对性	信息内容主题与老年用户需求的关联与契合的程度
	信息易懂性	信息内容易于理解和解读的程度
	信息可信度	信息内容值得相信并加以利用的程度
	信息内容有用性	信息内容解决老年用户具体问题、满足其实际需求的程度
	信息内容整合一致性	信息内容系统化、归纳整合一致的程度
	信息简洁性	信息内容简练、叙述直观的程度
	信息呈现形式多样性	信息内容呈现方式的多样化程度
	信息内容适量性	信息不冗余、信息数量适量的程度
	信息时效性	信息内容新颖、更新及时的程度
	信息获取简易性	信息内容查询、下载、收藏、保存等获取操作的顺畅、容易程度
感官体验	适老化设计需求契合度	各级界面整体设计对老年用户的友好程度、与老年用户使用习惯或特点的符合程度
	舒适性	老年用户对整体设计在视觉、听觉等感官体验上的舒适感
	界面美观性	各级界面设计、色彩美观大方程度
	界面简洁性	各级界面设计与布局的简洁明了程度
	界面清晰度	各级页面栏目、信息等的清楚明晰程度
	字体醒目易识别性	页面文字之间距离、字体字号等设置合理、醒目、便于阅读、识别或操作的程度
	音频清晰性	页面音频悦耳、播放清晰的程度
	图标按钮易辨识性	页面各类图标按钮大小、颜色等设置合理,方便老年用户识别的程度
	图标按钮易懂性	页面图标按钮所代表的操作含义符合常见意义,便于老年用户理解操作的程度
系统基本性能	易用性	系统各项功能获取与利用的方便、快捷程度
	易学性	学习掌握系统各项功能的容易程度
	易记忆	系统各项功能设计合理、简易、符合老年用户使用习惯,不易遗忘的程度
	系统运行速度	系统整体运行的快慢程度
	系统运行稳定性	系统整体运行的平稳、顺畅程度
	存储空间占用率	系统对设备存储空间的占用比例
	功能满足需求程度	系统功能对老年用户需求的契合程度

续表

评价维度	评价指标	指标内涵与解释
系统基本性能	系统功能安全性	系统自身的安全性,以及各项服务应用功能对老年用户信息的安全保障程度
	系统功能数量适度	系统应用所提供的功能数量是否适量、不冗余的程度
	系统更新速度适度	系统应用版本的更新速度契合老年用户承受能力的程度
人机交互质量	感知操作可控性	老年用户对系统各项交互功能感知使用方便、简易以及在其能力范围内可控制的程度
	感知操作无障碍性	老年用户系统操作顺畅,感知无障碍的程度
	交互设计符合日常操作习惯	系统交互设计符合老年用户的认知以及日常操作习惯的程度
	交互反馈及时性	系统对老年用户各项操作指令的反馈快慢程度
	交互流畅性	系统各项交互功能使用过程的顺利流畅程度
	导航清晰性	系统导航功能的清晰醒目、直观程度
	导航信息层级扁平化	导航层级精简、直接、化繁为简的程度
	不易迷失性	系统提供的各项导航功能设计合理,能够让老年用户清晰地知道"当前在哪里""他们可以去哪里",在系统网站内不易迷失的程度
	检索途径多元化	系统提供的检索途径、方式、字段的多样化程度
	检索结果准确性	检索结果与老年用户提问的符合、匹配程度
	检索便捷性	系统所提供检索方式的使用简易、快捷程度
	输入简易性	系统所提供输入方式的简单、便捷程度
	输入方式多元化	系统提供键盘式、语音、手写等多种输入方式
	帮助简易性	系统所提供的各类帮助使用便捷、容易的程度
	帮助有效性	系统所提供的各类帮助能有效解决老年用户困难或问题的有效程度
	帮助易懂性	系统提供的各类帮助功能易理解、易掌握、易操作的程度
	帮助针对性	系统提供的各类帮助功能契合老年用户需求的程度
	帮助醒目性	系统提供的各类帮助工具、帮助功能的清晰、醒目程度
社交互动质量	互动方式多元化	系统所提供的社交互动工具、功能的多样化程度
	互动简易便捷性	系统所提供的社交互动工具使用简易、方便的程度
	社交互动有效性	系统所提供的社交互动功能能够满足老年用户需求并达到预期效果的程度
	沟通自主自由	系统所提供的社交互动功能能够帮助老年用户沟通自由、不受限的程度

评价维度	评价指标	指标内涵与解释
情感质量	趣味性	系统应用提供的信息服务内容的有趣性
	愉悦放松	使用社交媒体信息服务带来的愉快、放松的感觉
	沉浸	使用社交媒体信息服务过程中老年用户投入、全神贯注的程度
	依恋	老年用户感知与社交媒体信息服务应用之间情感关联的紧密程度
	情感共鸣	老年用户对社交媒体服务提供的信息服务内容所产生的情感或情绪上相同或相似反应的程度
	感知技术压力	老年用户在使用社交媒体各项功能服务过程中对信息技术的畏难、害怕、担心的程度
	倦怠感	老年用户使用社交媒体信息服务过程中感知疲惫、缺乏兴趣、厌烦等负面情绪的程度
价值体验	有助于社会互动	使用社交媒体信息服务有助于老年用户与子女、亲朋好友、社会交流互动的程度
	有助于分享表达	使用社交媒体信息服务有助于老年用户分享表达的程度
	有助于自我提升	使用社交媒体信息服务有助于老年用户学习新知识、掌握新技能,不断成长进步的程度
	有助于获取成就感	使用社交媒体信息服务有助于老年用户完成事情或任务,并从中获取愉悦感的程度
	有助于获得社会认可	使用社交媒体信息服务有助于老年用户获取大众对其自身接受、认可的程度
	有助于获取归属感	使用社交媒体信息服务有助于老年用户找到与其自身有相似爱好、价值观的个体或团体,自我被他人或团体接纳时感知到亲切、自豪等积极情绪的程度
	有助于获取帮助	使用社交媒体信息服务有助于老年用户获取外界各方面帮助的程度
	经济实惠性	使用社交媒体信息服务有利于老年用户以最少的花费和精力获取更多实惠的程度

8.3.4　老年用户视角的社交媒体信息服务质量评价指标权重确定

层次分析法(AHP)最早由美国运筹学家托马斯·L.萨蒂(Thomas L. Saaty)教授提出,该方法将主观判断以数量形式表达,是一种定性与定量相结合的分析方法,目前广泛应用于权重的选择上。该方法减少了评判结果的主观性,以往多项研究表明该方法在确定权重指标上有较好的效果。因此,本研究将采用层次分析法确定各项指标权重。

8.3.4.1　评价层次结构模型构建

根据前文选取的各项评价指标,构建老年用户社交媒体信息服务质量评价指标层次模型。该模型分为三个层次,其中最高层次为一级指标即评价目标:老年用户社交媒体信息服务质量。中间层次为准则层,包含 7 个维度:信息价值属性、感官体验、系统基本性能、人机交互质量、社交互动质量、情感质量、价值体验。最低层即基础指标层,是对第二层指标的进一步细分与量化,共包含 68 项。

8.3.4.2　构造判断矩阵

层次分析法主要基于比较判断矩阵进行计算。比较判断矩阵反映了人们对各要素之间的相对重要性的感知。相对重要性按照 1—9 的比例标度进行赋值,具体见表 8-6。比如,目标层 A_m 与准则层中的因素 B_1, B_2, $\cdots$, B_n 进行重要性比较,那么所构造的判断矩阵 B_{ij} 的含义就是对于 A_m 来说,B_i 对于 B_j 的相对重要性。因素 B_i 与 B_j 比较,其重要性之比为 B_{ij},则因素 B_j 与 B_i 比较,其重要性之比为 $B_{ji} = 1/B_{ij}$。

表 8-6　矩阵标度及其含义

标度	含义
1	两个因素相比,具有同样的重要性
3	两个因素相比,一个因素比另一个因素稍显重要
5	两个因素相比,一个因素比另一个因素明显重要
7	两个因素相比,一个因素比另一个因素强烈重要
9	两个因素相比,一个因素比另一个因素极端重要
2、4、6、8	上述两相邻比较判断的中间值

本研究邀请了 20 名社交媒体信息服务领域的专家和研究生组成评判小组,通过问卷调查的方式,邀请被调查者通过"1—9 标度法"对目标层与准则层、准则层与指标层之间的相对重要性进行一一比较判断,从而形成两两比较判断矩阵。

8.3.4.3　权向量计算及一致性检验

首先,采用特征根法计算权重向量。利用公式 8.1 对比较判断矩阵每一列元素进行正规化处理,再利用公式 8.2 对正规化后的矩阵按行相加得到行向量后,利用公式 8.3 进行正规化处理,利用公式 8.4 计算最大特征根。

$$\overline{b_{ij}} = b_{ij} / \sum_{i=1}^{n} b_{ij} \quad (i, j = 1, 2, \cdots, n) \tag{8.1}$$

$$\overline{W_i} = \sum_{j=1}^{n} \overline{b_{ij}} \quad (i, j = 1, 2, \cdots, n) \tag{8.2}$$

$$W_i = \overline{W} / \sum_{j=1}^{n} \overline{W_j} \quad (i, j = 1, 2, \cdots, n) \tag{8.3}$$

$$\lambda_{\max} = \frac{1}{n} \sum_{i=1}^{n} (AW_i) / W_i \tag{8.4}$$

$$CI = (\lambda_{\max} - n) / (n - 1) \tag{8.5}$$

$$CR = CI / RI \tag{8.6}$$

然后,对判断矩阵进行一致性检验。利用公式 8.5 计算一致性指标 CI,$\lambda_{\max}$ 为两两比较判断矩阵的最大特征根,n 为矩阵中参数的个数,RI 为平均随机一致性指标,见表 8-7。

表 8-7　平均随机一致性指标 *RI* 标准值

矩阵阶数	1	2	3	4	5	6	7	8	9	10	11	12	13
RI	0	0	0.58	0.90	1.12	1.24	1.32	1.41	1.45	1.49	1.51	1.54	1.56

利用公式 8.6 计算 *CR* 值。当 *CR*<0.1 时，则认为判断矩阵的不一致程度在允许范围内，可用其特征向量作为权向量。

8.3.4.4　计算权重

对通过一致性检验的比较判断矩阵计算最大特征根所对应的特征向量，归一化处理对应的特征向量，则可以得到基础指标和评价指标对上一层指标的权重向量，分别记作 W_1，$W_2^i(i=1,2,\cdots,n)$。

依据以上计算方法，最终得到老年用户社交媒体信息服务质量评价指标体系评价指标权重，如表 8-8 所示。

表 8-8　老年用户社交媒体信息服务质量评价指标体系评价指标权重

评价目标	一级指标	权重 W_i	二级指标	相对所属准则 W_2^i
老年用户社交媒体信息服务质量	信息价值属性	0.2012	信息丰富性	0.0564
			信息真实性	0.1324
			信息针对性	0.1174
			信息易懂性	0.0934
			信息可信度	0.1266
			信息内容有用性	0.1137
			信息内容整合一致性	0.0279
			信息简洁性	0.0935
			信息呈现形式多样性	0.0524
			信息内容适量性	0.0319
			信息时效性	0.0618
			信息获取简易性	0.0926
	感官体验	0.1594	适老化设计需求契合度	0.1076
			舒适性	0.0983
			界面美观性	0.0895
			界面简洁性	0.1332
			界面清晰度	0.1302
			字体醒目易识别性	0.1458
			音频清晰性	0.0954
			图标按钮易辨识性	0.1063
			图标按钮易懂性	0.0937

续表

评价目标	一级指标	权重 W_i	二级指标	相对所属准则 W_2^i
老年用户社交媒体信息服务质量	系统基本性能	0.1883	易用性	0.2067
			易学性	0.1573
			易记忆	0.1085
			系统运行速度	0.0379
			系统运行稳定性	0.0467
			存储空间占用率	0.0673
			功能满足需求程度	0.0934
			系统功能安全性	0.1635
			系统功能数量适度	0.0562
			系统更新速度适度	0.0625
	人机交互质量	0.1851	感知操作可控性	0.0553
			感知操作无障碍性	0.1417
			交互设计符合日常操作习惯	0.0643
			交互反馈及时性	0.0146
			交互流畅性	0.0245
			导航清晰性	0.0342
			导航信息层级扁平化	0.0531
			不易迷失性	0.0426
			检索途径多元化	0.0342
			检索结果准确性	0.0502
			检索便捷性	0.0561
			输入简易性	0.0751
			输入方式多元化	0.0462
			帮助简易性	0.0533
			帮助有效性	0.0585
			帮助易懂性	0.0643
			帮助针对性	0.0685
			帮助醒目性	0.0633
	社交互动质量	0.1226	互动方式多元化	0.1353
			互动简易便捷性	0.4546
			社交互动有效性	0.2675
			沟通自主自由	0.1426

评价目标	一级指标	权重 W_i	二级指标	相对所属准则 W_2^i
老年用户社交媒体信息服务质量	情感质量	0.0621	趣味性	0.2021
			愉悦放松	0.2146
			沉浸	0.1675
			依恋	0.1042
			情感共鸣	0.0961
			感知技术压力	0.1312
			倦怠感	0.0843
	价值体验	0.0813	有助于社会互动	0.1795
			有助于分享表达	0.1325
			有助于自我提升	0.2032
			有助于获取成就感	0.1897
			有助于获得社会认可	0.0569
			有助于获取归属感	0.0583
			有助于获取帮助	0.0953
			经济实惠性	0.0846

8.4　评价实证分析

8.4.1　评价方法及步骤

本节将采用模糊综合评价法来对老年用户社交媒体信息服务质量进行具体的评价计算。

模糊综合评价法的主要原理是基于模糊数学,将定性评价转变为定量评价的一种系统评价方法。该方法巧妙地将定性与定量结合起来,对相对复杂的评价体系进行分解,将人们的主观判断经验以数量形式表达,化繁为简,得到一个清晰的结果。老年用户社交媒体信息服务评价指标较多,且多为定性指标,对最终服务质量的评价取决于用户的实际感知与服务预期之间的偏差,其评价结果可能存在一定的复杂性与模糊性。因此,基于老年用户社交媒体信息服务质量评价的特点,采用模糊综合评价法是适宜的。模糊综合评价运算的具体步骤如下:

第一步,确定因素集 U。本研究的评价目标是老年用户社交媒体信息服务质量,因素集是 7 层一级指标,以及不同数量的二级指标。

$$U = \{U_1, U_2, \cdots, U_n\}$$

其中每个一级指标下的二级指标构成子因素集 $U_1, U_2, \cdots, U_n$,

$$U_i = \{x_{i1}, x_{i2}, \cdots, x_{in}\}, i = 1, 2, \cdots, n$$

并且对任意的 $i \neq j, U_i \bigcap U_j = \emptyset$ 满足: $n_1 + n_2 + \cdots + n_n = n, U_1 \bigcup U_2, \cdots, U_n = U$。

第二步,建立评价集 V。由于前面实证研究采用的是李克特 5 级量表,因此,本部分据此设置问卷中的评价等级。

$$V = \{v_1, v_2, \cdots, v_m\},$$

也就是 $V = \{$非常不满意,不满意,一般,满意,非常满意$\}$。

利用李克特 5 级量表赋值,即为 $C = (1, 2, 3, 4, 5)$。

第三步,对 U_i 中的各个二级指标进行单因素评价,建立模糊关系矩阵 R_i,

$$R_i = \begin{bmatrix} r_{11} & r_{12} & \cdots & r_{1m} \\ r_{21} & r_{22} & \cdots & r_{2m} \\ \vdots & \vdots & & \vdots \\ r_{n_i 1} & r_{n_i 2} & \cdots & r_{n_i m} \end{bmatrix}_{n_i \times m}$$

其中,$r_{n_i j}$ 表示因素 U_i 中子因素 x_{in_i} 对评价等级 v_j 的隶属度,且满足

$$\sum_{j=1}^{m} r_{n_i j} = 1, \quad 0 \leqslant r_{n_i j} \leqslant 1, \quad i = 1, \cdots, n, \quad j = 1, \cdots, m$$

第四步,根据 U_i 中各因素的权重向量 W_i,构造单级评价模型 B_i,

$$W_i = (w_{i1}, w_{i2}, \cdots, w_{in_i})$$

$$B_i = W_i \times R_i = (b_{i1}, b_{i2}, \cdots, b_{im}), i = 1, 2, \cdots, n$$

U 看作一个综合因素,用 B_i 作为它的单因素评价结果,即可得到隶属关系矩阵 R,

$$R = \begin{pmatrix} B_1 \\ B_2 \\ \vdots \\ B_i \end{pmatrix} = \begin{pmatrix} b_{11} & b_{12} & \cdots & b_{1m} \\ b_{21} & b_{22} & \cdots & b_{2m} \\ \vdots & \vdots & & \vdots \\ b_{n1} & b_{n2} & \cdots & b_{nm} \end{pmatrix}_{n \times m}$$

根据 U 中各个因素的权重向量 W 和关系矩阵 R 构造二级模糊综合评价模型 B,

$$W = (w_1, w_2, \cdots, w_n)$$

$$B = W \times R = (b_1, b_2, \cdots, b_m)$$

第五步,服务质量评价等级为

$$WQ = B \times C^T$$

8.4.2 评价方法应用研究

8.4.2.1 微信的信息服务质量评价

腾讯发布的数据显示,截至 2018 年 9 月,微信 55 岁至 70 岁的用户达到 6100 万人,且近年来,老年用户数量逐年上涨,微信已成为老年用户使用人数最多的社交媒体信息服务软件。因此,本研究选取微信作为老年用户社交媒体信息服务评价的应用对象。

为保证打分的有效性和可靠性,本研究邀请到 100 位微信老年用户作为研究对象。采用问卷调查的方式,要求被调查者根据自身使用感知对微信的各信息服务质量指标做出评价分级,调查结果如表 8-9 所示。

表 8-9 微信信息服务质量评价统计结果

测量指标	评价等级及人数				
	1 非常不满意	2 不满意	3 一般	4 满意	5 非常满意
信息丰富性	0	14	26	53	7
信息真实性	0	11	48	35	6
信息针对性	0	8	28	59	5
信息易懂性	0	9	42	44	5
信息可信度	0	13	45	42	0
信息内容有用性	0	3	19	67	11
信息内容整合一致性	4	17	41	38	0
信息简洁性	2	8	34	51	5
信息呈现形式多样性	0	2	31	58	9
信息内容适量性	2	17	40	36	5
信息时效性	3	5	21	62	9
信息获取简易性	0	6	28	58	8
适老化设计需求契合度	0	26	37	31	6
舒适性	4	16	42	32	6
界面美观性	0	13	38	45	4
界面简洁性	0	11	37	40	12
界面清晰度	0	10	36	43	11
字体醒目易识别性	2	17	33	48	0
音频清晰性	0	14	48	32	6
图标按钮易辨识性	0	15	42	40	3
图标按钮易懂性	0	29	30	41	0
易用性	0	0	28	64	8
易学性	0	31	45	15	9
易记忆	0	39	32	29	0
系统运行速度	0	14	37	41	8
系统运行稳定性	0	2	16	73	9
存储空间占用率	0	25	39	36	0
功能满足需求程度	0	4	27	58	11
系统功能安全性	3	29	36	30	2

续表

测量指标	评价等级及人数				
	1 非常不满意	2 不满意	3 一般	4 满意	5 非常满意
系统功能数量适度	0	13	34	53	0
系统更新速度适度	0	14	38	45	3
感知操作可控性	0	26	39	35	0
感知操作无障碍性	0	35	31	34	0
交互设计符合日常操作习惯	0	21	38	41	0
交互反馈及时性	0	17	41	42	0
交互流畅性	0	16	41	43	0
导航清晰性	0	19	51	30	0
导航信息层级扁平化	2	28	56	14	0
不易迷失性	5	23	39	32	1
检索途径多元化	8	23	43	26	0
检索结果准确性	7	28	41	24	0
检索便捷性	10	29	34	27	0
输入简易性	9	16	37	38	0
输入方式多元化	3	19	32	46	0
帮助简易性	17	45	36	2	0
帮助有效性	18	41	32	9	0
帮助易懂性	20	46	30	4	0
帮助针对性	23	47	25	5	0
帮助醒目性	25	39	24	12	0
互动方式多元化	0	7	39	49	5
互动简易便捷性	0	9	29	54	8
社交互动有效性	0	0	18	72	10
沟通自主自由	0	2	26	65	7
趣味性	0	3	28	60	9
愉悦放松	0	3	32	59	6
沉浸	0	8	35	46	11
依恋	0	9	47	34	10
情感共鸣	0	5	35	55	5

测量指标	评价等级及人数				
	1 非常不满意	2 不满意	3 一般	4 满意	5 非常满意
感知技术压力	11	31	43	15	0
倦怠感	5	48	33	14	0
有助于社会互动	0	4	30	54	12
有助于分享表达	0	3	21	62	14
有助于自我提升	0	3	23	61	13
有助于获取成就感	0	6	37	52	5
有助于获得社会认可	0	6	33	57	4
有助于获取归属感	0	7	34	52	7
有助于获取帮助	0	5	37	46	12
经济实惠性	0	3	16	65	16

基于以上各二级指标的单因素评价,建立模糊关系矩阵 R_i。

其中信息价值属性指标评价矩阵 R_1 为:

$$R_1 = \begin{bmatrix} 0 & 0.14 & 0.26 & 0.53 & 0.07 \\ 0 & 0.11 & 0.48 & 0.35 & 0.06 \\ 0 & 0.08 & 0.28 & 0.59 & 0.05 \\ 0 & 0.09 & 0.42 & 0.44 & 0.05 \\ 0 & 0.13 & 0.45 & 0.42 & 0 \\ 0 & 0.03 & 0.19 & 0.67 & 0.11 \\ 0.04 & 0.17 & 0.41 & 0.38 & 0 \\ 0.02 & 0.08 & 0.34 & 0.51 & 0.05 \\ 0 & 0.02 & 0.31 & 0.58 & 0.09 \\ 0.02 & 0.17 & 0.4 & 0.36 & 0.05 \\ 0.03 & 0.05 & 0.21 & 0.62 & 0.09 \\ 0 & 0.06 & 0.28 & 0.58 & 0.08 \end{bmatrix}$$

感官体验指标评价矩阵 R_2 为:

$$R_2 = \begin{bmatrix} 0 & 0.26 & 0.37 & 0.31 & 0.06 \\ 0.04 & 0.16 & 0.42 & 0.32 & 0.06 \\ 0 & 0.13 & 0.38 & 0.45 & 0.04 \\ 0 & 0.11 & 0.37 & 0.4 & 0.12 \\ 0 & 0.1 & 0.36 & 0.43 & 0.11 \\ 0.02 & 0.17 & 0.33 & 0.48 & 0 \\ 0 & 0.14 & 0.48 & 0.32 & 0.06 \\ 0 & 0.15 & 0.42 & 0.4 & 0.03 \\ 0 & 0.29 & 0.3 & 0.41 & 0 \end{bmatrix}$$

系统基本性能指标评价矩阵 R_3 为：

$$R_3 = \begin{pmatrix} 0 & 0 & 0.28 & 0.64 & 0.08 \\ 0 & 0.31 & 0.45 & 0.15 & 0.09 \\ 0 & 0.39 & 0.32 & 0.29 & 0 \\ 0 & 0.14 & 0.37 & 0.41 & 0.08 \\ 0 & 0.02 & 0.16 & 0.73 & 0.09 \\ 0 & 0.25 & 0.39 & 0.36 & 0 \\ 0 & 0.04 & 0.27 & 0.58 & 0.11 \\ 0.03 & 0.29 & 0.36 & 0.3 & 0.02 \\ 0 & 0.13 & 0.34 & 0.53 & 0 \\ 0 & 0.14 & 0.38 & 0.45 & 0.03 \end{pmatrix}$$

人机交互质量指标评价矩阵 R_4 为：

$$R_4 = \begin{pmatrix} 0 & 0.26 & 0.39 & 0.35 & 0 \\ 0 & 0.35 & 0.31 & 0.34 & 0 \\ 0 & 0.21 & 0.38 & 0.41 & 0 \\ 0 & 0.17 & 0.41 & 0.42 & 0 \\ 0 & 0.16 & 0.41 & 0.43 & 0 \\ 0 & 0.19 & 0.51 & 0.3 & 0 \\ 0.02 & 0.28 & 0.56 & 0.14 & 0 \\ 0.05 & 0.23 & 0.39 & 0.32 & 0.01 \\ 0.08 & 0.23 & 0.43 & 0.26 & 0 \\ 0.07 & 0.28 & 0.41 & 0.24 & 0 \\ 0.1 & 0.29 & 0.34 & 0.27 & 0 \\ 0.09 & 0.16 & 0.37 & 0.38 & 0 \\ 0.03 & 0.19 & 0.32 & 0.46 & 0 \\ 0.17 & 0.45 & 0.36 & 0.02 & 0 \\ 0.18 & 0.41 & 0.32 & 0.09 & 0 \\ 0.2 & 0.46 & 0.3 & 0.04 & 0 \\ 0.23 & 0.47 & 0.25 & 0.05 & 0 \\ 0.25 & 0.39 & 0.24 & 0.12 & 0 \end{pmatrix}$$

社会交互质量指标评价矩阵 R_5 为：

$$R_5 = \begin{pmatrix} 0 & 0.07 & 0.39 & 0.49 & 0.05 \\ 0 & 0.09 & 0.29 & 0.54 & 0.08 \\ 0 & 0 & 0.18 & 0.72 & 0.1 \\ 0 & 0.02 & 0.26 & 0.65 & 0.07 \end{pmatrix}$$

情感质量指标评价矩阵 R_6 为：

$$\boldsymbol{R_6}=\begin{pmatrix} 0 & 0.03 & 0.28 & 0.6 & 0.09 \\ 0 & 0.03 & 0.32 & 0.59 & 0.06 \\ 0 & 0.08 & 0.35 & 0.46 & 0.11 \\ 0 & 0.09 & 0.47 & 0.34 & 0.1 \\ 0 & 0.05 & 0.35 & 0.55 & 0.05 \\ 0.11 & 0.31 & 0.43 & 0.15 & 0 \\ 0.05 & 0.48 & 0.33 & 0.14 & 0 \end{pmatrix}$$

价值体验指标评价矩阵 $\boldsymbol{R_7}$ 为：

$$\boldsymbol{R_7}=\begin{pmatrix} 0 & 0.04 & 0.3 & 0.54 & 0.12 \\ 0 & 0.03 & 0.21 & 0.62 & 0.14 \\ 0 & 0.03 & 0.23 & 0.61 & 0.13 \\ 0 & 0.06 & 0.37 & 0.52 & 0.05 \\ 0 & 0.06 & 0.33 & 0.57 & 0.04 \\ 0 & 0.07 & 0.34 & 0.52 & 0.07 \\ 0 & 0.05 & 0.37 & 0.46 & 0.12 \\ 0 & 0.03 & 0.16 & 0.65 & 0.16 \end{pmatrix}$$

根据二级指标权重,构造单级评价模型,得到微信信息服务质量各一级指标的等级分布。

其中信息价值属性的等级分布 $\boldsymbol{B_1}$ 为：

$$\boldsymbol{B_1}=\boldsymbol{W_2^1}\times\boldsymbol{R_1}=(0.005478 \quad 0.087467 \quad 0.340028 \quad 0.508132 \quad 0.058895)$$

感官体验的等级分布 $\boldsymbol{B_2}$ 为：

$$\boldsymbol{B_2}=\boldsymbol{W_2^2}\times\boldsymbol{R_2}=(0.006848 \quad 0.164271 \quad 0.377926 \quad 0.395802 \quad 0.055153)$$

系统基本性能的等级分布 $\boldsymbol{B_3}$ 为：

$$\boldsymbol{B_3}=\boldsymbol{W_2^3}\times\boldsymbol{R_3}=(0.004905 \quad 0.18135 \quad 0.338059 \quad 0.422339 \quad 0.053347)$$

人机交互质量的等级分布 $\boldsymbol{B_4}$ 为：

$$\boldsymbol{B_4}=\boldsymbol{W_2^4}\times\boldsymbol{R_4}=(0.087228 \quad 0.308457 \quad 0.356199 \quad 0.24769 \quad 0.000426)$$

社会交互质量的等级分布 $\boldsymbol{B_5}$ 为：

$$\boldsymbol{B_5}=\boldsymbol{W_2^5}\times\boldsymbol{R_5}=(0 \quad 0.053237 \quad 0.269827 \quad 0.597071 \quad 0.079865)$$

情感质量的等级分布 $\boldsymbol{B_6}$ 为：

$$\boldsymbol{B_6}=\boldsymbol{W_2^6}\times\boldsymbol{R_6}=(0.018647 \quad 0.12122 \quad 0.350729 \quad 0.444689 \quad 0.064715)$$

价值体验的等级分布 $\boldsymbol{B_7}$ 为：

$$\boldsymbol{B_7}=\boldsymbol{W_2^7}\times\boldsymbol{R_7}=(0 \quad 0.043431 \quad 0.285996 \quad 0.563253 \quad 0.10732)$$

对目标一级指标进行模糊综合评价,即可得到微信信息服务质量的等级分布 $\boldsymbol{B}$：

$$\boldsymbol{B} = \boldsymbol{W} \times \boldsymbol{R} = (0.2012 \quad 0.1594 \quad 0.1883 \quad 0.1851 \quad 0.1226 \quad 0.0621 \quad 0.0813)$$

$$\times \begin{pmatrix} 0.005478 & 0.087467 & 0.340028 & 0.508132 & 0.058895 \\ 0.006848 & 0.164271 & 0.377926 & 0.395802 & 0.55153 \\ 0.004905 & 0.18135 & 0.338059 & 0.422339 & 0.053347 \\ 0.087228 & 0.308457 & 0.356199 & 0.24769 & 0.000426 \\ 0 & 0.053237 & 0.269827 & 0.597071 & 0.079865 \\ 0.018647 & 0.12122 & 0.350729 & 0.444689 & 0.064715 \\ 0 & 0.043431 & 0.285996 & 0.563253 & 0.10732 \end{pmatrix}$$

$$= (0.0204212 \quad 0.1526123 \quad 0.3363565 \quad 0.4373094 \quad 0.0533005)$$

由此可以计算出微信信息服务质量的总体评价等级：

$$\boldsymbol{WQ} = \boldsymbol{B} \times \boldsymbol{C}^{\mathrm{T}} = (0.02042124 \quad 0.15261231 \quad 0.33635652 \quad 0.43730941 \quad 0.05330052) \times \begin{pmatrix} 1 \\ 2 \\ 3 \\ 4 \\ 5 \end{pmatrix}$$

$$= 3.35045567$$

除此之外，可以计算出微信信息服务质量二级指标的评价等级。

其中信息价值属性的评价等级为：

$$\boldsymbol{WQ_1} = \boldsymbol{B_1} \times \boldsymbol{C}^{\mathrm{T}} = (0.005478 \quad 0.087467 \quad 0.340028 \quad 0.508132 \quad 0.058895) \times \begin{pmatrix} 1 \\ 2 \\ 3 \\ 4 \\ 5 \end{pmatrix}$$

$$= 3.527499$$

感官体验的评价等级为：

$$\boldsymbol{WQ_2} = \boldsymbol{B_2} \times \boldsymbol{C}^{\mathrm{T}} = (0.006848 \quad 0.164271 \quad 0.377926 \quad 0.395802 \quad 0.055153) \times \begin{pmatrix} 1 \\ 2 \\ 3 \\ 4 \\ 5 \end{pmatrix}$$

$$= 3.328141$$

系统基本性能的评价等级为：

$$\boldsymbol{WQ_3} = \boldsymbol{B_3} \times \boldsymbol{C}^{\mathrm{T}} = (0.004905 \quad 0.18135 \quad 0.338059 \quad 0.422339 \quad 0.053347) \times \begin{pmatrix} 1 \\ 2 \\ 3 \\ 4 \\ 5 \end{pmatrix}$$

$$= 3.337873$$

人机交互质量的评价等级为：

$$WQ_4 = \mathbf{B}_4 \times \mathbf{C}^{\mathrm{T}} = (0.087228 \quad 0.308457 \quad 0.356199 \quad 0.24769 \quad 0.000426) \times \begin{pmatrix} 1 \\ 2 \\ 3 \\ 4 \\ 5 \end{pmatrix}$$

$$= 2.765629$$

社会交互质量的评价等级为：

$$WQ_5 = \mathbf{B}_5 \times \mathbf{C}^{\mathrm{T}} = (0 \quad 0.053237 \quad 0.269827 \quad 0.597071 \quad 0.079865) \times \begin{pmatrix} 1 \\ 2 \\ 3 \\ 4 \\ 5 \end{pmatrix}$$

$$= 3.703564$$

情感质量的评价等级为：

$$WQ_6 = \mathbf{B}_6 \times \mathbf{C}^{\mathrm{T}} = (0.018647 \quad 0.12122 \quad 0.350729 \quad 0.444689 \quad 0.064715) \times \begin{pmatrix} 1 \\ 2 \\ 3 \\ 4 \\ 5 \end{pmatrix}$$

$$= 3.415605$$

价值体验的评价等级为：

$$WQ_7 = \mathbf{B}_7 \times \mathbf{C}^{\mathrm{T}} = (0 \quad 0.043431 \quad 0.285996 \quad 0.563253 \quad 0.10732) \times \begin{pmatrix} 1 \\ 2 \\ 3 \\ 4 \\ 5 \end{pmatrix}$$

$$= 3.734462$$

基于以上数据分析结果，最终得到老年用户对微信信息服务质量评价的总体等级为3.35045567。对于7个一级指标而言，老年用户对微信信息价值属性的评价等级为3.527499，感官体验的评价等级为3.328141，系统基本性能的评价等级为3.337873，人机交互质量的评价等级为2.765629，社会交互质量的评价等级为3.703564，情感质量的评价等级为3.415605，价值体验的评价等级为3.734462。

以上评价数据结果显示，目前老年用户对微信的社会交互质量以及价值体验评价较高，超出对微信的总体评价。这也体现了微信社交的这一核心功能属性受到老年用户的认可。与此同时，老年用户对微信所带来的一系列价值感知，如有助于社会互动、有助于分享表达、有助于自我提升等方面，也有较高的认同。但值得注意的是，老年用户普遍对微信的人机交互质量评价较低，位于7个一级指标的最低位。从整体评价数据分布可见，在微信的检索、输入以及帮助功能等方面，老年用户的评价普遍偏低。因此，为了进一步提高老年用户对微信的信息服务质量感知，应进一步加大微信的人机交互适老化设计。

8.4.2.2　抖音的信息服务质量评价

近几年，短视频作为一种改变媒介生态和媒体融合的结构性力量，正成为新媒体领域的新宠。比起图文阅读平台的信息内容，短视频的呈现形式更简单轻松、直白易懂，因此短视频不仅俘获了许多中老年人，让他们觉得更亲近且值得信赖，而且一些中老年用户正逐步成为短视频重度用户，如"末那大叔""我是田姥姥"等优质中老年创作者不断从短视频平台中涌现，其粉丝量已到达头部级别，短视频的中老年市场已逐步打开。

为了对短视频类的社交媒体信息服务质量进行评价，本研究选取抖音作为评价对象。选取 100 名抖音老年用户进行问卷调查，要求被调查者根据自身使用感知对抖音的信息服务质量进行评价，并对调查结果进行统计分析，其结果如表 8-10 所示。

表 8-10　抖音信息服务质量评价统计结果

测量指标	评价等级及人数				
	1 非常不满意	2 不满意	3 一般	4 满意	5 非常满意
信息丰富性	0	0	25	64	11
信息真实性	0	36	23	37	4
信息针对性	0	14	26	47	13
信息易懂性	0	4	26	66	4
信息可信度	0	35	24	36	5
信息内容有用性	0	9	14	66	11
信息内容整合一致性	0	17	39	38	6
信息简洁性	0	5	22	61	12
信息呈现形式多样性	0	6	26	55	13
信息内容适量性	0	27	26	38	9
信息时效性	0	12	22	55	11
信息获取简易性	0	26	28	37	9
适老化设计需求契合度	0	11	22	58	9
舒适性	0	15	29	53	3
界面美观性	0	12	34	52	2
界面简洁性	0	11	37	47	5
界面清晰度	0	7	27	64	2
字体醒目易识别性	0	15	38	45	2
音频清晰性	0	0	22	69	9

测量指标	评价等级及人数				
	1 非常不满意	2 不满意	3 一般	4 满意	5 非常满意
图标按钮易辨识性	0	16	26	56	2
图标按钮易懂性	0	13	33	54	0
易用性	0	3	17	69	11
易学性	0	17	26	48	9
易记忆	0	16	36	41	7
系统运行速度	0	19	18	52	11
系统运行稳定性	0	27	29	41	3
存储空间占用率	0	14	43	36	7
功能满足需求程度	0	12	32	50	6
系统功能安全性	11	27	37	25	0
系统功能数量适度	0	12	49	37	2
系统更新速度适度	0	18	44	36	2
感知操作可控性	0	26	38	36	0
感知操作无障碍性	0	28	43	29	0
交互设计符合日常操作习惯	0	18	39	43	0
交互反馈及时性	12	25	39	21	3
交互流畅性	0	36	37	27	0
导航清晰性	0	38	39	22	1
导航信息层级扁平化	0	43	45	12	0
不易迷失性	0	25	31	42	2
检索途径多元化	3	18	57	22	0
检索结果准确性	2	12	28	49	9
检索便捷性	2	27	48	21	2
输入简易性	11	34	44	11	0
输入方式多元化	12	31	34	23	0
帮助简易性	14	59	24	3	0
帮助有效性	19	56	21	4	0
帮助易懂性	15	59	24	2	0
帮助针对性	12	53	31	4	0

续表

测量指标	评价等级及人数				
	1 非常不满意	2 不满意	3 一般	4 满意	5 非常满意
帮助醒目性	19	49	30	2	0
互动方式多元化	0	12	36	49	3
互动简易便捷性	4	13	35	43	5
社交互动有效性	0	4	38	51	7
沟通自主自由	3	31	43	23	0
趣味性	0	0	16	65	19
愉悦放松	0	0	11	69	20
沉浸	0	0	13	69	18
依恋	0	0	26	58	16
情感共鸣	0	0	21	59	20
感知技术压力	2	28	35	32	3
倦怠感	7	27	31	35	0
有助于社会互动	0	21	27	43	9
有助于分享表达	0	13	45	33	9
有助于自我提升	0	6	39	49	6
有助于获取成就感	0	4	33	52	11
有助于获得社会认可	0	4	35	50	11
有助于获取归属感	0	7	31	53	9
有助于获取帮助	0	31	47	20	2
经济实惠性	0	0	48	49	3

其中信息价值属性指标评价矩阵 $\boldsymbol{R}_1$ 为：

$$\boldsymbol{R}_1 = \begin{bmatrix} 0 & 0 & 0.25 & 0.64 & 0.11 \\ 0 & 0.36 & 0.23 & 0.37 & 0.04 \\ 0 & 0.14 & 0.26 & 0.47 & 0.13 \\ 0 & 0.04 & 0.26 & 0.66 & 0.04 \\ 0 & 0.35 & 0.24 & 0.36 & 0.05 \\ 0 & 0.09 & 0.14 & 0.66 & 0.11 \\ 0 & 0.17 & 0.39 & 0.38 & 0.06 \\ 0 & 0.05 & 0.22 & 0.61 & 0.12 \\ 0 & 0.06 & 0.26 & 0.55 & 0.13 \\ 0 & 0.27 & 0.26 & 0.38 & 0.09 \\ 0 & 0.12 & 0.22 & 0.55 & 0.11 \\ 0 & 0.26 & 0.28 & 0.37 & 0.09 \end{bmatrix}$$

感官体验指标评价矩阵 $\boldsymbol{R}_2$ 为：

$$\boldsymbol{R}_2 = \begin{bmatrix} 0 & 0.11 & 0.22 & 0.58 & 0.09 \\ 0 & 0.15 & 0.29 & 0.53 & 0.03 \\ 0 & 0.12 & 0.34 & 0.52 & 0.02 \\ 0 & 0.11 & 0.37 & 0.47 & 0.05 \\ 0 & 0.07 & 0.27 & 0.64 & 0.02 \\ 0 & 0.15 & 0.38 & 0.45 & 0.02 \\ 0 & 0 & 0.22 & 0.69 & 0.09 \\ 0 & 0.16 & 0.26 & 0.56 & 0.02 \\ 0 & 0.13 & 0.33 & 0.54 & 0 \end{bmatrix}$$

系统基本性能指标评价矩阵 $\boldsymbol{R}_3$ 为：

$$\boldsymbol{R}_3 = \begin{bmatrix} 0 & 0.03 & 0.17 & 0.69 & 0.11 \\ 0 & 0.17 & 0.26 & 0.48 & 0.09 \\ 0 & 0.16 & 0.36 & 0.41 & 0.07 \\ 0 & 0.19 & 0.18 & 0.52 & 0.11 \\ 0 & 0.27 & 0.29 & 0.41 & 0.03 \\ 0 & 0.14 & 0.43 & 0.36 & 0.07 \\ 0 & 0.12 & 0.32 & 0.5 & 0.06 \\ 0.11 & 0.27 & 0.37 & 0.25 & 0 \\ 0 & 0.12 & 0.49 & 0.37 & 0.02 \\ 0 & 0.18 & 0.44 & 0.36 & 0.02 \end{bmatrix}$$

179

人机交互质量指标评价矩阵 $\boldsymbol{R}_4$ 为：

$$\boldsymbol{R}_4 = \begin{pmatrix} 0 & 0.26 & 0.38 & 0.36 & 0 \\ 0 & 0.28 & 0.43 & 0.29 & 0 \\ 0 & 0.18 & 0.39 & 0.43 & 0 \\ 0.12 & 0.25 & 0.39 & 0.21 & 0.03 \\ 0 & 0.36 & 0.37 & 0.27 & 0 \\ 0 & 0.38 & 0.39 & 0.22 & 0.01 \\ 0 & 0.43 & 0.45 & 0.12 & 0 \\ 0 & 0.25 & 0.31 & 0.42 & 0.02 \\ 0.03 & 0.18 & 0.57 & 0.22 & 0 \\ 0.02 & 0.12 & 0.28 & 0.49 & 0.09 \\ 0.02 & 0.27 & 0.48 & 0.21 & 0.02 \\ 0.11 & 0.34 & 0.44 & 0.11 & 0 \\ 0.12 & 0.31 & 0.34 & 0.23 & 0 \\ 0.14 & 0.59 & 0.24 & 0.03 & 0 \\ 0.19 & 0.56 & 0.21 & 0.04 & 0 \\ 0.15 & 0.59 & 0.24 & 0.02 & 0 \\ 0.12 & 0.53 & 0.31 & 0.04 & 0 \\ 0.19 & 0.49 & 0.3 & 0.02 & 0 \end{pmatrix}$$

社会交互质量指标评价矩阵 $\boldsymbol{R}_5$ 为：

$$\boldsymbol{R}_5 = \begin{pmatrix} 0 & 0.12 & 0.36 & 0.49 & 0.03 \\ 0.04 & 0.13 & 0.35 & 0.43 & 0.05 \\ 0 & 0.04 & 0.38 & 0.51 & 0.07 \\ 0.03 & 0.31 & 0.43 & 0.23 & 0 \end{pmatrix}$$

情感质量指标评价矩阵 $\boldsymbol{R}_6$ 为：

$$\boldsymbol{R}_6 = \begin{pmatrix} 0 & 0 & 0.16 & 0.65 & 0.19 \\ 0 & 0 & 0.11 & 0.69 & 0.2 \\ 0 & 0 & 0.13 & 0.69 & 0.18 \\ 0 & 0 & 0.26 & 0.58 & 0.16 \\ 0 & 0 & 0.21 & 0.59 & 0.2 \\ 0.02 & 0.28 & 0.35 & 0.32 & 0.03 \\ 0.07 & 0.27 & 0.31 & 0.35 & 0 \end{pmatrix}$$

价值体验指标评价矩阵 $\boldsymbol{R}_7$ 为：

$$\boldsymbol{R}_7=\begin{pmatrix} 0 & 0.21 & 0.27 & 0.43 & 0.09 \\ 0 & 0.13 & 0.45 & 0.33 & 0.09 \\ 0 & 0.06 & 0.39 & 0.49 & 0.06 \\ 0 & 0.04 & 0.33 & 0.52 & 0.11 \\ 0 & 0.04 & 0.35 & 0.5 & 0.11 \\ 0 & 0.07 & 0.31 & 0.53 & 0.09 \\ 0 & 0.31 & 0.47 & 0.2 & 0.02 \\ 0 & 0 & 0.48 & 0.49 & 0.03 \end{pmatrix}$$

根据二级指标权重，构造单级评价模型，得到抖音信息服务质量各一级指标的等级分布。

其中信息价值属性的等级分布 $\boldsymbol{B}_1$ 为：

$$\boldsymbol{B}_1=\boldsymbol{W}_2^1\times\boldsymbol{R}_1=(0\quad 0.175046\quad 0.238555\quad 0.499355\quad 0.087044)$$

感官体验的等级分布 $\boldsymbol{B}_2$ 为：

$$\boldsymbol{B}_2=\boldsymbol{W}_2^2\times\boldsymbol{R}_2=(0\quad 0.112146\quad 0.301998\quad 0.548541\quad 0.037315)$$

系统基本性能的等级分布 $\boldsymbol{B}_3$ 为：

$$\boldsymbol{B}_3=\boldsymbol{W}_2^3\times\boldsymbol{R}_3=(0.017985\quad 0.152881\quad 0.309822\quad 0.456564\quad 0.062748)$$

人机交互质量的等级分布 $\boldsymbol{B}_4$ 为：

$$\boldsymbol{B}_4=\boldsymbol{W}_2^4\times\boldsymbol{R}_4=(0.067178\quad 0.361226\quad 0.362184\quad 0.20214\quad 0.007272)$$

社会交互质量的等级分布 $\boldsymbol{B}_5$ 为：

$$\boldsymbol{B}_5=\boldsymbol{W}_2^5\times\boldsymbol{R}_5=(0.022462\quad 0.13024\quad 0.370786\quad 0.430998\quad 0.045514)$$

情感质量的等级分布 $\boldsymbol{B}_6$ 为：

$$\boldsymbol{B}_6=\boldsymbol{W}_2^6\times\boldsymbol{R}_6=(0.008525\quad 0.059497\quad 0.197043\quad 0.583638\quad 0.151297)$$

价值体验的等级分布 $\boldsymbol{B}_7$ 为：

$$\boldsymbol{B}_7=\boldsymbol{W}_2^7\times\boldsymbol{R}_7=(0\quad 0.1106\quad 0.373326\quad 0.438985\quad 0.077089)$$

对目标一级指标进行模糊综合评价，可得到抖音的信息服务质量等级分布 $\boldsymbol{B}$：

$$\boldsymbol{B}=\boldsymbol{W}\times\boldsymbol{R}=(0.2012\quad 0.1594\quad 0.1883\quad 0.1851\quad 0.1226\quad 0.0621\quad 0.0813)$$

$$\times\begin{pmatrix} 0 & 0.175046 & 0.238555 & 0.499355 & 0.087044 \\ 0 & 0.112146 & 0.301998 & 0.548541 & 0.037315 \\ 0.017985 & 0.152881 & 0.309822 & 0.456564 & 0.062748 \\ 0.067178 & 0.361226 & 0.362184 & 0.20214 & 0.007272 \\ 0.022462 & 0.13024 & 0.370786 & 0.430998 & 0.045514 \\ 0.008525 & 0.059497 & 0.197043 & 0.583638 & 0.151297 \\ 0 & 0.1106 & 0.373326 & 0.438985 & 0.077089 \end{pmatrix}$$

$$=(0.01910447\quad 0.17739972\quad 0.30956163\quad 0.43606853\quad 0.05786566)$$

由此可以计算出抖音信息服务质量的总体评价等级：

$$WQ = \boldsymbol{B} \times \boldsymbol{C}^{\mathrm{T}}$$

$$= (0.01910447 \quad 0.17739972 \quad 0.30956163 \quad 0.43606853 \quad 0.05786566) \times \begin{pmatrix} 1 \\ 2 \\ 3 \\ 4 \\ 5 \end{pmatrix}$$

$= 3.33619119$

除此之外,可以计算出抖音信息服务质量二级指标的评价等级。

其中信息价值属性的评价等级为:

$$WQ_1 = \boldsymbol{B}_1 \times \boldsymbol{C}^{\mathrm{T}} = (0 \quad 0.175046 \quad 0.238555 \quad 0.499355 \quad 0.087044) \times \begin{pmatrix} 1 \\ 2 \\ 3 \\ 4 \\ 5 \end{pmatrix}$$

$= 3.498397$

感官体验的评价等级为:

$$WQ_2 = \boldsymbol{B}_2 \times \boldsymbol{C}^{\mathrm{T}} = (0 \quad 0.112146 \quad 0.301998 \quad 0.548541 \quad 0.037315) \times \begin{pmatrix} 1 \\ 2 \\ 3 \\ 4 \\ 5 \end{pmatrix}$$

$= 3.511025$

系统基本性能的评价等级为:

$$WQ_3 = \boldsymbol{B}_3 \times \boldsymbol{C}^{\mathrm{T}} = (0.017985 \quad 0.152881 \quad 0.309822 \quad 0.456564 \quad 0.062748) \times \begin{pmatrix} 1 \\ 2 \\ 3 \\ 4 \\ 5 \end{pmatrix}$$

$= 3.393209$

人机交互质量的评价等级为:

$$WQ_4 = \boldsymbol{B}_4 \times \boldsymbol{C}^{\mathrm{T}} = (0.067178 \quad 0.361226 \quad 0.362184 \quad 0.20214 \quad 0.007272) \times \begin{pmatrix} 1 \\ 2 \\ 3 \\ 4 \\ 5 \end{pmatrix}$$

$= 2.721102$

社会交互质量的评价等级为:

$$WQ_5 = B_5 \times C^T = (0.22462 \quad 0.13024 \quad 0.370786 \quad 0.430998 \quad 0.045514) \times \begin{pmatrix} 1 \\ 2 \\ 3 \\ 4 \\ 5 \end{pmatrix}$$

$$= 3.346862$$

情感质量的评价等级为:

$$WQ_6 = B_6 \times C^T = (0.008525 \quad 0.059497 \quad 0.197043 \quad 0.583638 \quad 0.151297) \times \begin{pmatrix} 1 \\ 2 \\ 3 \\ 4 \\ 5 \end{pmatrix}$$

$$= 3.809685$$

价值体验的评价等级为:

$$WQ_7 = B_7 \times C^T = (0 \quad 0.1106 \quad 0.373326 \quad 0.438985 \quad 0.077089) \times \begin{pmatrix} 1 \\ 2 \\ 3 \\ 4 \\ 5 \end{pmatrix}$$

$$= 3.482563$$

基于以上数据分析,最终得到老年用户对抖音信息服务质量评价的总体等级为3.33619119。对于7个一级指标而言,老年用户对抖音的信息价值属性的评价等级为3.498397,感官体验的评价等级为3.511025,系统基本性能的评价等级为3.393209,人机交互质量的评价等级为2.721102,社会交互质量的评价等级为3.346862,情感质量的评价等级为3.809685,价值体验的评价等级为3.482563。

以上评价数据结果显示,目前老年用户对抖音的情感质量以及感官体验维度评价较高,超出对抖音的总体评价。抖音作为短视频类的社交媒体产品,其视觉和听觉感知较强烈,较散步、逛公园、锻炼下棋等传统的娱乐方式更具有趣味性,且操作技术难度较低。同时短视频相比传统的电视节目,其内嵌的人工智能算法能够根据老年用户的行为喜好智能推送有针对性的信息,有助于提高老年用户使用的愉悦度,使其获得情感共鸣和沉浸感。因此基于这些优势特点,抖音的情感质量维度和感官体验维度评分较高。与此同时值得注意的是,抖音的人机交互质量评价较低,处于7个一级指标的最低位,说明老年用户在使用抖音的过程中仍存在较多的障碍,这也是未来需要进一步改善之处。

横向比较微信与抖音这两类产品的老年用户信息服务质量评价结果,我们可以发现对于总体评价而言,微信虽略高一点,但两者基本不相上下。微信作为最早进入老年用户视野的社交媒体产品,其在信息价值属性维度上的评价高于抖音。其原因可能是对于老年用户而言,微信更偏向于熟人社交,而抖音的社交范围更广,老年用户对于熟人圈的信息价值感知更高,信任水平也更高。

　　同时,我们还可以发现老年用户对于抖音的情感价值和感官体验评价明显高于微信,
这充分体现了抖音此类短视频产品的优势,其感官体验和娱乐性更强,这也是近几年抖音
异军突起、发展迅速的重要原因。同时,在社交体验和价值体验方面,老年用户对微信的评
价更好,这说明微信作为老年用户连接外界的重要工具,在老年用户社交、获取信息、获得
价值感方面更有优势,而抖音在老年用户娱乐、收获愉悦和快乐感方面更有优势。最后值
得注意的是,不论是微信还是抖音,两者在人机交互方面评价都不尽如人意,这也从另一侧
面反映了未来社交媒体信息服务产品适老化改造的关键所在。

第九章 老年用户社交媒体信息服务质量优化策略研究

基于以上章节对老年用户社交媒体信息服务使用全生命周期内行为特征的分析,以及老年用户社交媒体信息服务实证评价研究,本章将从形成期、发展期、成熟期和衰退期四个阶段,根据各阶段的典型特征,提出有针对性的优化策略。

9.1 形成期

社交媒体信息服务使用形成阶段,由于信息素养、身体机能等多种因素的影响,老年用户可能会在使用过程中产生一定的畏惧、安全担忧等负面情绪。在社交媒体信息服务使用初期,老年用户处于试错、探索与尝试状态,将着重考察社交媒体信息服务功能是否能与其需求契合。为了吸引更多的老年用户采纳社交媒体信息服务,让更多的老年用户享受到社交媒体信息服务的红利,下面将从老年用户、社交媒体信息服务提供商、政府多个层面提出社交媒体信息服务优化策略,具体如下。

9.1.1 老年用户层面

前期访谈发现,老年用户希望社交媒体信息服务能满足其需求,但在使用过程中,由于一些老年用户心存疑虑与担忧,或在使用中存在困难,从而无法从社交媒体信息服务使用中获益。因此对于刚开始接触社交媒体信息服务,处于社交媒体信息服务使用形成阶段的老年群体来说,首先要消除疑虑、调整心态、建立自信,在思想意识层面减少对社交媒体信息服务的怀疑与抵触。同时要积极向家人、朋友寻求技术支持与帮助。老年用户之间应相互鼓励,相互学习,积极运用自身资源主动及带动式地学习与使用社交媒体信息服务。

世界老龄化理论经历了从"成功老龄化"到"健康老龄化"再到"积极老龄化"三个阶段。前两个阶段都将老龄化视为挑战,第三个阶段则以老龄价值观及老年财富观为理论基础,以全要素参与为实现路径,强调老年人继续甚至更好地参与社会,达至社会化的最佳状态。2020年中国正式把积极应对老龄化确定为国家战略,"积极"也自然成为中国应对老龄化相关工作的大背景。由此可见,社会参与对于老年用户而言,利己利国。因此,一方面,老年用户应克服心理与技术障碍,积极进行社交媒体信息服务的使用与学习,充分利用社交媒体平台提高自我的社会参与度,实现老有所为。另一方面,老年人是我国奋斗新时代的重要力量之一,老年群体也是重要的人力资源,老年用户对于推动社交媒体信息服务发展具有重要的推动作用。比如,2018 年阿里巴巴一则在杭州招募两名淘宝资深用研专员的招聘启事在微信朋友圈刷屏,招聘启事中的关键内容有两点:高薪,年薪 35 万—40 万元;老人,应聘者年龄要在 60 周岁以上。阿里巴巴此举的目的是通过了解老年人的需求充分挖掘老年消费者,开发老年人市场。此招聘消息发布之后,不少老年人投递了简历。因此,老年用户应充分利用各种渠道,如此类的公开招聘、社交媒体信息服务部门,表达老年群体的社交媒体信息服务需求,以形成良性互动,助力社交媒体信息服务部门掌握老年用户需求,提升服务水平。

9.1.2　社交媒体信息服务提供商层面

老年用户社交媒体信息服务使用形成期非常关键,是其使用行为的起点。老年用户社交媒体信息服务采纳行为形成的关键在于需求的契合。该阶段社交媒体信息服务平台应关注老年用户需求,简化并完善相关功能,促进老年用户的初期使用。

应系统分析老年用户的社交媒体信息服务需求与层次,提供有针对性的信息产品与服务。社交媒体信息服务平台应关注老年群体,其服务团队要及时、深入地了解老年用户的个性化服务需求,加强老年用户的需求研究,准确描述老年群体的需求内容与表现形式,深刻理解老年用户社交媒体信息服务使用初期的行为特征与规律,提供有针对性的服务方案。在确保满足老年用户基本型需求的基础上,尽量满足其期望型需求,并通过引导、优化老年用户体验,提供超越老年用户需求的服务,满足其兴奋型需求。

随着老年用户社交媒体信息服务使用程度的加深,其需求的类型、状态和强度会不断发生变化,除了应在前期阶段进行用户需求分析之外,还特别要对老年用户的社交媒体信息服务需求进行动态跟踪分析,以便及时发现和掌握其需求的变化,从而做出服务策略的调整。

老年用户信息技术能力较弱,且大多数老年人对信息技术存在畏惧心理。因此,在社交媒体信息服务使用的初期阶段,社交媒体信息服务提供商还应着重加强平台交互功能与界面的优化设计,简化各类技术操作,降低老年用户社交媒体信息服务使用门槛,减少老年用户对信息技术使用的畏惧感。优化社交媒体信息服务内容,增强信息内容的吸引度。努力提升所提供信息的有用性、质量与价值,以优质的、老年用户感兴趣的信息内容吸引老年用户,让老年用户切实感受到社交媒体信息服务平台所提供的信息内容符合其需求,能够真正解决其实际问题。同时,应进一步加强激励机制设计,吸引新用户,有效促进新用户的参与互动。

9.1.3　政府层面

通过政策引导,降低老年用户社交媒体信息服务使用成本。前期研究发现,老年用户对于使用社交媒体信息服务是否经济实惠、是否能够减少日常开支等方面较为关注。政府可联合相关移动通信运营商、社交媒体信息服务平台等针对 60 周岁以上的老年人办理个性化套餐资费,提供更大折扣的资费优惠,合理降低使用社交媒体的流量开销,激发老年用户使用的积极性。政府部门可通过科研立项、财政补助的方式加大对移动终端制造商的激励,通过政策引导、财政刺激等多种方式培育一批科技水平高、产品性价比高的信息无障碍终端设备制造商,推动现有终端设备无障碍改造、优化,支持开发适老型无障碍智能终端产品,帮助老年用户克服技术障碍。

完善网络及信息基础设施建设。特别是加强偏远地区老年用户公共娱乐场所、图书馆、老年人活动中心、养老院等信息基础设施的建设。采访中发现一些老年用户苦于家中或公共场所无移动网络,或网速较慢导致网页加载速度慢、语音和视频卡顿等,从而失去耐心,不愿意使用社交媒体产品。因此在社交媒体使用形成期,政府应进一步加大对建设移动网络等基础设施的投入,确保宽带网络服务稳定高质。同时推动 5G 在无障碍领域的应用,加快联网智能产品的研发推广,为保障老年用户社交媒体信息服务的顺利使用提供基础物质保障。

加强老年用户社交媒体信息服务无障碍使用法规制度的建设。大力推动将信息无障碍纳入相关法律法规的修订工作,为推进行业规范化、标准化发展提供法制保障。比如2020 年底国务院办公厅发布的《关于切实解决老年人运用智能技术困难的实施方案》,以及随后人力资源和社会保障部出台的《关于进一步优化人社公共服务　切实解决老年人运用智能技术困难的实施方案》,在明确老年人高频服务事项、完善服务政策、完善传统服务、优化智能化服务和加强宣传培训等五个方面明确了 20 项具体工作。截至 2021 年底,一年来全国 173 家网站和 App 完成适老化改造[511]。这些适老化改造的成果,说明政府在弥合老年用户数字化鸿沟方面强大的主导力,未来建议有更多利好老年用户社交媒体信息服务的政策和措施出台,让社交媒体信息服务的福祉惠及更多的老年人。

加强社交媒体信息服务宣传与推广,搭建社交媒体信息服务产品供给与需求对接平台,广泛利用老年人组织、社交媒体信息服务产品企业、电信运营商、社区服务中心等渠道加强社交媒体信息服务产品使用益处的宣传与推广。研究发现老年用户在接触社交媒体信息服务初期,部分老年用户存在怀疑抵制态度,特别是对使用的安全性存在疑虑。相关政府部门可通过官方宣传,采用公益广告、报告、新闻等形式,通过科普、典型案例介绍等方式,让老年用户了解社交媒体信息服务的优势与好处,减少老年用户对社交媒体安全性的疑虑,引导老年用户放心地使用。

9.2　发展期

在经历了社交媒体信息服务的初期使用后,老年用户会将使用前的预期和使用后的实际体验感知进行对比,从而形成期望确认度和满意度感知。同时社交媒体信息服务使用过程中关联、能力等需求的满足会促成老年用户对社交媒体信息服务产生情感依恋,从而形成牢固的情感纽带。在正向的认知和情感的双重作用下,老年用户将过渡到社交媒体信息服务使用发展阶段,并表现出持续使用行为。基于本书第五章中对老年用户社交媒体信息服务持续使用行为形成机制的研究,以及第八章中的实证评价结果,下文将从老年用户层面、社交媒体信息服务提供商层面以及政府层面提出相应的建议。

9.2.1　老年用户层面

在接触和使用社交媒体信息服务一段时间后,老年用户将逐渐熟悉社交媒体信息服务中的一些基础功能,并感受到社交媒体信息服务的益处,产生一定的信任与满意感,从新手逐步成长为持续使用者。

在社交媒体信息服务发展期内,老年用户会进一步主动融入社交媒体信息服务生活,主动探索并熟练掌握社交媒体信息服务的主要功能,将社交媒体信息服务作为日常获取信息和社交的主要手段。在操作过程中遇到问题,主动向身边的孩子与亲人寻求帮助,以更好地加快提升自身的信息技能。积极向社交媒体平台服务部门进行问题反馈,以有效地促进社交媒体老年用户信息服务质量的改进。遇到系统卡顿、闪退、内存不足等影响操作的问题,以及设备老旧等问题,在其经济承受范围内考虑升级、替换老旧设备,以更好地享用社交媒体信息服务。

同时,老年用户应主动参加老年大学、社区的相关培训活动,有效提升自我的信息素养。在通过社交媒体获取信息的同时,加强信息辨识能力,甄别社交媒体中的虚假信息,对于来路不明的外部信息渠道提高警惕,保证所接收信息的安全性和可靠性。

9.2.2 社交媒体信息服务提供商层面

老年用户社交媒体使用发展期内,社交媒体信息服务提供商应进一步对相关功能进行优化,保证社交媒体信息服务的易用性与有用性,提高老年用户使用满意度,从而形成稳定的情感依恋,引导老年用户成为稳定的持续使用者。

社交媒体信息服务提供商应从产品功能设计、内容建设、用户服务等方面进一步进行适老化改造。在产品功能设计上,推出长辈模式或大字简明模式,优先解决老年用户看不清、不会用等问题。在内容建设上,强化涉老内容审核标准,提升潜在风险私信预警响应等级,严厉打击违法广告,努力为老年用户打造安全的内容环境,鼓励适老化内容创作,加大优质内容比重。在用户服务上,开通"老友专线",设立人工客服专职解答老年用户问题,同时与老年大学、社区合作开设线下老年课堂,面对面为老年用户讲解智能产品使用技巧与网络安全知识。

前期研究发现,在社交媒体信息服务使用发展期,用户期望会直接影响老年用户的体验与感知,过高的期望将增加老年用户的实际感知落差,导致用户满意度的下降,因此社交媒体信息服务提供商应注重引导和培育老年用户的合理期望。一方面,通过正确的引导、恰当的宣传以及有效的沟通,帮助老年用户建立合理的信息服务期望。另一方面,应进一步对老年用户群体进行细分。社交媒体环境下,不同类型的老年用户的服务需求和期望存在差异,其对信息服务的价值感知也会存在差异。不同职业、家庭、年龄、身体状况的老年用户,即使面对同样的信息服务内容,也会产生不同的信息服务期望。因此,社交媒体信息服务提供商应对不同类型、不同层次的老年用户进行分类引导,帮助不同类型的老年用户根据其自身偏好、需求特点,形成合理的期望,从而有效地优化老年用户使用体验。

9.2.3 政府层面

社交媒体信息服务使用发展期内,老年用户将进一步深入体验更为丰富的信息服务功能。该阶段,政府应着重解决老年用户面临的实际问题,营造一个良好的社交媒体环境,帮助老年群体更好地融入社交媒体环境。

政府部门应进一步加强助老宣传,在全国范围内开展"智慧助老"行动,开发"我教老人用社交媒体"等微信小程序,广泛动员各方力量为老年人提供志愿培训服务,引导老年人正确认识社交媒体信息和智能技术等。广泛开展公益性信息化培训,普及信息无障碍知识,加强老年用户中重点群体的智能化产品使用能力培训,引导老年群体提升社交媒体信息服务使用技能,鼓励其参与信息无障碍产品的设计、开发、测试等过程。

在推进社交媒体应用无障碍建设方面,引导社会各方力量积极参与,在新闻资讯、社交通信、生活购物、金融服务、市政服务、医疗健康等老年用户使用的高频领域,引导企业利用最新标准和技术进行无障碍优化,将无障碍优化纳入产品日常维护流程。相关行业主管部门对信息无障碍建设贡献突出的单位在企业评优、信用管理、社会责任考核等工作中给予倾斜。加强人才保障,鼓励高等学校增加老年用户社交媒体无障碍信息服务等相关课程,开展助残助老理论及技术研究,培养信息无障碍领域人才。

加大政策支持,推进新闻资讯、社交通信、生活购物、金融服务、旅游出行、工作教育、市政服务、医疗健康等领域移动互联网应用的无障碍改造。支持各级政府部门通过购买服务、无偿资助、后补助等方式,对重点项目进行资助和帮扶,支持社交媒体无障碍信息服务关键技术的研发及产业发展。

统筹推进社交媒体信息服务无障碍规范与标准体系建设,完善包括总体性标准、通用性标准、应用标准及产品标准在内的标准体系,开展信息服务系统、应用软件、终端产品等信息服务载体无障碍要求的研究与制定,建立完善社交媒体信息服务老年用户无障碍使用规范。引导企业利用最新标准和技术对移动互联网应用进行无障碍优化,将无障碍优化纳入产品日常维护流程。

推进社交媒体信息服务无障碍规范与标准落地实施,开展信息无障碍重点规范与标准宣传工作,建立信息无障碍评测机制,指导第三方机构按照无障碍规范与标准进行符合性测试,发布评测认证结果,激励相关行业规范与标准的落地应用。鼓励支持行业协会、研究机构、高等学校、企业等积极参与老年用户社交媒体无障碍信息服务国际标准制定,推动相关技术、标准等方面的国际化合作。

建立老年用户社交媒体信息无障碍服务发展评估机制,评选一批信息无障碍优秀案例,发布信息无障碍发展指数,定期对移动社交媒体应用等进行评级评价,并向社会公开。支持与文明城市、智慧城市建设相结合开展相关示范、创建与评定工作。

9.3　成熟期

处于社交媒体信息服务成熟期的老年用户已对社交媒体信息服务相关功能有了较为深层次的体验,部分老年用户已逐渐稳定下来成为忠诚客户,甚至是活跃用户。成熟期是在整个生命周期内,能够为企业带来最大收益且老年用户获益较高的阶段。因此,本阶段应进一步合理引导老年用户社交媒体信息服务使用行为,巩固忠诚用户,遏制不良问题。结合本书第六章中对老年用户社交媒体信息服务使用忠诚行为和活跃使用行为形成机制的研究,以及第八章的实证评价结果,下文将分别从老年用户、社交媒体信息服务提供商、政府三个层面提出引导策略。

9.3.1　老年用户层面

在经历了前期持续的摸索与尝试后,处于成熟期的老年用户已能较熟练地掌握社交媒体中的交流互动、信息获取等信息服务功能,且行为模式逐渐稳定,行为特征基本固化。按照社交媒体的使用频次、使用功能范围、活跃程度等,可将老年用户划分为不同类型的群体,如潜水用户、活跃用户等。这两类用户不仅对社交媒体平台的贡献差异较大,而且对老年用户自身而言,活跃程度越高,越能充分享受到社交媒体带来的益处。故而在社交媒体信息服务成熟期内,老年用户应进一步提高自身社交媒体信息服务使用技能、自身信息素养,更深层次地体验社交媒体信息服务。

目前社交媒体经过近十年的不断发展,其业务功能不断扩展,一些社交媒体应用如微信已整合众多生活服务功能,其应用涉及金融服务、生活服务、交通出行、购物消费等多个日常生活场景。处于成熟期的老年用户应进一步尝试使用新功能,加强对社交媒体信息服务产品的应用,熟练掌握其中的一些高频使用功能,缩小与其他用户群体之间使用技能上的差距。在日常生活中,充分利用社交媒体中的社会资本,获取更多的资源与帮助,增强代际沟通,提高老年生活质量,提升自我认同感与归属感。主动通过社交媒体加强与外界的交流,提高自身活跃度,以自身使用社交媒体信息服务成功经验的示范作用,带动身边更多的老年用户,提高其使用频率,扩大其功能使用场景,帮助更多的老年用户更好地深入体验社交媒体信息服务。

9.3.2　社交媒体信息服务提供商层面

成熟期内,社交媒体信息服务提供商应进一步加强老年用户的分级管理,根据老年用户在平台上留下的数据痕迹,分析其行为特征,绘制用户画像。根据老年用户浏览信息的主题特征,推荐个性化的信息内容,有针对性地引导不同类型的老年用户。着重激发老年用户对社交媒体平台的情感依恋,在互动设计中加入信息与情感支持功能,增强老年用户的归属感。促进并引导老年用户之间的互动以及情感关怀。比如 QQ 空间中,根据老年用户的生日信息,提醒其好友发送生日祝福。通过功能优化、情感关怀构建老年用户之间以及老年用户与系统平台之间的情感关联,提升老年用户的忠诚度,并带动更多新用户的加入。

设计一套以活跃度或贡献度为晋级标准的用户激励机制。不同等级对应不同的虚拟头衔,或授予不同的权限,或给予升级奖励,让老年用户在产品使用中感受到一种成长,从而对老年用户产生激励,增强其黏性,提高其活跃度。在老年用户中甄选有代表性、有影响力的用户作为"意见领袖",增加"意见领袖"曝光度,通过其活跃行为事迹的口碑宣传,感染和带动更多的老年用户形成活跃使用行为。

根据老年用户的使用反馈,进一步简化产品操作,减少老年用户的学习压力,引导老年用户熟练掌握更多的高级功能。同时根据老年用户的特点,定制高阶操作指南和小助手工具,帮助老年用户解决日常使用中可能遇到的各类问题,为老年用户的进一步深入使用提供支持帮助。

9.3.3　政府层面

老年用户社交媒体信息服务质量的提升与优化是一项持续、复杂的系统工程。通过形成期、发展期的努力,老年用户社交媒体信息服务建设初显成效。成熟期内,政府应进一步构建长效机制,宏观布局、统筹强化顶层设计,从而巩固前期成果,确保老年用户社交媒体信息服务适老化改造行动持续深入进行。

政府可进一步建立跨地区、跨部门的协同工作机制,强化各部门之间的协同与沟通。根据当前老年用户社交媒体信息服务现状,评估前一阶段所制定的政策实施成效,进一步细化老年用户社交媒体信息服务治理改造落实方案,规定相关主管机关、辅助部门、协办单位的工作任务、工作权限以及责任归属,形成权责明晰、运转有序的治理团队与格局。成立高层级的老年用户社交媒体信息服务工作小组,破除条块限制,整合相关资源,统合相关职能部门的治理权力,针对老年用户社交媒体信息服务工作中出现的关键问题与难关,重点攻克与整治,有效破除老年用户社交媒体信息服务中存在的信息内容不适用、操作复杂、隐私安全不确定等难点问题。

政府应结合老年用户使用社交媒体的特点,大力宣传与倡导家庭成员的代际支持作用,通过公益宣传等措施,引导子女与老人增加沟通交流,实现老年用户与家庭成员之间的数字素养代际传递,激发老年用户的数字融入热情,提升其自我学习能力。同时发挥社区的支持作用,加大对社区的财政投入,培养具有专业素养的社区工作人员,以社区为单位,定期开展老年用户数字教育培训,提高基层单位的老年用户数字教育、培训技能,引导老年用户积极参与社区数字化培训教育。引导相关企业进行研发设计,进一步创新服务,对于满足信息无障碍规范、标准的终端设备、网站、移动互联网应用等,授予"信息无障碍标识",激励各主体积极参与信息无障碍建设。通过多媒体渠道宣传信息无障碍建设,广泛凝聚社会共识。通过降低税费、提供低息贷款和降低行业准入门槛培养成熟的、有竞争力的"银龄市场",加快面向老年人需求的数字创新成果孵化,为老年人有效融入数字生活提供科技支撑。

9.4　衰退期

衰退期是老年用户社交媒体信息服务使用全生命周期中的最后阶段,社交媒体环境中过载的信息与系统功能等负面因素,会引发社交媒体使用倦怠、技术压力等负面情绪,并进一步导致间歇性中辍、抵制使用等消极使用行为的产生。该阶段若对社交媒体环境中的不良因素置若罔闻,不加干涉,前期的付出就可能付之东流,导致老年用户流失、用户忠诚度下降等一系列问题。因此,结合第七章老年用户社交媒体使用衰退行为形成机制的研究,以及第八章社交媒体信息服务质量评价结果,下文将从老年用户、社交媒体信息服务提供商以及政府三个层面提出引导策略。

9.4.1　老年用户层面

社交媒体中海量的信息数据为老年用户带来了丰富的信息资源,但其中存在大量无关的、低质量的信息。过多的数据会给用户带来干扰,尤其是对于身体机能衰退、互联网信息素养普遍不高的老年群体。冗余的信息会让老年用户身心疲惫,特别是无法辨识真假的信息,导致老年用户社交媒体信息服务衰退行为的产生,甚至使老年用户退出社交媒体。

面对社交媒体中信息过载的现状,老年用户应努力提高信息获取、信息甄别、信息处理的能力。对信息质量较差的平台或公众号等可采用屏蔽、取消关注、取消推送等方式过滤信息。不转发来路不明的信息,自觉接受法律和道德的约束,承担起共同净化网络空间的责任。对于未经相关部门核实的信息,不盲从轻信,更不能随意传播,应理性思考,不信谣、不传谣,减少谣言扩散途径。对不符合自身需求的信息主动屏蔽,不断提高自我信息素养,提高信息质量辨别能力,通过自身的努力减少社交媒体信息过载所带来的负面影响。

对于社交媒体平台中出现的系统功能过载问题,如系统频繁更新,可通过拒绝升级以减轻版本更替带来的操作困扰。面对自身无法解决的系统操作问题,应积极寻求帮助,建立自信。总之,面对社交媒体平台中信息过载、系统功能过载等负面问题,老年用户不能通过逃避、抵制使用来解决当前的困难,而要积极应对,提高自身能力,从而更好地避免平台中不良因素的干扰。

9.4.2　社交媒体信息服务提供商层面

社交媒体信息服务提供商要对处于社交媒体信息服务使用衰退期的老年用户给予充分的重视。对于平台而言,获取一个新用户所花费的成本大概是维护老用户的5倍。因此,对于社交媒体平台,应积极采取措施挽回处于衰退期的老年用户,扭转老年用户的消极行为,减少处于衰退阶段的老年用户。

社交媒体平台应进一步加强和完善对社交媒体平台中用户行为的监管,通过对行为数据进行分析,发现显现出消极行为特征的老年用户,具体分析平台运营中存在的问题,采取有针对性的策略,减少老年用户的流失。对具有间歇性中辍行为特征的老年用户的挽回成本较低,因此应早发现,勤分析,抓重点,及时挽回。

社交媒体平台应进一步完善平台信息监管机制,严格审核信息发布内容,通过设置敏感词过滤、风险提醒等措施,加强平台信息质量控制。通过大数据分析、算法优化等方式为老年用户提供有针对性、符合其兴趣特征的信息内容,减少平台内无用的冗余信息。严格管制发布谣言、恶意刷屏的用户,给予其封号、禁言等惩罚,减轻老年用户因信息过载及隐私信息泄露而造成的不良情绪。优化系统功能,减少系统更新的频率,适当为产品功能做"减法",平衡商业利益与用户体验之间的关系,减少因信息系统操作给老年用户带来的负担。加强老年用户与平台之间的情感关联,提高老年用户转换到其他平台或暂停使用社交媒体信息服务的成本,增强老年用户使用黏性,减少老年用户的流失。

9.4.3　政府层面

如今社交媒体在为老年用户提供丰富的信息以便利其生活的同时,一些负面现象层出不穷,如一些不法分子冒充官方误导老年用户价值判断,为最大限度地获取流量违反公序良俗,制作并传播低俗内容。这些负面现象不仅损害了老年用户的权益,也妨碍了社交媒体的健康发展,败坏社会风气。

　　对此,政府部门应进一步推出治理举措,引导和规范社交媒体运营行为,净化社交媒体空间。健全完善法律法规,加强制度及长效机制建设。开展严打网络谣言专项行动,坚决打击那些假冒机关事业单位、新闻媒体等官方身份发布虚假信息的现象。对恶意制造、传播网络谣言的行为依法惩处,形成威慑效应。对老年用户加强公民教育,提高其应对社交媒体信息服务过载的能力,增强其辨识虚假信息的判断力。督促社交网站平台企业严格落实主体责任,加强自身内容监管,及时清理不良信息。同时通过媒体宣传、公益活动等方式提升老年群体的防范意识,特别是提高其辨别真伪信息、警惕消费欺诈、抵御不良信息的能力。

第十章　研究结论与展望

　　围绕老年用户社交媒体信息服务这个研究主题,通过系统的、多视角的分析,本书得出了一系列具有理论及实践意义的研究结论。下文将对本书的研究结论与贡献进行归纳概括,并结合研究中尚存的局限进行分析,最后提出未来研究的方向。

10.1　研究结论

　　本书综合运用演绎推理、文献分析、扎根理论、用户访谈和统计分析等多种研究方法,围绕老年用户社交媒体信息服务使用全生命周期内的行为机理分析,以及老年用户社交媒体信息服务质量评价这两条研究主线,展开了一系列的研究,并得到一些有价值的研究结论,具体如下。

　　其一,本研究基于生命周期理论对老年用户社交媒体信息服务使用行为进行了剖析,构建了本书的理论研究框架。通过理论分析,发现老年用户社交媒体信息服务使用行为可具体划分为形成期、成长期、成熟期与衰退期四个阶段。

　　其中形成期是老年用户社交媒体信息服务使用的起点,该阶段中,老年用户将在自身需求的驱动下,产生社交媒体信息服务采纳意愿,并形成初始的使用行为。成长期的发展驱动力主要为老年用户在使用过程中形成的正向期望确认度和用户满意度,在正向认知与情感因素的催化下形成持续使用行为。成熟期内老年用户对社交媒体信息服务已有一个较全面和深入的体验,其中正面的用户体验因素和情感关联将成为该阶段重要的驱动因素,促使老年用户成为忠诚用户甚至是活跃用户。衰退期内由于受到社交媒体信息服务中负面因素的影响,老年用户会逐渐产生倦怠、压力等负面感知,并形成间歇性中辍、抵制等消极使用行为,该阶段也是老年用户使用社交媒体信息服务的最后一个阶段。

　　其二,针对形成期内老年用户的社交媒体信息服务使用行为特征,本书采用扎根理论构建了"需求驱动下的老年用户社交媒体信息服务采纳行为模型"。通过分析,发现老年用户社交媒体信息服务需求呈现出多维度、多层次的特点,具体可划分为基本型需求维度、期望型需求维度与兴奋型需求维度。其中,基本型需求维度包括生理性需求、交互需求、实用需求、实惠需求和安全需求;期望型需求包括认知需求、享乐需求和社交需求;兴奋型需求包括情感需求和自我实现需求。研究进一步发现,老年用户社交媒体信息服务需求会随内外部环境的变化呈现出不断变化的趋势,在需求不断满足的情况下,老年用户会产生社交媒体信息服务使用意愿,并进一步转化为实质性的使用行为。同时,在采纳行为形成过程

194

中,仍面临着来自老年用户自身和外部环境等负面因素的影响,阻碍其采纳行为的形成。

其三,针对发展期内老年用户的社交媒体信息服务使用行为特征,本书采用统计分析、问卷调查等方法,构建了老年用户社交媒体信息服务期望模型。研究结果表明,老年用户社交媒体信息服务期望具有多维度、多层次的结构特征,具体包括必备型期望、重要型期望和魅力型期望。其中,必备型期望包含感官体验期望和产品功能期望;重要型期望包含信息质量期望、社交互动期望和服务期望;魅力型期望包含情感期望和价值期望。各期望层次之间彼此联系,层层递进。

同时本书基于 ECM-ISC 模型,进一步验证了发展期内老年用户社交媒体信息服务持续使用意愿形成的"认知—情感—意动"路径。研究发现,满意度和情感依恋在感知有用性、期望确认度、感知易用性和持续使用意愿之间起到了部分或完全中介作用。感知有用性与持续使用意愿之间直接正相关。在所有因素中,情感依恋与持续使用意愿的关联最大。满意度、关联需求满足、能力需求满足与情感依恋呈正相关,其中关联需求满足与情感依恋的相关性最强。自主需求满足与情感依恋之间没有显著关联,而身体机能衰退与感知易用性之间没有显著关联。期望确认度通过满意度和感知有用性间接影响持续使用意愿。

其四,针对成熟期内老年用户的社交媒体信息服务使用行为特征,本书采用扎根理论,构建了"基于用户体验的老年用户社交媒体信息服务使用忠诚行为模型"。研究发现,老年用户社交媒体信息服务体验是一个由多层次、多因素构成的复杂体系,具体包含感官体验、交互体验、认知体验、情感体验、价值体验和关联体验等多个维度。本书进一步基于 SOR 模型、使能与抑能机制,分析了各体验要素之间的逻辑关系。研究结果表明,老年用户在使用社交媒体过程中感知到的正面体验(如正面的感官体验、正面信息体验、认知价值、情感价值、社会资本)会促使老年用户形成积极的情感(如趣味性、愉悦、沉浸和依恋感等),并进一步增强老年用户社交媒体信息服务使用忠诚行为。同时,老年用户使用社交媒体信息服务中的负面体验(如信息过载体验、功能过载体验以及社交过载体验)会引发老年用户形成消极的情感(如技术压力、数据安全担忧、隐私担忧、倦怠感等),从而进一步抑制其忠诚行为。

本书基于社会资本与情感依恋理论,分析了老年用户社交媒体信息服务活跃使用行为的形成机制,将老年用户活跃使用行为细分为内容创造行为、内容传播行为、关系构建行为和关系维护行为。研究结果表明,结合型与桥接型社会资本均对人际依恋和群组依恋有正向影响,其中结合型社会资本的作用较大。人际依恋通过网站依恋间接作用于活跃使用行为,群组依恋对网站依恋没有显著作用。网站依恋对四种活跃使用行为均具有显著的正向作用,其中对关系维持行为的作用最大。依恋焦虑在网站依恋与四种活跃使用行为之间分别表现出不同强度的调节效应。

其五,针对衰退期内老年用户的社交媒体信息服务使用行为特征,本书从"使能—抑能"和"评价—情绪反应—应对反应"两个角度构建了老年用户移动社交媒体间歇性中辍行为形成的双机制模型。通过实证研究,发现在使能机制中,信息过载和系统功能过载会增加老年用户的疲劳,进而引发间歇性中辍行为。在抑能机制上,除自主需求满足外,移动社交媒体与老年用户的关联和能力需求满足会促使老年用户产生移动社交媒体情感依恋,并进一步减少间歇性中辍行为的发生。

本书基于 SOR 模型,针对老年用户移动健康应用的抵制行为进行了研究。研究结果发现,移动健康应用中的信息过载和系统功能过载增加了老年用户的使用疲劳和技术压力,从而增强了他们的抵制行为。同时,本书将代际支持与 SOR 模型相结合,发现代际支持因素不仅直接减少了老年用户的移动健康应用抵制行为,而且削弱了使用疲劳与技术压力对抵制行为的影响。

其六,本书采用逻辑演绎推理法,基于老年用户的视角对社交媒体信息服务质量感知影响因素进行了分析。研究结果表明,信息服务需求、信息服务期望以及信息服务用户体验是影响老年用户社交媒体信息服务质量感知的关键因素。与此同时,老年用户的需求、期望、用户体验之间还存在着紧密的内在关联,三者相互影响且共同影响老年用户的信息服务质量评价。

本书在前期老年用户社交媒体使用行为特征分析的基础上,构建了老年用户社交媒体信息服务质量评价指标体系。实证结果表明,该评价指标体系包含信息价值属性、感官体验、系统基本性能、人机交互质量、社交互动质量、情感质量和价值体验七个维度,以及 68 个评价指标。该评价指标体系体现了老年用户社交媒体信息服务使用全生命周期内的行为特征,以及老年用户视角下社交媒体信息服务质量应具备的质量属性与特征。

10.2 研究贡献

近年来,随着社交媒体中老年用户逐渐增多,老年用户视角下的社交媒体信息行为研究的重要性逐渐凸显,而目前有关老年用户社交媒体信息服务的研究还处于起步阶段,研究成果较少。本书综合应用多种研究方法,对老年用户社交媒体信息服务进行了研究,为我们深入理解老年用户社交媒体信息行为机理,以及促进相关服务质量的提升提供了有效的借鉴。

第一,丰富了社交媒体环境下老年用户信息行为研究的理论体系。目前有关社交媒体信息服务行为与信息服务质量的相关研究主要集中于年轻用户,有关老年用户的研究亟待进一步增加与完善。本书基于全生命周期视角对老年用户的信息行为进行了研究,构建了基于老年用户视角的社交媒体信息服务质量评价指标体系,为老年用户信息行为研究提供了新的研究思路与切入点,丰富了现有的社交媒体信息行为研究。

第二,基于全生命周期理论为社交媒体环境下的老年用户行为研究提供了新视角。本书吸收信息系统科学、社会学、心理学、认知科学、人机交互等相关领域的理论和方法,重点分析了老年用户社交媒体信息服务使用全生命周期内的行为规律与特征,发现了各生命周期阶段内影响老年用户行为的关键因素。已有的老年用户社交媒体使用行为研究大部分是基于横截面数据,只能解释用户在某个静态点的状况,缺乏动态研究。而用户对信息技术的认知和行为是随使用时间的增加而发生变化的,因此有必要针对社交媒体使用全生命周期的不同时间阶段去考察这种变化。本书突出了老年用户行为的动态性和交互性,从社交媒体产品使用生命周期出发,弥补了以往研究相对静止的局限性。

第三,系统剖析了老年用户社交媒体信息服务质量感知影响因素,构建了基于老年用户感知的社交媒体信息服务质量评价指标体系。本书系统分析了社交媒体环境下老年用户的信息需求、期望、用户体验与其信息质量感知之间的关系,结合全生命周期内影响老年用户社交媒体信息行为的关键因素,构建了全面、系统的老年用户信息服务质量评价指标体系,突破了现有研究分段式、截面式评价的局限,有助于社交媒体信息服务提供商对老年用户行为过程进行全面衡量与客观评价,从而提升信息服务质量。

第四,基于老年用户社交媒体信息服务现状,着眼于未来,提出了基于全生命周期的社交媒体信息服务质量提升引导策略。本书所得出的结论不仅丰富了现有的社交媒体信息服务行为理论体系,而且分别针对老年用户社交媒体信息服务生命周期各阶段的特征,提出了有针对性的引导策略。这些结论与建议,有助于社交媒体信息服务提供商,了解老年用户的信息行为规律,有针对性地对产品进行优化,提升服务质量,提高老年用户忠诚度与活跃度,保证老年用户社交媒体信息服务的稳定发展,提高社交媒体信息服务的使用效率。

10.3 研究展望

本书围绕老年用户社交媒体信息服务这一主题展开了相关研究,虽然本书借鉴了国内外相关领域成熟的研究成果,并在此基础上尽最大努力提高研究的信度与效度,采用规范的研究方法,遵循科学的研究规范,但由于研究条件和研究团队能力的限制,目前研究仍在一定程度上存在一些不足,具体体现在以下几个方面。

一是由于研究条件的限制,本书所设计的样本主要集中于东部与中部地区,且参与调研的老年对象主要来自城镇,而偏远地区以及乡村、山区的老年用户涉及较少。当前,我国不同地理区位(比如东部沿海地区与西北、西南、东北等地区)的老年用户,其社交媒体信息素养、信息技术使用技能方面可能存在较大的差距。

二是本书所涉及的老年用户社交媒体信息服务需求、期望以及用户体验,主要针对大多数用户和大多数社交媒体产品的共性。由于目前老年用户所使用的产品类型涉及面还比较窄且呈现集中趋势,故未能针对不同类型的社交媒体信息服务做进一步的细化深入研究。

三是在研究方法上,本书主要采用了扎根理论、访谈、问卷、统计分析等方法,且严格遵循了访谈的流程、量表的科学开发程序,力图提高研究的科学性。但由于受到研究条件和工具的限制,以及老年用户的理解和接受度的约束,部分研究方法如脑电、眼动、操作实验等未能采用。

针对以上不足,本书认为未来可以在以下方面做进一步提升,具体如下。

一是随着社交媒体信息服务适老化改造的进一步深入以及老年用户社交媒体信息服务覆盖面的进一步扩大,未来研究可进一步提升样本选择的全面性和样本来源的广泛性,进一步提高研究结论的普适性。

二是随着老年用户社交媒体信息服务接受度的提高和使用范围的扩大,可进一步细化社交媒体信息服务的类型。针对具体的、不同类型的社交网站,开展相应的实证研究,进一步验证已有研究结论在不同类型网站中的适用性与差异性,从而提出更细化、更有针对性的对策建议。

　　三是在未来实验条件成熟和老年用户接受度提升的情况下,可进一步引入更有特色的研究方法,如脑电实验、基于眼动的网页实验等,更精准地对老年用户社交媒体信息服务使用行为进行持续、动态的跟踪,从而更准确地刻画老年用户社交媒体信息服务使用行为特征与演变规律。

参考文献

［1］国家统计局：60 岁及以上人口 2.64 亿人，占比上升 5.44 个百分点至 18.70％［EB/
OL］.（2021-05-11）［2022-03-25］. https：//baijiahao. baidu. com/s? id =
1699426693014505236&wfr＝spider&for＝pc.

［2］崔爽. 第 49 次《中国互联网络发展状况统计报告》显示：我国网民规模达 10.32 亿［EB/
OL］.（2022-02-26）［2022-03-25］. https：//baijiahao. baidu. com/s? id =
1725819384840030053&wfr＝spider&for＝pc.

［3］Erickson L B. Social media, social capital, and seniors：the impact of Facebook on
bonding and bridging social capital of individuals over 65［C］. Detroit：Americas
Conference on Information Systems，2011：1-7.

［4］Nimrod G. Seniors' online communities：a quantitative content analysis［J］. The
gerontologist，2010，50(3)：382-392.

［5］Nef T, Ganea R L, Müri R M, et al. Social networking sites and older users—a
systematic review［J］. International psychogeriatrics，2013，25(7)：1041-1053.

［6］Cotten S R, Anderson W A, McCullough B M. Impact of internet use on loneliness
and contact with others among older adults：cross-sectional analysis［J］. Journal of
medical internet research，2013，15(2)：e39.

［7］徐旭. 互联网对老年人继续社会化的影响［D］. 大连：东北财经大学，2013.

［8］孟伦. 网络沟通对老年人家庭角色缺失的补偿［J］. 新闻界，2013(7)：3 8.

［9］Leist A K. Social media use of older adults：a mini-review［J］. Gerontology，2013，59
(4)：378-384.

［10］Pee N C, Maksom Z, Norizan A R. Factor influencing the use of smart phone by
Malaysian's elderly［J］. Journal of theoretical and applied information technology，
2014，59(2)：421-425.

［11］谢立黎. 基于计划行为理论的老年人网络使用影响因素研究［J］. 老龄科学研究，
2014，2(4)：50-59.

［12］Johnson G M. Cognitive processing differences between frequent and infrequent
Internet users［J］. Computers in human behavior，2008，24(5)：2094-2106.

［13］耿协鑫，周宗奎，魏华，等. 视频游戏对成功老龄化的影响［J］. 心理科学进展，2014，
22(2)：295-303.

［14］Sawe L, Kimani S, Kimwele M. Factors affecting acceptance, adoption and use of

online SNS by seniors[J]. Computer engineering and intelligent systems，2015，6
(10)：2222-2863.

[15]Gu Y，Suh A，Liu L. Motivations and obstacles for seniors to adopt social network
services[C]. Singapore：Pacific Asia Conference on Information Systems，2015：152.

[16]Jung E H，Sundar S S. Senior citizens on Facebook：how do they interact and why?
[J]. Computer in human behavior，2016，61：27-35.

[17]Kim M J，Bonn M，Lee C K. Seniors'dual route of persuasive communications in
mobile social media and the moderating role of discretionary time[J]. Asia pacific
journal of tourism research，2017，22(8)：799-818.

[18]Jung E H，Walden J，Johnson A C，et al. Social networking in the aging context：
why older adults use or avoid Facebook[J]. Telematics & Informatics，2017，34(7)：
1071-1080.

[19]Kim M J，Lee C，Contractor N S. Seniors' usage of mobile social network sites：
applying theories of innovation diffusion and uses and gratifications [J]. Computers
in human behavior，2019，90：60-73.

[20]Cheng X S，Qiao L Y，Yang B，et al. An investigation on the influencing factors of
elderly people's intention to use financial AI customer service[J]. Internet research，
2023. DOI 10.1108/INTR-06-2022-0402.

[21]Wildenbos G A，Peute L，Jaspers M. Aging barriers influencing mobile health
usability for older adults：a literature based framework （MOLD-US）[J].
International journal of medical informatics，2018，114(6)：66-75.

[22]钱宇星，李浩，倪珍妮，等. 论坛式网络信息服务适老化困境与应对——以"银龄网"
关停为例[J]. 图书情报知识，2021，4(2)：68-78,109.

[23]何蔚珊. 基于Kano模型的在线学习app交互界面适老化设计研究[D]. 广州：华南理
工大学，2020.

[24]徐婷. 老年人对新闻类微信公众号的需求、采纳与使用研究[D]. 上海：上海交通大
学，2017.

[25]丁勇，陈佳颀. 基于技术采纳模型的老年人虚拟社区采纳行为影响因素研究[J]. 信息
技术与信息化，2015(2)：54-56.

[26]刘炜. 基于TTF和UTAT模型的老年用户社会化网络服务采纳行为研究[J]. 情报科
学，2016，34(2)：115-119.

[27]Yang H L，Lin S L. The reasons why elderly mobile users adopt ubiquitous mobile
social service[J]. Computers in human behavior，2019，93：62-75.

[28]左美云，刘勍勍，刘涛. 老年人信息需求模型的构建与应用[J]. 管理评论，2009，21
(10)：70-77.

[29]周军杰，左美云，谢芳文. 虚拟社区内外互动对老年人参与行为的影响研究[J]. 信息
资源管理学报，2014，4(4)：24-33.

[30]刘炜. 基于扩展TTF和UTAUT模型的老年用户社会化网络服务采纳行为研究[J].

软科学，2015，29（3）：120-124.

［31］Kim M J，Kim W G，Kim J M，et al. Does knowledge matter to seniors' usage of mobile devices? Focusing on motivation and attachment［J］. International journal of constemporary hospitality management，2016，28（8）：1702-1727.

［32］Kim M J，Lee C K，Preis M W. Seniors' loyalty to social network sites：effects of social capital and attachment［J］. International journal of information management，2016，36（6）：1020-1032.

［33］Kim M J，Lee C K，Bonn M. The effect of social capital and altruism on seniors' revisit intention to social network sites for tourism-related purposes［J］. Tourism management，2016，53：96-107.

［34］李嘉兴，王晰巍，李师萌，等. 信息生态视角下老年用户群体微信使用行为影响因素研究［J］. 图书情报工作，2017，61（15）：25-33.

［35］Chang I C，Chang C H，Lian J W，et al. Antecedents and consequences of social networking site knowledge sharing by seniors：a social capital perspective［J］. Library hi tech，2018，36（4）：651-664.

［36］Cao Y Y，Qin X H，Li J J，et al. Exploring seniors' continuance intention to use mobile social network sites in China：a cognitive-affective-conative model［J］. Universal access in the information society，2022，21（1）：71-92.

［37］曹园园，隆清琦，胡保亮. 老年群体社交网络活跃使用行为影响因素研究——社会资本与情感依恋视角［J］. 情报杂志，2020，39（8）：166-173.

［38］左美云，侯静波，汪长玉. 哪些老人不说话？基于标签的老年缄默用户预测［J］. 信息资源管理学报，2017，7（4）：44-50，57.

［39］王晰巍，李嘉兴，王铎，等. 移动社交媒体老年用户抵制行为影响因素研究：基于人-系统交互理论视角的分析［J］. 情报资料工作，2019，40（1）：81-88.

［40］Cao Y Y，Li J J，Qin X H，et al. Examining the effect of overload on the mHealth application resistance behavior of elderly users：an SOR perspective［J］. International journal of environmental research and public health，2020，17（18）：6658.

［41］Cao Y Y，Long Q Q，Hu B L，et al. Exploring elderly users' MSNS intermittent discontinuance：a dual-mechanism model［J］. Telematics and informatics，2021，62（4）：101629.

［42］郭伏，陈德阳，操雅琴，等. 面向中老年用户的网页设计方法研究——从用户体验的角度［J］. 工业工程与管理，2013，18（1）：94-99.

［43］王凤霞. 中国城市老年人社交移动应用软件交互界面设计研究［D］. 上海：上海交通大学，2015.

［44］王丽红，白学军，闫国利，等. 词频和语境预测性在老年人阅读中的作用：眼动研究［J］. 中国老年学杂志，2012，32（16）：3503-3507.

［45］侯冠华，宁维宁，董华. 字号、间距影响数字阅读体验的年龄差异研究［J］. 图书馆，2018（8）：97-102.

[46]牛秀荣. 老年人群体阅读调查研究[J]. 图书馆学刊，2014，36(7)：70-74.

[47]肖红蕊，黄一帆，龚先旻，等. 简化的联合再认范式中情绪对错误记忆影响的年龄差异[J]. 心理学报，2015，47(1)：19-28.

[48]肖雪. 国内外老年人数字阅读研究述评[J]. 图书情报工作，2014，58(8)：139-146.

[49]Slone D J. Internet search approaches：the influence of age，search goals，and experience[J]. Library & information science research，2003，25(4)：403-418.

[50]Hayes M，Van S C K，Muench F. Understanding Facebook use and the psychological affects of use across generations[J]. Computers in human behavior，2015，49(1)：507-511.

[51]Coelho J，Duarte C. A literature survey on older adults' use of social network services and social applications[J]. Computers in human behavior，2016，58：187-205.

[52]小约翰. 心理学经典读本(第四版)[M]. 吴国宏，李超白，林婧婧，译. 上海：复旦大学出版社，2011.

[53]Katz E，Blumler J G，Gurevitch M. Uses and gratifications research[J]. The public opinion quarterly，1973，37(4)：509-523.

[54]Blumler J G，Katz E. The uses of mass communications：current perspectives on gratifications research[M]. Beverly Hills：Sage Publications，1974.

[55]Elliott W R，Rosenberg W L. The 1985 philadelphia newspaper strike：a uses and gratifications study[J]. Journalism & mass communication quarterly，1987，64(4)：679-687.

[56]Babrow A S. Student motives for watching soap operas[J]. Journal of broadcasting & electronic media，1987，31(3)：309-321.

[57]Leung L，Wei R. More than just talk on the move：uses and gratifications of the cellular phone[J]. Journalism & mass communication quarterly，2000，77(2)：308-320.

[58]Lo O W Y，Leung L. Effects of gratification-opportunities and gratifications-obtained on preferences of instant messaging and e-mail among college students[J]. Telematics & informatics，2009，26(2)：156-166.

[59]Stafford T F，Stafford M R，Schkade L L. Determining uses and gratifications for the internet[J]. Decision sciences，2004，35(2)：259-288.

[60]Apaolaza V，He J，Hartmann P. The effect of gratifications derived from use of the social networking site Qzone on Chinese adolescents' positive mood[J]. Computers in human behavior，2014，41：203-211.

[61]Baek K，Holton A，Harp D，et al. The links that bind：uncovering novel motivations for linking on Facebook[J]. Computers in human behavior，2011，27(6)：2243-2248.

[62]甘春梅，梁栩彬，李婷婷. 使用与满足视角下社交网络用户行为研究综述：基于国外54篇实证研究文献的内容分析[J]. 图书情报工作，2018，62(7)：134-143.

[63]张敏，孟蝶，张艳. "使用-满足"分析框架下社交媒体用户持续使用行为的概念模型研

究[J]. 信息资源管理学报，2020，10(1)：92-101.

[64]Currás P R，Ruiz M C，Sanz B S. Social network loyalty：evaluating the role of attitude，perceived risk and satisfaction[J]. Online information review，2013，37(1)：61-82.

[65]Hsu M H，Chang C M，Lin H C，et al. Determinants of continued use of social media：the perspectives of uses and gratifications theory and perceived interactivity [J]. Information research，2015，20(2)：671.

[66]Baek Y M，Cho Y，Kim H. Attachment style and its influence on the activities, motives，and consequences of SNS use[J]. Journal of broadcasting & electronic media，2014，58(4)：522-541.

[67]Chang C W，Heo J. Visiting theories that predict college students' self-disclosure on Facebook[J]. Computers in human behavior，2014，30：79-86.

[68]Hollenbaugh E E，Ferris A L. Facebook self-disclosure：examining the role of traits, social cohesion，and motives[J]. Computers in human behavior，2014，30：50-58.

[69]Chiang H S. Continuous usage of social networking sites：the effect of innovation and gratification attributes[J]. Online information review，2013，37(6)：832-834.

[70]Murray H. Explorations in personality：a clinical and experimental study of fifty men of college age[J]. American journal of sociology，1938，4(4)：576-583.

[71]胡昌平. 信息服务与用户研究[M]. 武汉：武汉大学出版社，1993.

[72]胡昌平，邓胜利，张敏，等. 信息资源管理原理[M]. 武汉：武汉大学出版社，2008.

[73]邓小昭. 因特网用户信息需求与满足研究[D]. 武汉：武汉大学，2002.

[74]刘冰. 网络环境中基于用户视角的信息质量评价研究[M]. 北京：中国社会科学出版社，2015.

[75]Belkin N J. Anomalous states of knowledge as a basis for information retrieval[J]. Canadian journal of information science，1980，5：133-143.

[76]Wilson T. Human information behavior[J]. Information science，2000，3(2)：49-55.

[77]Spink A，Wilson T，Ellis D，et al. Modeling user's successive searches in digital environments：a national science foundation/British library funded study[J]. D-Lib magazine，1998，24(2)：231-242.

[78]Dervin B. On studying information seeking methodologically：the implications of connecting metatheory to method[J]. Information processing & management，1999，35(6)：727-750.

[79]Velasco C A，Mohamad Y，Gilman A，et al. Universal access to information services—the need for user information and its relationship to device profiles[J]. Universal access in the information society，2004，3(1)：88-95.

[80]岳剑波. 信息管理基础[M]. 北京：清华大学出版社，1999.

[81]李桂华. 信息服务设计与管理[M]. 北京：清华大学出版社，2009.

[82]刘春年，黄俊，周涛. 基于扎根理论的付费数字阅读用户需求的分层特征及其驱动力

[J]. 现代情报，2019，39(11)：80-89.

[83]宋仁君. 基于虚拟社区的科研人员信息需求研究——以小木虫论坛为例[D]. 天津：天津工业大学，2017.

[84]易明，宋景璟，杨斌，等. 网络知识社区用户需求层次研究[J]. 情报科学，2017，35(2)：22-26.

[85]曹树金，闫欣阳. 社会化问答网站用户健康信息需求的演变研究——以糖尿病为例[J]. 现代情报，2019，39(6)：3-15.

[86]李宇佳. 学术新媒体信息服务模式与服务质量评价研究[D]. 长春：吉林大学，2017.

[87]刘冰，历鑫，张赫钊，等. 网络健康社区中身份转换期女性信息需求主题特征及情感因素研究——以"妈妈网"中"备孕版块"为例[J]. 情报理论与实践，2019，42(5)：87-92.

[88]陈静，张璐，陆泉. 突发公共卫生事件中大学生健康信息需求动因与主题研究[J]. 图书情报工作，2021，65(6)：82-92.

[89]娄冬，娄策群. 基于解释结构模型的老年人信息需求影响因素分析[J]. 图书情报工作，2018，62(7)：88-95.

[90]王湘宜，刘英杰. 移动广播 App 面向老年人需求方面的问题及对策——以喜马拉雅 App 为例[J]. 新媒体研究，2020，6(1)：47-49.

[91]史青. 基于使用与满足的银发群体微信使用情况分析[J]. 传媒论坛，2021，4(8)：155-156.

[92]赵娜，谭天. 社交媒体中的积极老龄化探析——基于马斯洛需求层次理论[J]. 新闻爱好者，2021(3)：22-26.

[93]苏文成，卢章平，王正兴. 维护长者选择的尊严：老年群体数字技术应用自主性行为概念模型[J]. 图书馆论坛，2021，41(8)：86-95.

[94]钱宇星，周华阳，周利琴，等. 老年在线社区用户健康信息需求挖掘研究[J]. 现代情报，2019，39(6)：59-69.

[95]王文韬，刘雨时，虞小芳，等. 基于微信平台的中老年用户健康信息接受行为意愿扎根分析[J]. 现代情报，2020，40(1)：69-78.

[96]徐孝婷，赵宇翔，朱庆华. 在线健康社区老年用户健康信息需求实证研究[J]. 图书情报工作，2019，63(10)：87-96.

[97]王昌，马雪纯，孙建勋，等. 信息生态视角下老年人医养结合信息服务需求探索[J]. 情报探索，2021(2)：61-67.

[98]赵英，李佳，周良，等. 在线医疗平台老年与非老年用户需求及满意度对比分析——以春雨医生为例[J]. 信息系统学报，2018(2)：67-80.

[99]Eriksson-Backa K，Ek S，Niemelä R，et al. Health information literacy in everyday life：a study of Finns aged 65-79 years[J]. Health informatics journal，2012，18(2)：83-94.

[100] Khayesi M K，Meyer H W，Machet M. Health care information needs and behaviour of home-based elderly people in Kenya：a case study of Nakuru district，Kenya[J]. African journal of library，archives and information science，2013，23

（2）：123-132.

[101]Pálsdóttir Á. Elderly peoples' information behavior：accepting support from relative [J]. Libri, 2012，62(2)：135-144.

[102]李小平，张娟，杨晓苏，等. 老年人日常生活信息查询行为模型研究[J]. 图书馆学研究，2012(17)：66-71.

[103]过成芳. 安徽省公共图书馆老年读者信息服务调查分析[D]. 合肥：安徽大学，2016.

[104]李菲. 城市老年人信息需求与服务保障研究[D]. 武汉：华中师范大学，2015.

[105]范良瑛，李黎，马佳，等. 不同地区老年人的日常生活信息需求[J]. 中华医学图书情报杂志，2014，23(3)：49-51.

[106]郭颖，付卫亚男，夏南强. 武汉市城市社区老年人信息需求与获取途径调查分析[J]. 现代情报，2015，35(10)：97-103.

[107]强威. 贵州省城市家庭养老模式下老年人日常生活信息需求及查询行为特征分析[D]. 遵义：遵义医学院，2016.

[108]杨莹. 农村老年人的健康信息需求与服务研究[J]. 决策探索，2020(18)：15-16.

[109]张玉利. 管理学[M]. 天津：南开大学出版社，2004.

[110]Yilmaz M R. An information-expectation framework for decisions under uncertainty [J]. Journal of multi-criteria decision analysis, 1992，1(2)：65-80.

[111]邓君，张巨峰，孟欣欣，等. 基于需求驱动下的档案用户服务期望与服务质量关系模型构建[J]. 图书情报工作，2016，60(16)：14-25.

[112]徐娴英，马钦海. 期望与感知服务质量、顾客满意的关系研究[J]. 预测，2011，30(4)：14-19.

[113]刘冰，宋漫莉. 网络环境中用户信息期望与信息质量关系实证研究[J]. 情报资料工作，2013(4)：73-77.

[114]洪光平. 知识付费产品中的用户期望管理研究——基于期望心智模式[D]. 广州：暨南大学，2018.

[115]秦银，李彬彬，李世国. 产品体验中的用户期望研究[J]. 包装工程，2010，31(10)：106-108,112.

[116]陈岚. 基于公众视角的地方政府微博信息服务质量评价及差距分析[J]. 现代情报，2015，35(6)：3-8.

[117]沈旺. 数字图书馆用户激励研究[D]. 长春：吉林大学，2011.

[118]Liu W H，Xie D. Quality decision of the logistics service supply chain with service quality guarantee[J]. International journal of production research, 2013，51(5)：1618-1634.

[119]赵晓洁. 企业信息呈现方式对顾客期望的影响——基于认知需求的调节作用[D]. 沈阳：沈阳航空航天大学，2016.

[120]Mauri A G，Minazzi R，Muccio S. A review of literature on the gaps model on service quality：a 3-decades period：1985-2013[J]. International business research, 2013，6(12)：134-144.

[121] Benedicktus R L. The effects of third party consensus information on service expectations and online trust[J]. Journal of business research, 2011, 64（8）：846-853.

[122] Wilson T, Ellis D, Ford N, et al. Uncertainty in information seeking：a research project in the department of information studies[EB/OL].（2011-06-18）[2023-07-03]. http://informationr. net/tdw/publ/unis/uncerty. html.

[123] 同杨萍，高洁. 公众视角的政府电子信息服务质量评价概念模型构建[J]. 情报理论与实践，2017，40(8)：1-7.

[124] 刘冰，卢爽. 基于用户体验的信息质量综合评价体系研究[J]. 图书情报工作，2011，55(22)：56-59.

[125] Goodman E，Kuniavsky M ，Moed A. Observing the user experience：a practitioner's guide to user research[J]. IEEE transactions on professional communication，2013，56(3)：260-261.

[126] Pine II B J, Gilmore J H. Welcome to the experience economy[J]. Harvard Business Review，1998，76(4)：97-105.

[127] Pine II B J, Gilmore J H. The experience economy：work is theatre and every business a stage[M]. Boston：Harvard Business School Press，1999.

[128] Schmitt B H. Customer experience management：a revolutionary approach to connecting with your customers[M]. Hoboken：Wiley，2003.

[129] Lasalle，D, Britton T A. Priceless：turning ordinary products into extraordinary experiences[M]. Boston：Harvard Business School Press，2003.

[130] Schwager A，Meyer C. Understanding customer experience[J]. Harvard business review，2007，2：1-15.

[131] 郭红丽. 客户体验管理的理论与方法研究[D]. 上海：同济大学，2006.

[132] 温韬. 顾客体验理论的进展、比较及展望[J]. 四川大学学报(哲学社会科学版)，2007(2)：133-139.

[133] Lofman B. Elements of experiential consumption：an exploratory study[J]. Advances in consumer research，1991，18(1)：729-735.

[134] Csikszentmihalyi M. Finding flow：the psychology of engagement with everyday life[M]. New York：Basic Books，1998.

[135] Mohammed R，Fisher R J, Jaworski B J, et al. Internet marketing：building advantage in the networked economy[M]. New York：McGraw-Hill Press，2001.

[136] 温韬，侯铁珊. 顾客体验概念的溯源、界定和特性探析[J]. 东北大学学报(社会科学版)，2006(3)：192-196.

[137] Vyas D，Veer G. APEC：a framework for designing experience[EB/OL]. [2023-07-03]. https://wenku. baidu. com/view/1ec8fb0dba1aa8114431d91a. html.

[138] Morville P. User experience design[EB/OL].（2004-06-24）[2023-07-03]. https://semanticstudios. com/user_experience_design/.

[139]Rodden K，Hutchinson H，Fu X．Measuring the user experience on a large scale：user-centered metrics for web applications[C]．Atlanta，Georgia，Usa：Proceedings of the 28th International Conference on Human Factors in Computing Systems，2010：2395-2398.

[140]陈娟，邓胜利．社会化问答平台用户体验影响因素实证分析——以知乎为例[J]．图书情报工作，2015，59(24)：102-108.

[141]赵宇翔，张苹，朱庆华．社会化媒体中用户体验设计的理论视角：动因支撑模型及其设计原则[J]．中国图书馆学报，2011，37(5)：36-45.

[142]赵宇翔，薛翔．移动音乐App用户体验设计中感知示能性的理论构建与验证：基于版本数据的内容分析[J]．图书馆论坛，2019，39(5)：67-78.

[143]刘蕤，张雨萌，余佳琪．健康素养视角下的移动医疗App用户体验研究[J]．现代情报，2020，40(10)：62-72,143.

[144]唐泽威，范哲，赵宇翔，等．基于扎根理论的公益众筹平台用户体验概念框架研究[J]．情报杂志，2020，39(11)：143-150.

[145]孟猛，朱庆华．基于扎根理论的移动视觉搜索用户体验影响因素研究[J]．现代情报，2021，41(6)：97-107.

[146]李君君，叶凤云，曹园园．移动数字阅读用户体验动态行为模型及实证研究[J]．现代情报，2019，39(3)：24-34,149.

[147]陈曦，宫承波．场景理论视野下智能音频用户体验模型探究[J]．当代传播，2021(2)：89-92.

[148]戴程．社群知识付费的使用、满足与忠诚：用户体验价值模型建构[J]．现代传播(中国传媒大学学报)，2020，42(12)：152-157.

[149]Shin D．Empathy and embodied experience in virtual environment：to what extent can virtual reality stimulate empathy and embodied experience？[J]．Computers in human behavior，2018，78：64-73.

[150]Tcha-Tokey K，Christmann O，Loup-Escande E，et al．Towards a model of user experience in immersive virtual environments[J]．Advances in human-computer interaction，2018：7827286.

[151]Ko I，Kim D，Park J H．A user experience environment model for human activity simulation[J]．Future generation computer systems，2019，96：660-666.

[152]Yoon J，Kim C，Kang R．Positive user experience over product usage life cycle and the influence of demographic factors[J]．Interntional journal of design，2020，14(2)：85-102.

[153]Huang M，Ali R，Liao J．The effect of user experience in online games on word of mouth：a pleasure-arousal-dominance（PAD）model perspective[J]．Computers in human behavior，2017，75(10)：329-338.

[154]Lesselroth B，Monkman H，Adams K，et al．User experience theories, models, and frameworks：a focused review of the healthcare literature[J]．Studies in health

technology and informatics，2020，270：1076-1080.

[155]托夫勒. 未来的冲击[M]. 孟广均，吴宣豪，黄炎林，等译. 北京：中国对外翻译出版公司，1985年.

[156] Csikszentmihalyi M. Beyond boredom and anxiety[M]. San Francisco：Jossey-Bass，1977.

[157] Hoffman D L, Novak T P. Marketing in hypermedia computer-mediated environments：conceptual foundations[J]. Journal of marketing，1996，60（3）：50-68.

[158]Kwak K T, Choi S K, Lee B G. SNS flow，SNS self-disclosure and post hoc interpersonal relations change：focused on Korean Facebook user[J]. Computers in human behavior，2014，31：294-304.

[159]李力. 虚拟社区用户持续知识共享意愿影响因素实证研究——以知识贡献和知识搜寻为视角[J]. 信息资源管理学报，2016，6(4)：91-100.

[160]Liu C C, Chang I C. Model of online game addiction：the role of computer-mediated communication motives[J]. Telematics and informatics，2016，33(4)：904-915.

[161]Pelet J É, Ettis S, Cowart K. Optimal experience of flow enhanced by telepresence：evidence from social media use[J]. Information & management，2016，54(1)：115-128.

[162]林家宝，林顺芝，郭金沅. 社交媒体超载对用户不持续使用意愿的双刃剑效应[J]. 管理学报，2019，16(4)：587-594.

[163]Huang H C, Pham T T L, Wong M K, et al. How to create flow experience in exergames? Perspective of flow theory[J]. Telematics and informatics，2018，35（5）：1288-1296.

[164]Holbrook M B, Hirschman E C. The experiential aspects of consumption：consumer fantasies, feelings, and fun[J]. Journal of consumer research，1982，9(2)：132-140.

[165]Schmitt B H. Experiential marketing：how to get customers to sense, feel, think, act, relate, to your company and brands[M]. New York：Simon, Schuster Inc，1999.

[166]王晰巍，郑国梦，王铎，等. 虚拟现实阅读用户交互体验评价指标构建及实证研究[J]. 图书情报工作，2020，64(16)：54-66.

[167]王娜，龙影. 基于用户体验的社会化标注系统评价体系研究[J]. 情报科学，2019，37（6）：42-48,54.

[168]李永锋，侍伟伟，朱丽萍. 基于灰色层次分析法的老年人APP用户体验评价研究[J]. 图学学报，2018，39(1)：68-74.

[169]李永锋，周俊，朱丽萍. 基于田口质量观的老年人电子产品用户体验评价研究[J]. 机械设计，2020，37(2)：131-137.

[170]施国洪，王凤. 基于用户体验的高校移动图书馆服务质量评价体系研究[J]. 情报资料工作，2017(6)：62-67.

[171]程慧平,程玉清. 用户体验视角下的个人云存储服务质量评价研究[J]. 情报科学, 2017,35(9):12-17.

[172]张熠,朱琪,李孟. 用户体验视角下国内移动学习 APP 评价指标体系构建——基于 D-S 证据理论[J]. 情报杂志,2019,38(2):187-194.

[173]金燕,杨康. 基于用户体验的信息质量评价指标体系研究——从用户认知需求与情感需求角度分析[J]. 情报理论与实践,2017,40(2):97-101.

[174]薛翔,赵宇翔. 基于感知示能性理论框架的移动音乐 App 用户体验评估研究[J]. 图书情报知识,2020(6):88-100,156.

[175]刘敏. 基于用户体验的品牌搜索引擎服务评价及优化[J]. 图书馆学研究,2020(19):41-49.

[176]胡飞,周坤,麦永治. 面向产品服务系统的用户体验可拓评价方法研究[J]. 机械设计,2018,35(2):109-114.

[177]魏群义,李艺亭,姚媛. 移动图书馆用户体验评价指标体系研究——以重庆大学微信图书馆平台为例[J]. 国家图书馆学刊,2018,27(5):21-31.

[178]郭宇,王晰巍,杨梦晴. 网络社群知识消费用户体验评价研究——基于扎根理论和 BP 神经网络的分析[J]. 情报理论与实践,2018,41(3):117-122,141.

[179]戴艳清,戴柏清. 中国公共数字文化服务平台用户体验评价:以国家数字文化网为例[J]. 图书情报知识,2019(5):80-89.

[180]Shin D H. Quality of experience:beyond the user experience of smart services[J]. Total quality management & business excellence,2014,26(7):919-932.

[181]Saun T J,Grantcharov T P. Development of the user experience (UX) and video quality evaluation (VQE) instruments for assessment of intraoperative video capture technology[J]. Journal of surgical education,2021,78(1):201-206.

[182]Shin D H. Conceptualizing and measuring quality of experience of the internet of things:exploring how quality is perceived by users [J]. Information & management,2017,54(8):998-1011.

[183]Tcha-Tokey K,Christmann O,Loup-Escande E,et al. Proposition and validation of a questionnaire to measure the user experience in immersive virtual environments [J]. International journal of virtual reality,2016,16(1):33-48.

[184]Pendell K D,Bowman M S. Usability study of a library's mobile website:an example from Portland State University[J]. Information technology and libraries, 2012,31(2):45-62.

[185]ChanLin L J,Hung W H. Usability and evaluation of a library mobile web site[J]. The electronic library,2016,34(4):636-650.

[186]Biduski D ,Bellei E A.,Rodriguez J P M,et al. Assessing long-term user experience on a mobile health application through an in-app embedded conversation-based questionnaire[J]. Computers in human behavior,2020,104:106169.

[187]Kocaballi A B,Laranjo L,Coiera E. Understanding and measuring user experience

in conversational interfaces[J]. Interacting with computers, 2019, 31(2): 192-207.

[188] Bernhaupt R, Pirker M. Evaluating user experience for interactive television: towards the development of a domain-specific user experience questionnaire [C]. International Conference on Human-Computer Interaction, 2013: 642-659.

[189] Devy N P I R, Wibirama S, Santosa P I. Evaluating user experience of English learning interface using user experience questionnaire and system usability scale [C]. Semarang, Indonesia: 1st International Conference on Informatics and Computational Sciences, 2017: 17559111.

[190] Aranyi G, Van S P. Modeling user experience with news websites[J]. Journal of the association for information science and technology, 2015, 66(12): 2471-2493.

[191] 丁一, 郭伏, 胡名彩, 等. 用户体验国内外研究综述[J]. 工业工程与管理, 2014, 19(4): 92-97, 114.

[192] O'Brien H L, Toms E. What is user engagement? A conceptual framework for defining user engagement with technology[J]. Journal of the American society for information science and technology, 2008, 59(6): 938-955.

[193] O'Brien, H L, Lebow M. Mixed-methods approach to measuring user experience in online news interactions[J]. Journal of the American society for information science and technology, 2013, 64(8): 1543-1556.

[194] 庄梦蝶. 基于 UES 的交互式信息检索评价研究[D]. 南京: 南京大学, 2015.

[195] 袁红, 周浩. 用户参与量表运用于探索式搜索效果评价的适用性探讨[J]. 情报理论与实践, 2020, 43(6): 109-114.

[196] 钮建伟, 俞佳莉. 国内主流智能手机操作系统可用性评价[J]. 工业工程与管理, 2014, 19(4): 104-108, 134.

[197] 张洪辉, 王婷婷, 王爱梅, 等. 国内糖尿病手机应用程序的可用性评价和用户评论分析[J]. 解放军护理杂志, 2020, 37(10): 26-30.

[198] Partala T, Kallinen A. Understanding the most satisfying and unsatisfying user experience: emotions, psychological needs, and context [J]. Interacting with computers, 2012, 24(1): 25-34.

[199] 鲍丽, 占归来, 李晨虎, 等. 中文版正性负性情绪量表在老年人中的信度和效度[J]. 中国健康心理学杂志, 2020, 28(4): 617-621.

[200] 孟猛, 朱庆华. 移动视觉搜索用户体验影响因素量表开发研究[J]. 现代情报, 2021, 41(2): 65-77.

[201] 兰玉琪, 刘松洋. 人工智能技术下的产品用户体验研究综述[J]. 包装工程, 2020, 41(24): 22-29.

[202] Glaser B, Strauss A. The discovery of grounded theory: strategies for qualitative research[M]. Chicago: Aldine Publishing Company, 1967.

[203] Srdevic B, Pipan M., Melo P, et al. Analytic hierarchy process-based group assessment of quality-in-use model characteristics [J]. Universal access in the

information society，2016，15(3)：473-483.

[204]吴艳玲，宋敏，孙思阳. 基于模糊综合评价的期刊质量评价分析[J]. 情报科学，2021，39(9)：74-79.

[205]方曦，刘平，何华. 新兴项目风险投资评价指标研究——基于模糊综合评价法[J]. 科技管理研究，2020，40(15)：65-70.

[206]张建新，黄钢，胡旭东. 基于光谱成像技术的织物光泽模糊综合评价[J]. 纺织学报，2021，42(6)：106-113.

[207]张金福，刘雪. 我国地方创新策源能力的模糊综合评价研究[J]. 科技管理研究，2021，41(9)：8-14.

[208]高馨，李晓彤. 基于用户行为数据分析的公共图书馆微信服务——以"数字图书馆推广工程"微信公众号为例[J]. 图书馆杂志，2020，39(6)：56-60.

[209]刘巧英. 基于用户行为数据的图书馆微服务内容研究[J]. 图书馆学研究，2017(20)：63-66,46.

[210]Lean Y, Shan F. Brief review on physiological and biochemical evaluations of human mental workload.[J]. Human factors and ergonomics in manufacturing & service industries，2011，22(3)：177-187.

[211]Mandryk R L, Inkpen K M, Calvert T. Using psychophysiological techniques to measure user experience with entertainment technologies[J]. Behaviour & information technology，2006，25(2)：141-158.

[212]Pfister H R, Wollstädter S, Peter C. Affective responses to system messages in human-computer-interaction：effects of modality and message type[J]. Interacting with computers，2011，23(4)：372-383.

[213]Ward R D, Marsden P H. Physiological responses to different WEB page designs [J]. International journal of human-computer studies，2003，59(1-2)：199-212.

[214]Meehan M, Razzaque S, Insko B, et al. Review of four studies on the use of physiological reaction as a measure of presence in stressful virtual environments[J]. Applied psychophysiology and biofeedback，2005，30(3)：239-258.

[215]Dirican A C, Göktürk M. Psychophysiological measures of human cognitive states applied in human computer interaction[J]. Procedia computer science，2011，3：1361-1367.

[216]Hercegfi K. Heart rate variability monitoring during human-computer interaction [J]. Acta polytechnica hungarica，2011，8(5)：205-224.

[217]Lin T, Imamiya A, Mao X. Using multiple data sources to get closer insights into user cost and task performance[J]. Interacting with computers，2008，20(3)：364-374.

[218] Hu J, Nakanishi M, Matsumoto K, et al. A method of usability testing by measuring brain waves [C]. Guiyang：Proceedings of the International Symposium on Future Software Technology，2000：159-164.

［219］Guo F，Cao Y，Ding Y，et al. A multimodal measurement method of users' emotional experiences shopping online［J］. Human factors and ergonomics in manufacturing & service industries，2014，25(5)：585-598.

［220］唐帮备，郭钢，王凯，等. 联合眼动和脑电的汽车工业设计用户体验评选［J］. 计算机集成制造系统，2015，21(6)：1449-1459.

［221］刘鲁川，张冰倩，李旭. 社交媒体信息过载、功能过载与用户焦虑情绪的关系：一项实验研究［J］. 信息资源管理学报，2019，9(2)：66-76.

［222］Zardari B A，Hussain Z，Arain A A，et al. QUEST e-learning portal：applying heuristic evaluation，usability testing and eye tracking［J］. Universal access in the information society，2021，20：531-543.

［223］侯冠华，董华，刘颖，等. 导航结构与认知负荷对老年读者数字图书馆用户体验影响的实证研究——以国家数字图书馆为例［J］. 图书情报工作，2018，62(13)：45-53.

［224］侯冠华，李雅雯. 阅读体验影响老年人信息行为持续意愿的实证研究［J］. 国家图书馆学刊，2021，30(2)：54-66.

［225］殷情岚，侍伟伟，李永锋. 基于用户体验老年人信息产品设计研究［J］. 工业设计，2016(4)：164-165.

［226］陈瑜，袁长蓉，林岑，等. 基于用户体验的"综合为老服务平台"可用性评价［J］. 解放军护理杂志，2021，38(3)：14-17.

［227］Rogers W A，Fisk A. Toward a psychological science of advanced technology design for older adults［J］. The journals of gerontology：series b：psychological sciences and social sciences，2010，65(6)：645-653.

［228］Leung R，McGrenere J，Graf P. Age-related differences in the initial usability of mobile device icons［J］. Behaviour and information technology，2011，30(5)：629-642.

［229］Subasi Ö，Leitner M，Hoeller N，et al. Designing accessible experiences for older users：user requirement analysis for a railway ticketing portal［J］. Universal access in the information society，2011，10(4)：391-402.

［230］Sayago S，Blat J. An ethnographical study of the accessibility barriers in the everyday interactions of older people with the web［J］. Universal access in the information society，2011，10(4)：359-371.

［231］Sáenz-De-Urturi Z ，Garcia-Zapirain B，Méndez-Zorrilla A. Elderly user experience to improve a Kinect-based game playability ［J］. Behaviour & information technology，2015，34(11)：1040-1051.

［232］Kalimullah K，Sushmitha D. Influence of design elements in mobile applications on user experience of elderly people［J］. Procediacomputer science，2017，113：352-359.

［233］Sutika T，Funilkul S，Triyason T，et al. Quality of smartphone user experience analysis：focusing on smartphone screen brightness level for the elderly ［C］.

Bangkok：Proceedings of the 10th International Conference on Advances in Information Technology，2018：1-16.

[234]李宗富. 信息生态视角下政务微信信息服务模式与服务质量评价研究［D］. 吉林：吉林大学，2017.

[235]陈蕾阳. 在线健康社区的信息质量对用户健康决策的影响［D］. 郑州：郑州大学，2018.

[236]刘冰，张文珏. 基于用户视角的网络健康信息服务质量评价体系构建研究［J］. 情报科学，2019，37(12)：40-46.

[237]钱明辉，徐志轩，王珊. 基于用户参与的在线健康平台信息服务质量研究［J］. 情报学报，2019，38(2)：132-142.

[238]邓胜利，赵海平. 国外网络健康信息质量评价：指标、工具及结果研究综述［J］. 情报资料工作，2017(1)：67-74.

[239]邓君，胡明乐. 用户感知视角下在线医疗社区信息服务质量评价体系研究［J］. 情报理论与实践，2019，42(10)：91-96,108.

[240]沈思，王晓文，崔旭. 基于计划行为理论的高校图书馆移动信息服务质量评价［J］. 现代情报，2016，36(2)：70-73,85.

[241]廖璠，许智敏. 基于 LibQual$^+$® 构建高校移动图书馆服务质量评价指标体系——运用德尔菲法的调查分析［J］. 情报理论与实践，2015，38(3)：59-62,48.

[242]江彦，李进华. 老年网站信息服务质量评价研究［J］. 现代情报，2017，37(6)：43-47.

[243]叶凤云，邵艳丽，张弘. 基于行为过程的移动社交媒体用户信息质量评价实证研究［J］. 情报理论与实践，2016，39(4)：71-77.

[244]沈旺，康霄普，王佳馨，等. 用户视角下社会化问答社区信息可信度评价研究［J］. 图书情报工作，2018，62(17)：104-111.

[245]聂进，郭章根. 网络金融信息服务质量评价研究——以垂直财经网站为例［J］. 图书情报知识，2014(6)：91-100.

[246]刘春年，陈通. 基于应急事件的信息服务质量评价实证研究——以应急网站信息服务为例［J］. 情报资料工作，2015(6)：68-72.

[247]刘冰，张耀辉. 基于网络用户体验与感知的信息质量影响因素模型实证研究［J］. 情报学报，2013，32(6)：663-672.

[248]Kim Y，Wang Q，Roh T. Do information and service quality affect perceived privacy protection，satisfaction，and loyalty？ Evidence from a Chinese O2O-based mobile shopping application［J］. Telematics and informatics，2021，56：101483.

[249]Kang J W，Namkung Y. The information quality and source credibility matter in customers' evaluation toward food O2O commerce［J］. International journal of hospitality management，2019，78：189-198.

[250]Demoulin N，Coussement K. Acceptance of text-mining systems：the signaling role of information quality［J］. Post-Print，2020，57(1)：103120.

[251]Kim S E，Lee K Y，Shin S I，et al. Effects of tourism information quality in social

media on destination image formation：the case of Sina Weibo[J]. Information & management，2017，54(6)：687-702.

[252]Ahn J，Sura S. The effect of information quality on social networking site (SNS)-based commerce：from the perspective of Malaysian SNS users[J]. Journal of organizational and end user computing，2020，32(1)：1-18.

[253]Yuhana U L，Raharjo A B，Rochimah S. Academic information system quality measurement using quality instrument：a proposed model [C]. Bandung：International Conference on Data and Software Engineering，IEEE，2014.

[254]Rink D R，Swan J E. Product life cycle research：a literature review[J]. Journal of business research，1979，7(3)：219-242.

[255]任建勋，秦修功，滕绍东，等. 产品生命周期统一数据模型研究[J]. 制造业自动化，2021，43(3)：147-149.

[256]吕雯婷，王秉，李启月. 面向安全管理全生命周期的安全情报体系构建[J]. 情报理论与实践，2021，44(5)：49-53.

[257]曲帅锋. 基于生命周期理论的高校学习困难学生帮扶策略[J]. 武汉理工大学学报（社会科学版），2020，33(3)：130-136.

[258]Marchand D A，Horton F. Infotrends：profiting from your information resources [M]. New York：Wiley，1986.

[259]马费成，夏永红. 网络信息的生命周期实证研究[J]. 情报理论与实践，2009，32(6)：1-7.

[260]蓝娅萍. 信息生态理论视角下移动社交媒体使用行为生命周期画像研究[J]. 情报探索，2019(12)：15-21.

[261]望俊成. 信息老化的新认识——信息价值的产生与衰减[J]. 情报学报，2013，32(4)：354-362.

[262]Hassenzahl M，Tractinsky N. User experience—a research agenda[J]. Behavior & information technology，2006，25(2)：91-97.

[263]Baumeister R F，Leary M. The need to belong：desire for interpersonal attachments as a fundamental human motivation[J]. Psychological bulletin，1995，117(3)：497-529.

[264]传媒蓝皮书：中老年用户逐步成为短视频重度用户[EB/OL]. (2021-08-23)[2023-07-03]. https://baijiahao. baidu. com/s? id = 1708900002837578799&wfr = spider&for=pc.

[265]贾哲敏. 扎根理论在公共管理研究中的应用：方法与实践[J]. 中国行政管理，2015(3)：90-95.

[266]汪涛，周玲，周南，等. 来源国形象是如何形成的？——基于美、印消费者评价和合理性理论视角的扎根研究[J]. 管理世界，2012(3)：113-126.

[267]马佳，蔡吉梅，宋曦玲，等. 不同养老模式老年人信息素养教育现状及对策[J]. 中国老年学杂志，2014，34(8)：2209-2210.

[268]徐孝娟，赵宇翔，吴曼丽. 面向数字移民的公共图书馆联动服务模式研究——基于数字移民使用障碍及需求调研[J]. 图书情报工作，2017，61(19)：50-57.

[269]曹园园，李君君，秦星红. SNS采纳后阶段用户持续使用行为研究——基于情感依恋与ECM-IS的整合模型[J]. 现代情报，2016，36(10)：81-88.

[270]Melenhorst A S, Rogers W A, Bouwhuis D G. Older adults' motivated choice for technological innovation: evidence for benefit-driven selectivity[J]. Psychology and aging, 2006, 21(1): 190-195.

[271]Kurniawan S. Older people and mobile phones: a multi-method investigation[J]. International journal of human-computer studies, 2008, 66(12): 889-901.

[272]程鹏，高丹，李刚. 情报心理学[M]. 武汉：湖北人民出版社，2004.

[273]Vroom V H. Work and motivation[M]. New York: John Wiley and Sons, 1964.

[274]地理沙龙号. 2018年我国60周岁以上人口占比达到17.9%，正加速步入老龄化社会[EB/OL]. (2019-02-04) [2023-07-03]. https://baijiahao.baidu.com/s? id = 1624547996995203141&wfr=spider&for=pc.

[275]重磅!《老年用户移动互联网报告》发布![EB/OL]. (2018-5-16)[2019-02-04]. https://www.sohu.com/a/231859559_300488/s? id=1708900002837578799&wfr=spider&for=pc.

[276]新榜. 全球社交媒体遭遇中年危机,下一个用户增长点在哪里? [EB/OL]. (2018-09-02) [2023-07-04]. http://www.woshipm.com/it/1347169.html/s? id = 1708900002837578799&wfr=spider&for=pc.

[277]Reichheld F F, Schefter P. E-loyalty: your secret weapon on the web[J]. Harvard business review, 2000, 78 (4): 105-113.

[278]Lin X, Featherman M, Sarker S. Understanding factors affecting users' social networking site continuance: a gender difference perspective[J]. Information & management, 2017, 54(3): 383-395.

[279]Chaouali W. Once a user, always a user: enablers and inhibitors of continuance intention of mobile social networking sites[J]. Telematics and informatics, 2016, 33(4): 1022-1033.

[280]Zhou M, Cai X F, Liu Q, et al. Examining continuance use on social network and micro-blogging sites: different roles of self-image and peer influence [J]. International journal of information management, 2019, 47: 215-232.

[281]Kim M J, Lee C, Bonn M. Obtaining a better understanding about travel-related purchase intentions among senior users of mobile social network sites [J]. International journal of information management, 2017, 37(5): 484-496.

[282]Rui J R, Yu N, Xu Q, et al. Getting connected while aging: the effects of WeChat network characteristics on the well-being of Chinese mature adults[J]. Chinese journal of communication, 2019, 12(1): 25-43.

[283]Lin T C, Huang S L, Hsu C J. A dual-factor model of loyalty to IT product—the

case of smartphones[J]. International journal of information management, 2015, 35(2): 215-228.

[284]Bhattacherjee A. Understanding information systems continuance: an expectation-confirmation model[J]. MIS quarterly, 2001, 25(3): 351-370.

[285]Oghuma A P, Libaque-Saenz C F, Wong S F, et al. An expectation-confirmation model of continuance intention to use mobile instant messaging[J]. Telematics and informatics, 2016, 33(1): 34-47.

[286]Susanto A, Chang Y, Ha Y. Determinants of continuance intention to use the smartphone banking services: an extension to the expectation-confirmation model [J]. Industrial management & data Systems, 2016, 116(3): 508-525.

[287]Sarkar S, Khare A. Influence of expectation confirmation, network externalities, and flow on use of mobile shopping apps[J]. International journal of human-computer interaction, 2018, 35(16): 1449-1460.

[288]Lim S H, Kim D J, Hur Y, et al. An empirical study of the impacts of perceived security and knowledge on continuous intention to use mobile fintech payment services[J]. International journal of human-computer interaction, 2019, 35(10): 886-898.

[289]Carillo K, Scornavacca E, Za S. The role of media dependency in predicting continuance intention to use ubiquitous media systems [J]. Information & management, 2017, 54(3): 317-335.

[290]Ambalov I A. A meta-analysis of IT continuance: an evaluation of the expectation-confirmation model[J]. Telematics and informatics, 2018, 35(6): 1561-1571.

[291]Hsu C L, Lin J C C. What drives purchase intention for paid mobile apps? An expectation confirmation model with perceived value[J]. Electronic commerce research and applications, 2015, 14(1): 46-57.

[292]Zhang H, Lu Y, Gupta S, et al. Understanding group-buying websites continuance: an extension of expectation confirmation model[J]. Internet research, 2015, 25 (5): 767-793.

[293]Hazan C, Shaver P. Romantic love conceptualized as an attachment process[J]. Journal of personality and social psychology, 1987, 52(3): 511-524.

[294]Baldwin M W, Keelan J P R, Fehr B, et al. Social-cognitive conceptualization of attachment working models: availability and accessibility effects[J]. Journal of personality and social psychology, 1996, 71(1): 94-109.

[295]Belk R W. Possessions and the extended self[J]. Journal of consumer research, 1988, 15(2): 139-168.

[296]Peng K F, Chen Y, Wen K W. Brand relationship, consumption values and branded app adoption [J]. Industrial management & data systems, 2014, 114 (8): 1131-1143.

[297]Park C W, Macinnis D J, Priester J R. Beyond attitudes：attachment and consumer behavior[J]. Seoul journal of business, 2006, 12(2)：3-36.

[298]Chi K Y, Tse D K, Chan K W. Strengthening customer loyalty through intimacy and passion：roles of customer-firm affection and customer-staff relationships in services [J]. Journal of marketing research, 2008, 45(6)：741-756.

[299]Manyiwa S, Priporas C V, Wang X L. Influence of perceived city brand image on emotional attachment to the city [J]. Journal of place management and development, 2018, 11(1)：60-77.

[300]Read W, Robertson N, McQuilken L. A novel romance：the technology acceptance model with emotional attachment[J]. Australasian marketing journal, 2011, 19 (4)：223-229.

[301]Choi N. Information systems attachment：an empirical exploration of its antecedents and its impact on community participation intention[J]. Journal of the American society for information science and technology, 2013, 64(11)：2354-2365.

[302]Chung N, Nam K, Koo C. Examining information sharing in social networking communities：applying theories of social capital and attachment[J]. Telematics and informatics, 2016, 33(1)：77-91.

[303]Deci E L, Ryan R. The "what" and "why" of goal pursuits：human needs and the self-determination of behavior[J]. Psychological inquiry, 2000, 11：227-268.

[304]Reis H T, Sheldon K M, Gable S L, et al. Daily well-being：the role of autonomy, competence, and relatedness[J]. Personality and social psychology bulletin, 2000, 26(4)：419-435.

[305] Patrick H, Knee C R, Canevello A, et al. The role of need fulfillment in relationship functioning and well-being：a self-determination theory perspective[J]. Journal of personality and social psychology, 2007, 92(3)：434-457.

[306]刘丽虹，张积家. 动机的自我决定理论及其应用[J]. 华南师范大学学报(社会科学版)，2010(4)：53-59.

[307]杨珊，蒋晓丽. 自我决定理论视角下 UGC 生产动机的模式与演进探究[J]. 现代传播 (中国传媒大学学报)，2020，42(2)：35-40.

[308]李宇佳，张向先，陈为东. 学术新媒体用户社会化阅读行为的生成机理研究[J]. 现代情报，2021，41(5)：95-103.

[309]Chiu T. Digital support for student engagement in blended learning based on self-determination theory[J]. Computers in human behavior, 2021, 124(3)：106909.

[310]Botnaru D, Orvis J, Langdon J, et al. Predicting final grades in STEM courses：a path analysis of academic motivation and course-related behavior using self-determination theory[J]. Learning and motivation, 2021, 74(3)：101723.

[311] Thomson M. Human brands：investigating antecedents to consumers' strong attachments to celebrities[J]. Journal of marketing, 2006, 70(3)：104-119.

[312]Jillapalli R K, Wilcox J B. Professor brand advocacy: do brand relationships matter [J]. Journal of marketing education, 2010, 32(3): 328-340.

[313]Proksch M, Orth U R, Cornwell T B. Competence enhancement and anticipated emotion as motivational drivers of brand attachment[J]. Psychol market, 2015, 32 (9): 934-949.

[314]Loroz P S, Braig B M. Consumer attachments to human brands: the "Oprah Effect" [J]. Psychology & marketing, 2015, 32(7): 751-763.

[315]Ahn J, Back K. The role of autonomy, competence and relatedness: applying self-determination theory to the integrated resort setting[J]. International journal of contemporary hospitality management, 2019, 31(1): 87-104.

[316]Alpar P, Engler T H, Schulz M. Influence of social software features on the reuse of business intelligence reports[J]. Information processing and management, 2015, 51(3): 235-251.

[317]Lin J. The effects of gratifications on intention to read citizen journalism news: the mediating effect of attitude[J]. Computers in human behavior, 2014, 36: 129-137.

[318]Huang Y, Lou S, Huang T, et al. Middle-aged adults' attitudes toward health app usage: a comparison with the cognitive-affective-conative model[J]. Universal access in the information society, 2018, 18(4): 927-938.

[319]Fang J, Shao Y, Wen C. Transactional quality, relational quality, and consumer e-loyalty: evidence from SEM and fsQCA[J]. International journal of information management, 2016, 36(6): 1205-1217.

[320]Pi S M, Liao H L, Chen H M. Factors that affect consumers' trust and continuous adoption of online financial services [J]. International journal of business and management, 2012, 7(9): 108-119.

[321]Hong W, Thong J Y L, Chasalow L C, et al. User acceptance of agile information systems: a model and empirical test [J]. Journal of management information systems, 2011, 28(1): 235-272.

[322]Lee Y, Kwon O. Intimacy, familiarity and continuance intention: an extended expectation-confirmation model in web-based services [J]. Electronic commerce research and applications, 2011, 10(3): 342-357.

[323]Liao C C, Chen J L, Yen D C. Theory of planning behavior (TPB) and customer satisfaction in the continued use of e-service: an integrated model[J]. Computers in human behavior, 2007, 23(6): 2804-2822.

[324]刘勃勃, 左美云, 刘满成. 基于期望确认理论的老年人互联网应用持续使用实证分析 [J]. 管理评论, 2012, 24(5): 89-101.

[325]Venkatesh V, Speier C, Morris M G. User acceptance enablers in individual decision making about technology: toward an integrated model[J]. Decision sciences, 2002, 33(2): 297-316.

［326］Bhattacherjee A，Perols J，Sanford C. Information technology continuance：a theoretic extension and empirical test[J]. Journal of computer information systems，2008，49(1)：17-26.

［327］Ogbanufe O，Gerhart N. Watch it！Factors driving continued feature use of the smartwatch[J]. International journal of human-computer interaction，2018，34(11)：999-1014.

［328］Davis F D. Perceived usefulness，perceived ease of use，and user acceptance of information technology[J]. MIS quarterly，1989，13(3)：319-340.

［329］Luo Q J，Zhong D X. Using social network analysis to explain communication characteristics of travel-related electronic word-of-mouth on social networking sites [J]. Tourism management，2015，46：274-282.

［330］Pelling E L，White K M. The theory of planned behavior applied to young people's use of social networking web sites[J]. Cyberpsychology & behavior，2009，12(6)：755-759.

［331］Dickinson A，Gregor P，Mclver L，et al. The non browser：helping older novice computer users to access the web [C]. International Conference on Accessible Design in the Digital World，2005：1-6.

［332］Parasuraman S，Igbaria M. An examination of gender differences in the determinants of computer anxiety and attitudes toward microcomputers among managers[J]. International journal of man-machine studies，1990，32(3)：327-340.

［333］Saadé R G，Kira D. Mediating the impact of technology usage on perceived ease of use by anxiety[J]. Computers & education，2007，49(4)：1189-1204.

［334］Venkatesh V，Morris M G，Davis G B，et al. User acceptance of information technology：toward a unified view[J]. MIS quarterly，2003，27(3)：425-478.

［335］Phang C W，Sutanto J，Kankanhalli A，et al. Senior citizens' acceptance of information systems：a study in the context of e-government services[J]. IEEE transactions on engineering management，2006，53(4)：555-569.

［336］Ding Y，Chai K H. Emotions and continued usage of mobile applications[J]. Industrial management & data systems，2015，115(5)：833-852.

［337］Hsiao K L. What drives continuance intention to share location-based information? [J]. International journal of mobile communications，2017，15(2)：210-233.

［338］Ding Y. I hope and I continue：integrating the concept of hope into the expectancy-disconfirmation framework[J]. Industrial management & data systems，2018，118(4)：728-744.

［339］Tang J E，Tang T，Chiang C. Blog learning：effects of users' usefulness and efficiency towards continuance intention[J]. Behaviour & information technology，2014，33(1)：36-50.

［340］Wang W，Ngai E W T，Wei H. Explaining instant messaging continuance intention：

the role of personality[J]. International journal of human-computer interaction, 2012, 28(8): 500-510.

[341]Mouakket S. Factors influencing continuance intention to use social network sites: the Facebook case[J]. Computers in human behavior, 2015, 53: 102-110.

[342]Bowlby J M. Attachment and loss: retrospect and prospect[J]. American journal of orthopsychiatry, 1982, 52(4): 664-678.

[343] Mikulincer M, Shaver P R. Mental representations of attachment security: theoretical foundation for a positive social psychology[M] //Baldwin. Interpersonal cognition[M]. New York: Guilford Press, 2005: 233-266.

[344] Thomson M, MacInnis D J, Whan Park C. The ties that bind: measuring the strength of consumers' emotional attachments to brands[J]. Journal of consumer psychology, 2005, 15(1): 77-91.

[345]Ren Y, Harper F M, Drenner S, et al. Building member attachment in online communities: applying theories of group identity and interpersonal bonds[J]. MIS quarterly, 2012, 36(3): 841-864.

[346]Jin B S, Yoon S H, Ji Y G. Development of a continuous usage model for the adoption and continuous usage of a smartphone[J]. International journal of human-computer interaction, 2013, 29(9): 563-581.

[347]La Guardia J G, Ryan R M, Couchman C E, et al. Within-person variation in security of attachment: a self-determination theory perspective on attachment, need fulfillment, and well-being[J]. Journal of personality and social psychology, 2000, 79(3): 367-384.

[348]Choi M, Kong S, Jung D. Computer and internet interventions for loneliness and depression in older adults: a meta-analysis[J]. Healthcare informatics research, 2012, 18(3): 191-198.

[349]Larsen T J, Sorebo A M, Sorebo O. The role of task-technology fit as users' motivation to continue information system use[J]. Computers in human behavior, 2009, 25(3): 778-784.

[350]Ooi K B, Hew J J, Lee V H. Could the mobile and social perspectives of mobile social learning platforms motivate learners to learn continuously? [J]. Computers & education, 2018, 120: 12-145.

[351]Lam S Y, Shankar V. Asymmetries in the effects of drivers of brand loyalty between early and late adopters and across technology generations[J]. Journal of interactive marketing, 2014, 28(1): 26-42.

[352] Fang Y, Qureshi I, Sun H, et al. Trust, satisfaction, and online repurchase intention: the moderating role of perceived effectiveness of e-commerce institutional mechanisms[J]. MIS quarterly, 2014, 38(2): 407-427.

[353]李武，赵星. 大学生社会化阅读APP持续使用意愿及发生机理研究[J]. 中国图书馆

学报，2016，42(1)：52-65.

[354]Guo L. WeChat as a semipublic alternative sphere：exploring the use of WeChat among Chinese older adults[J]. International journal of communication，2017(11)：408-428.

[355]好奇心日报. 腾讯发布老年人微信生活报告，每天用1.37小时[EB/OL]. (2018-07-27)[2023-07-02]. https：//baijiahao. baidu. com/s? id＝1607039528568045360&wfr＝spider&for＝pc.

[356]Gefen D，Straub D W，Boudreau M. Structural equation modeling and regression：guidelines for research practice[J]. Communications of the association for information systems，2000，4(7)：2-76.

[357]Fornell C，Larcker D F. Evaluating structural equation models with unobservable variables and measurement error[J]. Journal of marketing research，1981，18(1)：39-50.

[358]Flury B，Murtagh F，Heck A. Multivariate data analysis[M]. Upper Saddle River：Prentice Hall，1988.

[359]Zhou T. Examining users' knowledge sharing behaviour in online health communities[J]. Data technologies and applications，2019，53(4)：442-455.

[360]Mpinganjira M. Precursors of trust in virtual health communities：a hierarchical investigation[J]. Information & management，2018，55(6)：686-694.

[361]Nitzl C，Roldan J L，Cepeda G. Mediation analysis in partial least squares path modeling：helping researchers discuss more sophisticated models[J]. Industrial management & data systems，2016，116(9)：1849-1864.

[362]Gong X，Zhang K Z K，Chen C，et al. Transition from web to mobile payment services：the triple effects of status quo inertia[J]. International journal of information management，2020，50：310-324.

[363]Chang P F，Choi Y H，Bazarova N N，et al. Age differences in online social networking：extending socioemotional selectivity theory to social network sites[J]. Journal of broadcasting & electronic media，2015，59(2)：221-239.

[364]Ha H Y，Janda S，Park S K. Role of satisfaction in an integrative model of brand loyalty[J]. International marketing review，2009，26(2)：198-220.

[365]Matthews D R，Son J，Watchravesringkan K. An exploration of brand equity antecedents concerning brand loyalty：a cognitive，affective，and conative perspective[J]. Journal of business and retail management research，2014，9(1)：26-39.

[366]Evanschitzky H，Wunderlich M. An examination of moderator effects in the four-stage loyalty model[J]. Journal of service research，2006，8(4)：330-345.

[367]柴雯，左美云，田雪松，等. 老年用户使用在线社交网络的行为类型研究[J]. 情报杂志，2016，35(7)：167-172.

［368］Coelho J, Duarte C. A literature survey on older adults' use of social network services and social applications［J］. Computers in human behavior, 2016, 58: 187-205.

［369］Choi N. Information systems satisfaction, loyalty and attachment: conceptual and empirical differentiation［J］. Behaviour & information technology, 2015, 34（3）: 261-272.

［370］Horng S M, Wu C L. How behaviors on social network sites and online social capital influence social commerce intentions［J］. Information & management, 2020, 57(2):103176.

［371］冉晓斌, 刘跃文, 姜锦虎.社交网络活跃行为的大数据分析：网络外部性的视角［J］. 管理科学, 2017, 30(5): 77-86.

［372］Gerson J, Plagnol A C, Corr P J. Passive and active Facebook use measure （PAUM）: validation and relationship to the reinforcement sensitivity theory［J］. Personality and individual differences, 2017,117: 81-90.

［373］陈爱辉. 社交网络中用户活跃行为度量与购买决策研究［D］. 武汉：华中科技大学, 2014.

［374］Kim C, Shen C H. Connecting activities on social network sites and life satisfaction: a comparison of older and younger users［J］. Computer in human behavior, 2020, 105: 106222.

［375］Zhao L, Liang C Y, Gu D X. Mobile social media use and trailing parents' life satisfaction: social capital and social integration perspective［J］. The international journal of aging and human development, 2020,92(3):383-405.

［376］张宁, 袁勤俭. 社会资本理论在国外用户信息行为领域应用的研究进展［J］. 情报科学, 2019, 37(1): 165-170.

［377］赵欣, 周密, 于玲玲, 等. 基于情感依恋视角的虚拟社区持续使用模型构建——超越认知判断范式［J］.预测, 2012, 31(5):14-20.

［378］Chen A. From attachment to addiction: the mediating role of need satisfaction on social networking sites［J］. Computer human behavior, 2019, 98: 80-92.

［379］Hart J, Nailling E, Bizer G Y, et al. Attachment theory as a framework for explaining engagement with Facebook［J］. Personality and individual differences, 2015, 77:33-40.

［380］Maghrabi R O, Oakley R L, Nemati H R. The impact of self-selected identity on productive or perverse social capital in social network sites［J］. Computers in human behavior, 2014, 33: 367-371.

［381］VanMeter R A, Grisaffe D B, Chonko L B. Of "Likes" and "Pins": the effects of consumers' attachment to social media［J］. Journal of interactive marketing, 2015, 32: 70-88.

［382］Chung N, Nam K, Koo C. Examining information sharing in social networking communities：applying theories of social capital and attachment[J]. Telematics and informatics，2016，33：77-91.

[383]Gong X, Zhang K Z K, Chen C Y, et al. Transition from web to mobile payment services：the triple effects of status quo inertia［J］. International journal of information management，2020，50：310-324.

[384]甘春梅，林晶晶，肖晨. 社交网络用户间歇性中辍行为的影响因素研究[J]. 情报理论与实践，2021，44(1)：118-123.

[385]Cao X F, Sun J S. Exploring the effect of overload on the discontinuous intention of social media users：an SOR perspective[J]. Computers in human behavior，2018，81：10-18.

[386]林芹，郭东强. 基于社会化网络服务的"智慧"老人知识共享行为研究[J]. 情报杂志，2016，35(7)：163-166,150.

[387]Shen X L, Li Y J, Sun Y Q. Wearable health information systems intermittent discontinuance：a revised expectation-disconfirmation model［J］. Industrial management & data systems，2018，118(3)：506-523.

[388]Shen X L, Yang Y M, Sun Y Q. Intermittent continuance of smart health devices：a zone-of-tolerance perspective［C］. Proceedings of the 53rd Hawaii international conference on system sciences，2020，3：3346-3355.

[389]张敏，薛云霄，罗梅芬，等. 移动社交网络用户间歇性中辍行为形成机理的概念模型——一项基于扎根理论的探索性研究[J]. 情报资料工作，2019，40(4)：84-90.

[390]Zhang X, Ma L, Xu B, et al. How social media usage affects employees' job satisfaction and turnover intention：an empirical study in China［J］. Information and management，2019，56(6)：103136.

[391]Margaret N Y M. Re-examining the innovation post-adoption process：the case of Twitter discontinuance[J]. Computers in human behavior，2020，103：48-56.

[392]Cenfetelli R T, Schwarz A. Identifying and testing the inhibitors of technology usage intentions[J]. Information systems research，2011，22(4)：808-823.

[393] Bagozzi R P. Explaining consumer behavior and consumer action：from fragmentation to unity[J]. Seoul journal of business，2006，12(2)：111-143.

[394]Lin H, Fan W G, Chau P Y K. Determinants of users' continuance of social networking sites：a self-regulation perspective[J]. Information and management，2014，51(5)：595-603.

[395]Ravindran T, Kuan A C Y, Lian D G H. Antecedents and effects of social network fatigue[J]. Journal of the association for information science and technology，2014，65(11)：2306-2320.

[396] York C, Turcotte J. Vacationing from Facebook：adoption, temporary discontinuance, and readoption of an innovation［J］. Communication research reports，2015，32(1)：54-62 .

[397]沈校亮，厉洋军. 智能健康硬件用户间歇性中止行为影响因素研究[J]. 管理科学，2017，30(1)：31-42.

[398]Zhou Z Y, Yang M Z, Jin X L. Differences in the reasons of intermittent versus permanent discontinuance in social media：an exploratory study in Weibo[C]. Proceedings of the 51st Hawaii International Conference on System Sciences，2018：493-502.

[399]李姗姗，雷天骄，崔遵康. 主我与客我理论视域下弱关系社交媒体用户中辍行为机理与模型[J]. 现代情报，2021，41(3)：52-59.

[400]Lin J B, Lin S Z, Turel O, et al. The buffering effect of flow experience on the relationship between overload and social media users' discontinuance intentions[J]. Telematics and informatics，2020，49：101374.

[401]Zhang X, Ma L, Zhang G, et al. An integrated model of the antecedents and consequences of perceived information overload using WeChat as an example[J]. International journal of mobile communications，2020，18(1)：19-40.

[402]Meng F B, Guo X T, Zhang X F, et al. Examining the role of technology anxiety and health anxiety on elderly users' continuance intention for mobile health services use[J]. Proceedings of the 53rd Hawaii International Conference on System Sciences，2020：3297-3306.

[403]Meng F B, Guo X T, Peng Z Y, et al. Trust and elderly users' continuance intention regarding mobile health services：the contingent role of health and technology anxieties[J]. Information technology & people，2021，35(1)：259-280.

[404]Pollard C. E-service adoption and use in small farms in Australia：lessonslearned from a government-sponsored programme [J]. Journal of global information technology management，2003，6(2)：45-63.

[405]Baumer E P S, Adams P, Khovanskaya V D, et al. Limiting, leaving, and（re）lapsing：an exploration of Facebook non-use practices and experiences [C]. Proceedings of the SIGCHI conference on human factors in computing systems，2013：3257-3266.

[406]Ledger D, Mccaffrey D. Inside wearables：how the science of human behavior change offers the secret to long-term engagement [M]. Cambridge, MA：Endeavour Partners LLC，2014.

[407]Rogers E M. New product adoption and diffusion[J]. Journal of consumer research，1976，2(4)：290-301.

[408]Abraham S C S, Hayward G. Understanding discontinuance：towards a more realistic model of technological innovation and industrial adoption in britain[J]. Technovation，1984，2(3)：209-231.

[409]Zhu J J H, He Z. Perceived characteristics, perceived needs, and perceived popularity adoption and use of the internet in China[J]. Communication research，

2002，29（4）：466-495.

[410]Cenfetelli R T. Inhibitors and enablers as dual factor concepts in technology usage [J]. Journal of association for information systems，2004，5（11）：472-492.

[411]Sullivan Y W，Koh C E. Social media enablers and inhibitors：understanding their relationships in a social networking site context [J]. International journal of information management，2019，49（3）：170-189.

[412]Tsai J M，Cheng M J，Tsai H H，et al. Acceptance and resistance of telehealth：the perspective of dual-factor concepts in technology adoption[J]. International journal of information management，2019，49（3）：34-44.

[413]Zhang X，Ding X Y，Wang G S，et al. Investigating the influences of social overload and task complexity on user engagement decrease[J]. Total quality management & business excellence，2020，31（15-16）：1774-1787.

[414]Lim M S，Choi S B. Stress caused by social media network applications and user responses[J]. Multimedia tools and applications，2017，76（17）：17685-17698.

[415]Zhang X，Ding X Y，Ma L. The influences of information overload and social overload on intention to switch in social media [J]. Behaviour & information technology，2020,41（2）:228-241.

[416]Karr-Wisniewski P，Lu Y. When more is too much：operationalizing technology overload and exploring its impact on knowledge worker productivity[J]. Computers in human behavior，2010，26（5）：1061-1072.

[417]Zhang S W，Zhao L，Lu Y B，et al. Do you get tired of socializing? An empirical explanation of discontinuous usage behaviour in social network services [J]. Information and management，2016，53（7）：904-914.

[418]Guo Y Y，Lu Z Z，Kuang H B，et al. Information avoidance behavior on social network sites：information irrelevance，overload，and the moderating role of time pressure[J]. International journal of information management，2020，52：102067.

[419]Lee A R，Son S M，Kim K K. Information and communication technology overload and social networking service fatigue：a stress perspective[J]. Computers in human behavior，2016，55：51-61.

[420]Koroleva K，Krasnova H，Günther O. 'STOP SPAMMING ME!'—Exploring information overload on Facebook[C]. Proceeding of 16th Americas Conference on Information Systems，2010：1-9.

[421]Li J Y，Zhang C，Li X X，et al. Patients' emotional bonding with mHealth apps：an attachment perspective on patients' use of mHealth applications[J]. International journal of information management，2020，51（9）：102054.

[422]李君君，王金歌，曹园园. 间歇性中辍行为特征的探索性研究——以微博数据为例 [J]. 现代情报，2021，41（1）：60-66.

[423]Bowlby J. A secure base：parent-child attachment and healthy human development

225

[M]. New York: Basic Books, 1988.

[424]Allen J J, Anderson C A. Satisfaction and frustration of basic psychological needs in the real world and in video games predict internet gaming disorder scores and well-being[J]. Computers in human behavior, 2018, 84: 220-229.

[425] Ramkissoon H, Mavondo F T. The satisfaction-place attachment relationship: potential mediators and moderators[J]. Journal of business research, 2015, 68 (12): 2593-2602.

[426]Li C Y, Fang Y H. Predicting continuance intention toward mobile branded apps through satisfaction and attachment[J]. Telematics and informatics, 2019, 43 (6): 101248.

[427]Namjoo C. Information systems satisfaction, loyalty and attachment: conceptual and empirical differentiation[J]. Behaviour & information technology, 2015, 34(3): 261-272.

[428] Lee S, Kim B G. The impact of qualities of social network service on the continuance usage intention[J]. Management decision, 2017, 55(4): 701-729.

[429]Paul T J, Jacob J. Self-service technology (web interface): Bagozzi's self-regulation processes framework to measure Indian customer loyalty[J]. International journal of services and operations management, 2019, 32(2): 224-248.

[430]Lang A. The limited capacity model of mediated message processing[J]. Journal of communication, 2000, 50(1): 46-70.

[431]Kapoor K K, Tamilmani K, Rana N P, et al. Advances in social media research: past, present and future[J]. Information systems frontiers, 2018, 20(3): 531-558.

[432] Thompson D V, Hamilton R W, Rust R T. Feature fatigue: when product capabilities become too much of a good thing[J]. Journal of marketing research, 2005, 42(4): 431-442.

[433]Maier C, Laumer S, Eckhardt A, et al. Giving too much social support: social overload on social networking sites[J]. European journal of information systems, 2015, 24(5): 447-464.

[434]Deci E L, La Guardia J G, Moller A C, et al. On the benefits of giving as well as receiving autonomy support: mutuality in close friendships[J]. Personality & social psychology bulletin, 2006, 32(3): 313-327.

[435] Greenberg J, Mitchell S A. Object relations in psychoanalytic theory [M]. Cambridge: Harvard University Press, 1983.

[436]Park C W, Macinnis D J, Priester J, et al. Brand attachment and brand attitude strength: conceptual and empirical differentiation of two critical brand equity drivers[J]. Journal of marketing, 2010, 74(6): 1-17.

[437] Fang C C, Zhang J T. Users' continued participation behavior in social Q&A communities: a motivation perspective[J]. Computers in human behavior, 2019, 92

(3)：87-109.

[438]Ma L, Zhang X, Ding X Y, et al. Bike sharing and users' subjective well-being：an empirical study in China[J]. Transportation research part A：policy and practice, 2018, 118(8)：14-24.

[439]Ma L, Zhang X, Ding X Y. Enterprise social media usage and knowledge hiding：a motivation theory perspective[J]. Journal of knowledge management, 2020, 24 (9)：2149-2169.

[440]Hair J F, Hult G T M, Ringle C M, et al. A primer on partial least squares structural equation modeling (PLS-SEM)[J]. Long range planning, 2013, 46(1- 2)：184-185.

[441]Heart T, Kalderon E. Older adults：are they ready to adopt health-related ICT? [J]. International journal of medical informatics, 2013, 82(11)：e209-e231.

[442]Hutto C J, Bell C, Farmer S, et al. Social media gerontology：understanding social media usage among older adults[J]. Web intelligence, 2015, 13(1)：69-87.

[443]Deng Z H, Mo X T, Liu S. Comparison of the middle-aged and older users' adoption of mobile health services in China[J]. International journal of medical informatics, 2014, 83(3)：210-224.

[444]Joe J, Demiris G. Older adults and mobile phones for health：a review[J]. Journal of biomedical informatics, 2013, 46(5)：947-954.

[445]Kim B Y, Lee J. Smart devices for older adults managing chronic disease：a scoping review[J]. JMIR mHealth and uHealth, 2017, 5(5)：e69.

[446]Gao C C, Zhou L S, Liu Z H, et al. Mobile application for diabetes self-management in China：do they fit for older adults [J]. International journal of medical informatics, 2017, 101：68-74.

[447]Hoque R, Sorwar G. Understanding factors influencing the adoption of mHealth by the elderly：an extension of the UTAUT model[J]. International journal of medical informatics, 2017, 101：75-84.

[448]Lee C, Coughlin J F. PERSPECTIVE：older adults' adoption of technology：an integrated approach to identifying determinants and barriers[J]. Journal of product innovation management, 2015, 32(5)：747-759.

[449]Guo X T, Sun Y Q, Wang N, et al, The dark side of elderly acceptance of preventive mobile health services in China[J]. Electronic markets, 2013, 23(1)：49-61.

[450]Alsswey A, Al-Samarraie H. Elderly users' acceptance of mHealth user interface (UI) design-based culture：the moderator role of age[J]. Journal on multimodal user interfaces, 2020, 14(1)：49-59.

[451]Cimperman M, Brenčič M M, Trkman P. Analyzing older users' home telehealth services acceptance behavior—applying an extended UTAUT model [J].

International journal of medical informatics，2016，90：22-31.

[452]Quaosar G M A A, Hoque M R, Bao Y K. Investigating factors affecting elderly's intention to use m-Health services：an empirical study[J]. Telemedicine and e-Health，2018，24(4)：309-314.

[453]Lee E，Han S，Jo S H. Consumer choice of on-demand mHealth app services：context and contents values using structural equation modeling[J]. International journal of medical informatics，2017，97：229-238.

[454]Fox G，Connolly R. Mobile health technology adoption across generations：narrowing the digital divide[J]. Information systems journal，2018，28（6）：995-1019.

[455]Bao Y，Hoque R，Wang S Y. Investigating the determinants of Chinese adult children's intention to use online health information for their aged parents[J]. International journal of medical informatics，2017，102：12-20.

[456]Yao J J，Cao X F. The balancing mechanism of social networking overuse and rational usage[J]. Computers in human behavior，2017，75：415-422.

[457]杨帆. 人口老龄化不断加剧 移动医疗市场将破120亿[EB/OL]. (2017-12-04) [2023-07-02]. https://d. qianzhan. com/xnews/detail/541/171204-56bee9c6. html.

[458]Mehrabian A，Russell J A. An approach to environmental psychology [M]. Cambridge：The MIT Press，1974.

[459]袁佳黎，刘飞，张文宏. 孝道观念、代际支持与青年群体赡养行为的变迁：2006—2017[J]. 中国青年研究，2022(1)：93-103.

[460]Bedford O，Yeh K H. The history and the future of the psychology of filial piety：Chinese norms to contextualized personality construct[J]. Frontiers in psychology，2019，10(1)：1-11.

[461]Hjälm A. "Because we know our limits"：elderly parents' views on intergenerational proximity and intimacy[J]. Journal of aging studies，2012，26(3)：296-308.

[462]Eynon R，Helsper E. Family dynamics and Internet use in Britain：what role do children play in adults' engagement with the Internet? [J]. Information, communication and society，2015，18(2)：156-171.

[463]Neves B B，Amaro F. Too old for technology? How the elderly of Lisbon use and perceive ICT[J]. The journal of community informatics，2012，8(1)：1-12.

[464]Barrantes Cáceres R，Cozzubo Chaparro A. Age for learning, age for teaching：the role of inter-generational, intra-household learning in Internet use by older adults in Latin America [J]. Information, communication and society，2019，22（2）：250-266.

[465]Kaphle S，Chaturvedi S，Chaudhuri I，et al. Adoption and usage of mHealth technology on quality and experience of care provided by frontline workers：observations from rural India[J]. JMIR mHealth and uHealth，2015，3(2)：e61.

［466］Leigh S，Ashall-Payne L，Andrews T. Barriers and facilitators to the adoption of mobile health among health care professionals from the united kingdom：discrete choice experiment［J］. JMIR mHealth and uHealth，2020，8(7)：e17704.

［467］Adapa A，Nah F F H，Hall R H，et al. Factors influencing the adoption of smart wearable devices［J］. International journal of human-computer interaction，2018，34 (5)：399-409.

［468］Hoque M R. An empirical study of mHealth adoption in a developing country：the moderating effect of gender concern［J］. BMC medical informatics and decision making，2016，16：1-10.

［469］To W-M，Lee P K C，Lu J，et al. What motivates Chinese young adults to use mHealth? ［J］. Healthcare，2019，7(4)：156.

［470］Alam M Z，Hu W，Kaium M A，et al. Understanding the determinants of mHealth apps adoption in Bangladesh：a SEM-Neural network approach［J］. Technology in society，2020，61(11)：101255.

［471］Guo X T，Zhang X F，Sun Y Q. The privacy-personalization paradox in mHealth services acceptance of different age groups［J］. Electronic commerce research and applications，2016，16：55-65.

［472］孟繁博. 老年用户对移动医疗服务采纳和使用中的信任因素研究［D］. 哈尔滨：哈尔滨工业大学，2019.

［473］Klaus T，Blanton J E. User resistance determinants and the psychological contract in enterprise system implementations［J］. European journal of information systems，2010，19(6)：625-636.

［474］张亚军，张金隆，陈江涛. 信息系统实施情境下的用户抵制研究述评［J］. 图书情报工作，2014，58(5)：124-130.

［475］Venkatesh V，Thong J Y L，Xu X. Consumer acceptance and use of information technology：extending the unified theory of acceptance and use of technology［J］. MIS quarterly，2012，36(1)：157-178.

［476］Joshi K. A model of users' perspective on change：the case of information systems technology implementation［J］. MIS quarterly，1991，15(2)：229-242.

［477］Sclander L，Henfridsson O. Cynicism as user resistance in IT implementation［J］. Information systems journal，2012，22(4)：289-312.

［478］Aslam M Z. User resistance in post ERP implementation［J］. Business process management journal，2011，17(3)：266-275.

［479］Kaya B Y，Dağdeviren M. Selecting occupational safety equipment by MCDM approach considering universal design principles［J］. Human factors in ergonomics & manufacturing，2016，26(2)：224-242.

［480］Fu S H，Yan Q，Feng G C. Who will attract you? Similarity effect among users on online purchase intention of movie tickets in the social shopping context［J］.

International journal of information management, 2018, 40: 88-102.

[481]Li M, Wang L Y, Wu M X. An integrated methodology for robustness analysis in feature fatigue problem[J]. International journal of production research, 2014, 52 (20): 5985-5996.

[482]Piper B F, Lindsey A M, Dodd M J. Fatigue mechanisms in cancer patients: developing nursing theory[J]. Oncology nursing forum, 1987, 14(6): 17-23.

[483]Åhsberg E. Dimensions of fatigue in different working populations[J]. Scandinavian journal of psychology, 2000, 41(3): 231-241.

[484]Ayyagari R, Grover V, Purvis R. Technostress: technological antecedents and implications[J]. MIS quarterly, 2011, 35(4): 831-858.

[485]Tarafdar M, Tu Q, Ragu-Nathan T S. Impact of technostress on end-user satisfaction and performance[J]. Journal of management information systems, 2010, 27(3): 303-334.

[486]Kim H W, Kankanhalli A. Investigating user resistance to information systems implementation: a status quo bias perspective[J]. MIS quarterly, 2009, 33(3): 567-582.

[487]Lapointe L, Rivard S. A multilevel model of resistance to information technology implementation[J]. MIS quarterly, 2005, 29(3): 461-491.

[488]Joseph R C. Individual resistance to IT innovations[J]. Communications of the ACM, 2010, 53(4): 144-146.

[489]Foster M V, Sethares K A. Facilitators and barriers to the adoption of telehealth in older adults: an integrative review[J]. CIN: computers, informatics, nursing, 2014, 32(11): 523-533.

[490]Sixsmith J, Sixsmith A, Fänge A M, et al. Healthy ageing and home: the perspectives of very old people in five European countries[J]. Social science & medicine, 2014, 106: 1-9.

[491]Wildenbos G A, Peute L W, Jaspers M W M. A framework for evaluating mHealth tools for Older Patients on Usability[J]. Studies in health technology and informatics, 2015, 210: 783-787.

[492]Bhattacherjee A, Davis C J, Connolly A J, et al. User response to mandatory IT use: a coping theory perspective[J]. European journal of information systems, 2018, 27(4): 395-414.

[493]Ragu-Nathan T S, Tarafdar M, Ragu-Nathan B S, et al. The consequences of technostress for end users in organizations: conceptual development and empirical validation[J]. Information systems research, 2008, 19(4): 417-433.

[494]Luqman A, Cao X F, Ali A, et al. Empirical investigation of Facebook discontinues usage intentions based on SOR paradigm[J]. Computers in human behavior, 2017, 70: 544-555.

［495］Wildenbos G A，Peute L，Jaspers M. Aging barriers influencing mobile health usability for older adults：a literature based framework（MOLD-US）［J］. International journal of medical informatics，2018，114：66-75.

［496］Zhang S W，Zhao L，Lu Y，et al. Do you get tired of socializing? An empirical explanation of discontinuous usage behaviour in social network services［J］. Information & management，2016，53(7)：904-914.

［497］Zhang J T，Chen X D，Fang C C. Transmission of a supplier's disruption risk along the supply chain：a further investigation of the Chinese automotive industry［J］. Production planning and control，2018，29(9)：773-789.

［498］Fang C C，Zhang J T. Users' continued participation behavior in social Q&A communities：a motivation perspective［J］. Computers in human behavior，2019，92：87-109.

［499］Cao Y Y，Zhang J T，Ma L，et al. Examining user's initial trust building in mobile online health community adopting［J］. International journal of environmental research and public health，2020，17(11)：3945.

［500］Kim H W. The effects of switching costs on user resistance to enterprise systems implementation［J］. IEEE transactions on engineering management，2011，58(3)：471-482.

［501］贺建平，黄肖肖. 城市老年人的智能手机使用与实现幸福感：基于代际支持理论和技术接受模型［J］. 国际新闻界，2020，42(3)：49-73.

［502］APICloud. 移动医疗 App 的分类［EB/OL］.（2020-04-08）［2023-07-02］. https：//www. apicloud. com/blogDetails/2879.

［503］Rönkkö M，Ylitalo J. PLS marker variable approach to diagnosing and controlling for method variance［C］. Proceedings of the 34th International Conference on Information Systems，2011：1-16.

［504］Matthew-Maich N，Harris L，Ploeg J，et al. Designing，implementing，and evaluating mobile health technologies for managing chronic conditions in older adults：a scoping review［J］. JMIR mHealth and uHealth，2016，4(2)：e29.

［505］Bolle S，Romijn G，Smets E M，et al. Older cancer patients' user experiences with web-based health information tools：a think-aloud study.［J］. Journal of medical internet research，2016，18(7)：e208.

［506］Fischer S H，David D，Crotty B H，et al. Acceptance and use of health information technology by community-dwelling elders［J］. International journal of medical informatics，2014，83(9)：624-635.

［507］Wang R Y，Strong D. Beyond accuracy：what data quality means to data consumers［J］. Journal of management information systems，1996，12(4)：5-33.

［508］Parasuraman A，Zeithaml V A，Berry L L. SERVQUAL：a multiple-item scale for measuring consumer perceptions of service quality［J］. Journal of retailing，1988，

64(1)：12-40.

[509]Ladhari R. Alternative measures of service quality：a review[J]. Managing service quality，2008，18(1)：65-86.

[510]宋昊. 公众使用视角的电子政府门户网站服务品质与满意度研究——以杭州为例[D]. 杭州：浙江大学，2005.

[511]陈维城. 173 家网站和 APP 完成适老化升级 帮老年人跨越数字鸿沟［EB/OL］. (2021-12-15)［2023-07-02］. https：//baijiahao. baidu. com/s？ id＝1719171864206480219＆wfr＝spider＆for＝pc.

附　录

附录1　老年用户社交媒体信息服务需求访谈提纲

尊敬的专家、朋友,您好!

我们正在进行一项有关老年用户社交媒体信息服务需求的调查研究。您作为社交媒体信息服务的重要用户,我们需要了解您的社交媒体信息服务需求,您所提供的相关信息对我们研究的顺利开展具有重要的帮助。

我们向您保证,本访谈所提供的信息仅为学术所用,您的回答将完全匿名,同时我们会对您的回答内容负保密责任。请根据您的真实想法回答,无对错之分。非常感谢您抽出宝贵的时间参与我们的调查。

本次访谈需要占用您30—50分钟的宝贵时间。为了保证访谈的顺利开展,我们将提前与您联系,以便在您方便时进行。

访谈内容:

(1)您了解什么是社交媒体信息服务吗?您主要使用哪些社交媒体信息产品?使用多长时间了?

(2)您平时使用这些产品的主要用途是什么?

(3)使用这些产品能满足您哪些生活方面的需求?

(4)您在使用这些产品时,存在哪些困难?

(5)您认为这些产品还存在哪些地方未能满足您的需求,如何改进优化?

附录2 老年用户社交媒体信息服务期望访谈提纲

尊敬的专家、朋友,您好!

我们正在进行一项有关老年用户社交媒体信息服务期望的调查研究。您作为社交媒体信息服务的重要用户,我们需要了解您对社交媒体信息服务的期望,您所提供的相关信息对我们研究的顺利开展具有重要的帮助。

我们向您保证,本访谈所提供的信息仅为学术所用,您的回答将完全匿名,同时我们会对您的回答内容负保密责任。请根据您的真实想法回答,无对错之分。非常感谢您抽出宝贵的时间参与我们的调查。

本次访谈需要占用您30—50分钟的宝贵时间。为了保证访谈的顺利开展,我们将提前与您联系,以便在您方便时进行。

访谈内容:

(1)您所使用的社交媒体产品有哪些? 使用的初衷是什么?

(2)您认为好的社交媒体产品应具备哪些特征? 其中您最在意什么特征?

(3)您刚开始使用社交媒体产品时,觉得产品各方面的体验怎么样? 在使用过程中对产品的感知与之前的预期是否发生了变化? 您正在使用的产品是否符合期望?

(4)您正在使用的产品哪些方面达到您的预期? 哪些方面没有?

(5)您希望现在使用的产品在哪些方面进行提升?

(6)您是否会继续使用该产品?

(7)使用该产品后,是否会影响您对其他同类产品的期望与使用?

附录3 老年用户社交媒体信息期望构成调查问卷

尊敬的专家、朋友,您好!

我们正在进行一项有关老年用户社交媒体信息服务期望的调查研究,旨在分析老年用户社交媒体信息服务期望的构成。您作为社交媒体信息服务的重要用户,我们需要了解您的社交媒体信息服务期望构成,您所提供的相关信息对我们研究的顺利开展具有重要的帮助。

我们向您保证,本问卷所提供的信息仅为学术所用,您的回答将完全匿名,同时我们会对您的回答内容负保密责任。请根据您的真实想法填写,问题回答无对错之分。非常感谢您抽出宝贵的时间参与我们的调查。

本次调查问卷分为个人基本信息和社交媒体信息服务期望构成调查两个部分,请在相应的选项上打√,再次感谢您的参与!

一、个人基本信息

Q1 您的性别是□男　　□女

Q2 您的年龄是□60—65 周岁　　□66—70 周岁　　□70 周岁以上

Q3 您的受教育程度是

□小学及以下　□初中　□高中　□中专　□大学及以上

Q4 您使用社交媒体的时间是

□年数<1　□1≤年数<2　□2≤年数<3　□年数≥3

二、社交媒体信息服务期望构成调查

序号	题项	非常不同意	不同意	一般	同意	非常同意
1	希望社交媒体产品的页面设计、音质、视频画质等能够带来视觉或听觉上的舒适感					
2	希望社交媒体产品中的文字、图标、按钮等清晰可辨识					
3	希望能够轻松掌握社交媒体产品的各类页面操作,如跳转、返回、点击、输入等					
4	希望在使用社交媒体产品过程中,视觉、听觉和触碰等方面没有障碍					
5	希望社交媒体产品的页面设计简洁					
6	希望社交媒体产品的功能设计精简、易学					

续表

序号	题项	非常 不同意	不同意	一般	同意	非常 同意
7	在使用社交媒体产品过程中,希望自己的个人隐私、财务等信息能够安全,不会遭受侵犯					
8	希望社交媒体产品的使用步骤简单,不易遗忘					
9	希望社交媒体产品的使用符合日常操作习惯,容易上手					
10	希望社交媒体产品的使用过程流畅,无卡顿					
11	希望社交媒体产品的使用经济实惠					
12	希望社交媒体产品中所获取信息的呈现方式多样化					
13	希望社交媒体产品所提供的信息与自身需求紧密相关					
14	希望社交媒体产品所提供的信息主题覆盖范围广					
15	希望社交媒体产品所提供的信息真实可靠					
16	希望社交媒体产品所提供的信息表达易理解					
17	希望社交媒体产品所提供的信息能够帮助我解决生活中的实际问题					
18	希望社交媒体产品所提供信息的数量是适度的,不冗余					
19	希望社交媒体产品的使用能够有效地帮助我与外界联系					
20	希望社交媒体产品中的社交互动功能使用方便简易					
21	希望社交媒体产品的各类帮助功能使用方便、有效					
22	希望社交媒体产品提供的帮助功能设置醒目,容易寻找					
23	希望社交媒体产品提供的服务具有针对性,切合老年用户个性化需求					
24	希望使用社交媒体产品的过程能够为我带来愉悦放松的感觉					
25	希望使用社交媒体产品的过程能够为我带来归属感					

序号	题项	非常 不同意	不同意	一般	同意	非常 同意
26	希望使用社交媒体产品的过程能够为我带来情感上的共鸣					
27	希望使用社交媒体产品的过程能够为我带来自我价值感的提升以及他人的尊重					
28	希望使用社交媒体产品能够帮助我增长知识、提升能力					
29	希望使用社交媒体产品的过程能够让我获得成功感与成就感					

附录4 老年用户社交媒体信息服务持续使用行为形成机制调查问卷

尊敬的专家、朋友,您好!

我们正在进行一项有关老年用户社交媒体信息服务持续使用行为的调查研究,旨在分析老年用户社交媒体信息服务使用行为特征。您作为社交媒体信息服务的重要用户,我们需要了解您的社交媒体信息服务使用行为,您所提供的相关信息对我们研究的顺利开展具有重要的帮助。

我们向您保证,本问卷所提供的信息仅为学术所用,您的回答将完全匿名,同时我们会对您的回答负保密责任。请根据您的真实想法填写,问题回答无对错之分。非常感谢您抽出宝贵的时间参与我们的调查。

本次调查问卷分为个人基本信息和具体问题两个部分,请在相应的选项上打√,再次感谢您的参与!

一、个人基本信息

Q1 您的性别是□男　□女

Q2 您的年龄是□60—65 周岁　□66—70 周岁　□71—80 周岁

Q3 您的受教育程度是

□小学及以下　□初中　□高中　□大学及以上

Q4 您使用社交媒体的时间是

□年数<1　□1≤年数<2　□2≤年数<3　□年数≥3

Q5 您每周使用微信的频率是

□每天都使用　□4—6 次　□1—3 次

Q6 您每天使用微信的时长

□≤30 分钟　□30 分钟至 1 小时　□1 小时(含)至 2 小时　□≥2 小时

二、请您根据使用微信的实际感知填写以下题目

序号		题目	非常不同意	不同意	一般	同意	非常同意
1	您对微信的期望确认度	我使用微信的体验比我预期的要好					
2		微信的服务水平比我想象的要好					
3		总的来说,我对微信的大部分期望都得到了满足					

序号		题目	非常 不同意	不同意	一般	同意	非常 同意
4	您对微信 的满意程 度	您对微信使用的整体体验有何看法					
5		非常不满意/非常满意					
6		非常不高兴/非常高兴					
7		非常沮丧/非常满足					
8	您对微信 的持续使 用意向	我打算以后继续使用微信					
9		我打算将来提高微信的使用频率					
10		我会像现在一样经常使用微信					
11	您对微信 的感知有 用性	我发现微信在我的日常生活中很有用					
12		使用微信帮助我更方便地获取信息					
13		微信在联系朋友方面很有用					
14	您对微信 的感知易 用性	学习使用微信很轻松					
15		微信服务使用起来很容易					
16		使用微信并不困难					
17	您的计算 机焦虑感 如何	使用电脑等信息技术产品使我感到紧张					
18		使用电脑等信息技术产品让我不舒服					
19		当我想到电脑等信息技术产品时我会很担心					
20	您的身体 机能下降 状况	目前我的身体状况需要我付出更多的努力来 完成日常活动					
21		目前我的身体状况只能使我完成有限的日常 活动					
22		我的身体状况导致我完成日常生活有困难					
23	您对微信 的情感依 恋	使用微信是我生活的一部分					
24		我对使用微信有依赖					
25		使用微信对我来说很重要					
26	您对微信 的自主需 求满足程 度感知	使用微信时我可以随心所欲地做自己					
27		微信让我在某些方面感到压力					
28		微信让我感觉受到控制					
29	您对微信 的关联需 求满足程 度感知	使用微信让我感到被他人关心					
30		使用微信给我带来了亲近感					
31		我觉得自己和微信在情感上有所关联					

续表

序号		题目	非常 不同意	不同意	一般	同意	非常 同意
32	您对微信 的能力需 求满足程 度感知	使用微信让我觉得提高了能力					
33		使用微信让我觉得自己不称职或无能					
34		使用微信让我觉得提高了效率					

附录5 老年用户社交媒体信息服务用户体验访谈提纲

尊敬的专家、朋友,您好!

我们正在进行一项有关老年用户社交媒体信息服务用户体验的调查研究。您作为社交媒体信息服务的重要用户,我们需要了解您的社交媒体信息服务体验,您所提供的相关信息对我们研究的顺利开展具有重要的帮助。

我们向您保证,本访谈所提供的信息仅为学术所用,您的回答将完全匿名,同时我们会对您的回答内容负保密责任。请根据您的真实想法回答,无对错之分。非常感谢您抽出宝贵的时间参与我们的调查。

本次访谈需要占用您30—50分钟的宝贵时间。为了保证访谈的顺利开展,我们将提前与您联系,以便在您方便时进行。

访谈内容:

(1)您之前是否使用过社交媒体产品?请谈一下您对社交媒体产品的认识和了解。

(2)请您打开手机,展示一下您所使用的社交媒体产品有哪些,一直使用且使用频率较高的产品有哪些。

(3)请就刚才您所展示的使用频率最高的社交媒体产品,介绍一下使用过程中有哪些感受,满意还是不满意。

(4)针对您感觉到满意的体验,请详细地介绍一下哪些因素会让您在使用过程中感到满意。

(5)针对您感到不满意的体验,请详细地介绍一下哪些因素会让您在使用过程中感到不满意。

(6)请您从老年用户使用的角度,为社交媒体产品用户体验的改进提出一些建设性意见。

附录6 老年用户社交媒体信息服务活跃使用行为形成机制调查问卷

尊敬的专家、朋友,您好!

我们正在进行一项有关老年用户社交媒体信息服务活跃使用行为的调查研究,旨在分析老年用户社交媒体信息服务使用行为特征。您作为社交媒体信息服务的重要用户,我们需要了解您的社交媒体信息服务使用行为,您所提供的相关信息对我们研究的顺利开展具有重要的帮助。

我们向您保证,本问卷所提供的信息仅为学术所用,您的回答将完全匿名,同时我们会对您的回答负保密责任。请根据您的真实想法填写,问题回答无对错之分。非常感谢您抽出宝贵的时间参与我们的调查。

本次调查问卷分为个人基本信息和具体问题两个部分,请在相应的选项上打√,再次感谢您的参与!

一、个人基本信息

Q1 您的性别是□男　□女

Q2 您的年龄是□60—65 周岁　□66—70 周岁　□70 周岁以上

Q3 您使用微信的频次是

□每天使用　□每周使用 4—6 天　□每周使用 1—3 天

Q4 您使用微信的时间是

□年数<1　□1≤年数<2　□2≤年数<3　□年数≥3

二、请根据您使用微信的实际感知填写以下问题

序号	题目		非常不同意	不同意	一般	同意	非常同意
1	结合型社会资本	我使用微信是因为我相信微信上有些好友(我在现实生活中熟悉他们)可以帮我解决问题					
2		我使用微信是因为我相信在做重要决定时,我的微信好友(我在现实生活中熟悉他们)会为我提供建议					
3		我使用微信是因为我相信在我有生活或经济困难时,我的微信好友(我在现实生活中熟悉他们)会帮助我					

序号		题目	非常 不同意	不同意	一般	同意	非常 同意
4	桥接型社会资本	我使用微信是因为通过微信与现实生活中不认识的人互动使我想尝试新事物					
5		我使用微信是因为通过微信与现实生活中不熟悉的人互动让我觉得自己与更广阔的环境有联系					
6		我使用微信是因为微信上有些人(我在现实生活中不熟悉他们)的观点对我很有益					
7	人际依恋	我喜欢与微信中的某些朋友交流					
8		我觉得我与微信中的某些成员非常亲近					
9		我的一些微信好友对我的思想和行为有较大影响					
10	群组依恋	当我提到我是某个微信群的成员时感觉非常好					
11		我通常会向其他人提起我是某个微信群的成员					
12		我经常浏览某个微信群,它让我有归属感					
13	网站依恋	我觉得微信是我生活的一部分					
14		我觉得使用微信对我来说很重要					
15		我觉得与微信有一种情感的关联,我对使用微信很有热情					
16	依恋焦虑	我担心别人不会像我关心他们那样关心我					
17		我很需要确保我是被别人喜欢和欣赏的					
18		当我需要别人时,如果别人不在,我会感到沮丧					
19	内容创造行为	我会经常写日志发表在朋友圈中					
20		我会经常上传照片或小视频到朋友圈中					
21		我会经常在朋友圈中更新自己的文章或状态					
22	内容传播行为	我会经常分享一些文章给我关心的人					
23		我会经常发送一些照片给我周围的亲朋好友					
24		我会经常转发一些视频给我身边的人					

续表

序号		题目	非常 不同意	不同意	一般	同意	非常 同意
25	关系构建 行为	我会加入一些兴趣群					
26		我会搜索好友并发送好友邀请					
27		我会创建一些群组					
28	关系维持 行为	我会经常通过微信问候我的亲朋好友					
29		我会经常通过微信保持与亲朋好友的联系					
30		我会经常在朋友圈为好友发表的日志点赞					

附录7　老年用户社交媒体信息服务间歇性中辍行为形成机制调查问卷

尊敬的专家、朋友,您好!

我们正在进行一项有关老年用户社交媒体信息服务间歇性中辍行为的调查研究,旨在分析老年用户社交媒体信息服务使用行为特征。您作为社交媒体信息服务的重要用户,我们需要了解您的社交媒体信息服务使用行为,您所提供的相关信息对我们研究的顺利开展具有重要的帮助。

我们向您保证,本问卷所提供的信息仅为学术所用,您的回答将完全匿名,同时我们会对您的回答负保密责任。请根据您的真实想法填写,问题回答无对错之分。非常感谢您抽出宝贵的时间参与我们的调查。

本次调查问卷分为个人基本信息和具体问题两个部分,请在相应的选项上打√,再次感谢您的参与!

一、个人基本信息

Q1 您的性别是□男　□女

Q2 您的年龄是□60—65周岁　□66—70周岁　□71—75周岁　□76周岁及以上

Q3 您的受教育程度是□高中及以下　□大学　□研究生

Q4 请回忆具有间歇性中辍使用行为经历的移动社交媒体产品(单选)

□微信　□QQ　□全民K歌　□抖音　□今日头条　□寸草心　□小红书　□下厨房　□其他_____

二、请根据您使用该移动社交媒体产品的实际感知填写以下题目

序号		题目	非常不同意	不同意	一般	同意	非常同意
1	信息过载	这个应用程序中信息量大得让我不知所措					
2		我发现这个移动社交媒体产品中只有一小部分信息与我的需求有关					
3		在这个移动社交媒体产品中阅读太多关于我朋友的信息是一种负担					

续表

序号		题目	非常 不同意	不同意	一般	同意	非常 同意
4	系统功能 过载	我发现这个移动社交媒体产品中的功能太复杂,无法使用					
5		我发现这个移动社交媒体产品中的大多数功能与我的主要使用目的无关					
6		我经常被这个移动社交媒体产品中一些不必要的子功能干扰					
7	社交过载	我在这个移动社交媒体产品中处理了太多来自朋友的问题					
8		我花了太多时间在移动社交媒体产品中与朋友互动					
9		我太在意我朋友在移动社交媒体产品中的留言或帖子了					
10	倦怠	我对这个移动社交媒体产品中发生的新事情不感兴趣					
11		我对移动社交媒体产品中的提醒或新消息漠不关心					
12		当使用这个移动社交媒体产品时,我感到筋疲力尽					
13	自主需求 满足	当使用这个移动社交媒体产品时,我感觉不受控制					
14		当使用这个移动社交媒体产品时,我按照自己的意愿选择做什么					
15		当使用这个移动社交媒体产品时,我可以随心所欲地做我自己					
16	关联需求 满足	当使用这个移动社交媒体产品时,我得到了很多的关爱					
17		当使用这个移动社交媒体产品时,我感觉到与他人的联系					
18		当使用这个移动社交媒体产品时,我有一种亲近感					

序号		题目	非常 不同意	不同意	一般	同意	非常 同意
19		当使用这个移动社交媒体产品处理日常事务时,我感到一种高效的感觉					
20	能力需求 满足	当使用这个移动社交媒体产品学习新技能时,我感觉自己很有能力					
21		当使用这个移动社交媒体产品来完成一些任务时,我会有一种成就感					
22		我感到对这个移动社交媒体产品有所依恋					
23	情感依恋	使用这个移动社交媒体产品是我生活的一部分					
24		使用这个移动社交媒体产品对我很重要					
25		我将暂时停止使用这个移动社交媒体产品,然后重新使用它					
26	间歇性中 辍行为	我将暂时停止使用这个移动社交媒体产品,但我不会完全放弃它					
27		我会离开这个移动社交媒体产品一段时间,然后重新使用它					

附录8 老年用户社交媒体信息服务抵制行为形成机制调查问卷

尊敬的专家、朋友,您好!

我们正在进行一项有关老年用户社交媒体信息服务抵制行为形成机制调查研究,旨在分析老年用户社交媒体信息服务使用行为特征。您作为社交媒体信息服务的重要用户,我们需要了解您对社交媒体信息服务的使用行为,您所提供的相关信息对我们研究的顺利开展具有重要的帮助。

我们向您保证,本问卷所提供的信息仅为学术所用,您的回答将完全匿名,同时我们会对您的回答负保密责任。请根据您的真实想法填写,问题回答无对错之分。非常感谢您抽出宝贵的时间参与我们的调查。

本次调查问卷分为个人基本信息和具体问题两个部分,请在相应的选项上打√,再次感谢您的参与!

一、个人基本信息

Q1 您的性别是□男　□女

Q2 您的年龄是□60—65周岁　□66—70周岁　□71—75周岁　□76周岁及以上

Q3 您的受教育程度是□高中及以下　□大学　□研究生

Q4 您曾抵制使用过的移动健康应用程序是_____

二、请根据您使用该移动健康应用程序的实际体验填写以下题目

序号		题目	非常不同意	不同意	一般	同意	非常同意
1	信息过载	我经常因移动健康应用程序中过多的信息分心					
2		我觉得移动健康应用程序中太多的健康信息让我不知所措					
3		处理太多的健康信息对我来说是个负担					
4	系统功能过载	移动健康应用程序中包含的许多功能与我的主要目的无关,这让我分心					
5		移动健康应用程序中的一些功能对我来说太复杂了					
6		移动健康应用程序中太多糟糕的子功能使得执行我的任务更加困难					

序号		题目	非常 不同意	不同意	一般	同意	非常 同意
7	倦怠	我在使用移动健康应用程序时感到筋疲力尽					
8		我对使用移动健康应用程序感到厌倦					
9		当我使用移动健康应用程序搜索健康信息时,我感到筋疲力尽					
10	技术压力	移动健康应用程序中的功能太复杂了,超出了我的能力					
11		花很长时间理解和使用移动健康应用程序让我感到很累					
12		学习如何操作移动健康应用程序让我感到有压力					
13	抵制行为	我反对使用移动健康应用程序					
14		我不同意使用移动健康应用程序					
15		我反对移动健康应用程序使我的生活发生变化					
16	代际支持	我的孩子经常鼓励我使用移动健康应用程序					
17		我的孩子经常教我使用移动健康应用程序的一些功能					
18		我的孩子帮助我解决使用移动健康应用过程中遇到的困难					

附录9 老年用户社交媒体信息服务质量影响因素专家 访谈提纲

尊敬的专家、朋友,您好!

我们正在进行一项有关老年用户社交媒体信息服务质量影响因素的调查研究,旨在分析老年用户社交媒体信息服务质量感知影响因素。您作为社交媒体信息服务的重要用户,我们需要了解您对社交媒体信息服务质量的感知,您所提供的相关信息对我们研究的顺利开展具有重要的帮助。

我们向您保证,本问卷所提供的信息仅为学术所用,您的回答将完全匿名,同时我们会对您的回答负保密责任。请根据您的真实想法填写,问题回答无对错之分。非常感谢您抽出宝贵的时间参与我们的调查。

本次访谈需要占用您30—50分钟的宝贵时间。为了保证访谈的顺利开展,我们将提前与您联系,以便在您方便时进行。

访谈内容:

(1)您认为老年用户社交媒体信息服务质量评价的内涵应由哪些维度构成?

(2)在您所提出的这些维度下,每一个维度具体应由哪些指标构成?

(3)您认为老年用户社交媒体信息服务的需求会对其信息质量的评价产生影响吗?若有影响,您认为哪些因素会产生影响?请具体描述。

(4)您认为老年用户对社交媒体信息服务的期望会对信息服务质量评价产生怎样的影响?若有影响,您认为哪些因素会产生影响?请具体描述。

(5)您认为老年用户使用社交媒体信息过程中的哪些用户体验因素会对信息服务质量评价产生影响?请具体描述。

(6)您认为老年用户的社交媒体信息服务需求、期望、用户体验因素三者之间的关系如何?三者如何共同影响老年用户对社交媒体信息服务质量的感知?

附录10　老年用户社交媒体信息服务质量评价调查问卷

尊敬的专家、朋友,您好!

　　我们正在进行一项有关老年用户社交媒体信息服务质量评价的调查研究,旨在分析老年用户社交媒体信息服务质量感知现状。您作为社交媒体信息服务的重要用户,我们需要了解您对社交媒体信息服务质量的评价,您所提供的相关信息对我们研究的顺利开展具有重要的帮助。

　　我们向您保证,本问卷所提供的信息仅为学术所用,您的回答将完全匿名,同时我们会对您的回答负保密责任。请根据您的真实想法填写,问题回答无对错之分。非常感谢您抽出宝贵的时间参与我们的调查。

　　本次调查问卷分为个人基本信息和社交媒体产品信息服务质量评价两个部分,请在相应的选项上打√,再次感谢您的参与!

　　注:您是否使用微信/抖音　A.使用过　B.未使用过

　　如果选择B,请终止填写本问卷,谢谢您的支持。

　　如果选择A,请在括号内填写您所使用的具体的产品(　　　　)

一、个人基本信息

Q1 您的性别是□男　□女

Q2 您的年龄是□60—65 周岁　□66—70 周岁　□70 周岁以上

Q3 您的受教育程度是

□小学及以下　□初中　□高中　□中专　□大学及以上

Q4 您使用社交媒体的时间是

□年数＜1　□1≤年数＜2　□2≤年数＜3　□年数≥3

二、社交媒体产品信息服务质量评价

序号	题目		非常不同意	不同意	一般	同意	非常同意
1	信息价值属性的体验与感知	您对所获信息丰富程度、内容覆盖广度的体验与感知					
2		您对所获信息内容真实性的体验与感知					
3		您对所获信息的内容主题与老年用户需求契合程度的体验与感知					
4		您对所获信息易于理解程度的体验与感知					
5		您对所获信息值得信任程度的体验与感知					

续表

序号		题目	非常 不同意	不同意	一般	同意	非常 同意
6	信息价值 属性的体 验与感知	您对所获信息有用性、满足实际需求程度的 体验与感知					
7		您对所获信息整合一致程度的体验与感知					
8		您对所获信息简洁性程度的体验与感知					
9		您对所获信息内容呈现方式多样化程度的体 验与感知					
10		您对所获信息数量适度程度的体验与感知					
11		您对所获信息获取(如查询、下载、收藏、保存 等)简易、顺畅程度的体验与感知					
12	感官体验 的感知	您对该产品整体设计对老年用户友好程度、 符合自身使用习惯程度的体验与感知					
13		您使用该产品过程中在视觉、听觉等感官体 验上的舒适程度					
14		您对该产品界面设计美观性的体验与感知					
15		您对该产品界面设计简洁明了程度的体验与 感知					
16		您对该产品各级页面栏目、信息等清楚明晰 程度的体验与感知					
17		您对该产品中字体醒目易识别性的体验与 感知					
18		您对该产品中音频悦耳清晰程度的体验与 感知					
19		您对该产品各类图标按钮易辨识性的体验与 感知					
20		您对该产品各类图标按钮所代表的操作含义 易于理解程度的体验与感知					
21	系统基本 性能的体 验与感知	您对该产品易用性的体验与感知					
22		您对学习使用该产品难易程度的体验与感知					
23		您对记住该产品操作方法难易程度的体验与 感知					
24		您对该产品整体运行速度的体验与感知					
25		您对该产品系统平稳、顺畅程度的体验与感知					
26		您对该产品的系统存储空间占用率的体验与 感知					

252

序号		题目	非常不同意	不同意	一般	同意	非常同意
27	系统基本性能的体验与感知	您对该产品功能契合自我需求的体验与感知					
28		您对该产品安全性的体验与感知					
29		您对该产品所提供的功能数量是否适量、不冗余程度的体验与感知					
30		您对该产品功能更新速度是否契合您承受能力的体验与感知					
31	人机交互质量的体验与感知	您对该产品各项功能操作可控性的体验与感知					
32		您对该产品的功能操作顺畅、无障碍的体验与感知					
33		您对该产品设计符合老年用户操作习惯的体验与感知					
34		您对功能操作反馈速度的体验与感知					
35		您对交互功能使用顺畅程度的体验与感知					
36		您对导航栏目清晰醒目程度的体验与感知					
37		您对导航栏目层级简洁程度的体验与感知					
38		您对使用导航过程中不易迷失程度的体验与感知					
39		您对系统提供检索途径多样化程度的体验与感知					
40		您对系统检索结果准确性的体验与感知					
41		您对系统检索简单、快捷程度的体验与感知					
42		您对系统输入方式简单、便捷程度的体验与感知					
43		您对系统输入方式多样化程度的体验与感知					
44		您对系统帮助功能使用简单程度的体验与感知					
45		您对系统帮助功能使用有效程度的体验与感知					
46		您对系统帮助功能易懂程度的体验与感知					
47		您对系统帮助功能契合老年用户需求程度的体验与感知					
48		您对系统帮助功能醒目、清晰程度的体验与感知					

续表

序号	题目		非常 不同意	不同意	一般	同意	非常 同意
49	社会交互 质量的体 验与感知	您对系统社交互动功能多样化程度的体 验与感知					
50		您对系统社交互动功能使用简易、方便 程度的体验与感知					
51		您对系统社交互动功能满足自身需求程 度的体验与感知					
52		您对系统社交互动功能帮助自身沟通不 受限程度的体验与感知					
53	情感质量 的体验与 感知	您对系统功能趣味性的体验与感知					
54		您对使用该产品过程中所产生的愉悦放 松感的体验与感知					
55		您对使用该产品过程中所产生的投入、 全神贯注感的体验与感知					
56		您对与该产品之间情感关联紧密程度的 体验与感知					
57		您对使用该产品过程中所产生的情感共 鸣的体验与感知					
58		操作该产品过程中,您所感知到的压力 的程度	□非常大	□比较大	□一般	□比较小	□非常小
59		使用该产品过程中,您所感知到的疲惫、 厌烦等负面情绪的程度	□非常大	□比较大	□一般	□比较小	□非常小
60	价值体验 与感知	使用该产品有助于您与外界交流互动的 程度					
61		使用该产品有助于您分享表达的程度					
62		使用该产品有助于您不断提升、不断成 长进步的程度					
63		您对使用该产品有助于获得成就感的体 验与感知					
64		您对使用该产品有助于获得社会认可的 体验与感知					
65		您对使用该产品有助于获得归属感的体 验与感知					
66		您对使用该产品有助于获得外界帮助的 体验与感知					
67		您对该产品经济实惠程度的体验与感知					

图书在版编目(CIP)数据

社交媒体视域下老年用户数字化信息服务研究 / 曹园园著. --杭州：浙江大学出版社，2023.12
（数字社会与文化研究系列丛书 / 徐旭初主编）
ISBN 978-7-308-24440-4

Ⅰ.①社… Ⅱ.①曹… Ⅲ.①老年人－互联网络－传播媒介－情报服务－研究 Ⅳ.①G252.8

中国国家版本馆 CIP 数据核字(2023)第 226344 号

社交媒体视域下老年用户数字化信息服务研究
SHEJIAO MEITI SHIYUXIA LAONIAN YONGHU SHUZIHUA XINXI FUWU YANJIU
曹园园　著

责任编辑	闻晓虹
责任校对	张培洁　李　琰
封面设计	雷建军
出版发行	浙江大学出版社
	（杭州市天目山路 148 号　邮政编码 310007）
	（网址：http://www.zjupress.com）
排　　版	浙江大千时代文化传媒有限公司
印　　刷	浙江新华数码印务有限公司
开　　本	787mm×1092mm　1/16
印　　张	16.25
字　　数	400 千
版 印 次	2023 年 12 月第 1 版　2023 年 12 月第 1 次印刷
书　　号	ISBN 978-7-308-24440-4
定　　价	78.00 元